高水平应用型培育立项建设专业群系列教材

Theory and Practice of Financial Planning

理财规划理论与实务（第二版）

王国玲 主编

刘澜涛 侯满丽 副主编

东北财经大学出版社
Dongbei University of Finance & Economics Press
大连

图书在版编目（CIP）数据

理财规划理论与实务 / 王国玲主编．—2版．—大连：东北财经大学出版社，2023.12
（高水平应用型培育立项建设专业群系列教材）
ISBN 978-7-5654-5038-9

Ⅰ．理…　Ⅱ．王…　Ⅲ．投资-高等学校-教材　Ⅳ．F830.59

中国国家版本馆CIP数据核字（2023）第228561号

东北财经大学出版社出版
（大连市黑石礁尖山街217号　邮政编码　116025）
网　　址：http：//www.dufep.cn
读者信箱：dufep@dufe.edu.cn
大连东泰彩印技术开发有限公司印刷　东北财经大学出版社发行

幅面尺寸：185mm×260mm　字数：358千字　印张：15　插页：1
2023年12月第2版　2023年12月第1次印刷

责任编辑：王　丽　刘晓彤　责任校对：刘贤恩
封面设计：原　皓　版式设计：原　皓

定价：38.00元

教学支持　售后服务　联系电话：（0411）84710309

如有印装质量问题，请联系营销部：（0411）84710711

第二版前言

随着经济的快速发展，我国居民的收入水平得到了大幅度的提升，居民的资产数量也呈现出快速增长的趋势。财富的快速增加推动了对个人资产管理的需求，人们开始寻求如何有效地实现资产的保值、增值。与此同时，金融工具的创新、混业经营和全方位服务的新发展也推动了金融机构开始向个人理财领域拓展服务内容，以在这一巨大的新兴市场中获得先机。

理财规划在现代经济社会中扮演着越来越重要的角色，理财不仅是一种观念，更是一种生活态度。为了实现自己的生活目标，每个人都需要有效管理现在和未来的现金流，合理配置财务资源。可以说，理财并不是富人的专属权利，而是每个人一生的必备技能。此外，国际金融理财师（Certified Financial Planner）、特许金融分析师（Chartered Financial Analyst）等国外资格认证，以及中国银行业从业人员资格认证均包含理财规划的相关内容。

本书具有以下特色：

（1）内容全面，逻辑性强。

本书属于理论与应用相结合的教材，其目标是帮助读者了解理财规划的整个过程及其背后的基本原理。本书共包括十二章内容：第一章至第三章从基础知识出发，论述理财规划的基础理论知识，为后续进行理财规划打好基础；第四章至第十一章则从保险、股票、债券、基金、房地产、教育、税收、退休与遗产规划八个方面，讨论针对具体理财内容应该如何规划分析；第十二章为综合案例分析，根据前面所学的内容进行综合性的分析练习。

（2）内容丰富，强调应用。

本书涵盖了个人财务分析技巧、个人税收筹划技巧，以及股票投资、外汇投资、基金投资、房地产投资、教育投资、税收规划和遗产规划等理财技巧，并结合了人生各类重大事件的规划案例。本书各章节配备了大量的案例和实训内容，帮助读者在学完理论知识后，可以及时地将其运用到案例实践中，理论联系实际，提升自身的应用实践能力。本书还强调了一些个人理财的基本原理，读者在掌握了这些原理后，可以有效地应对自身不断变化的财务状况。

（3）案例丰富，并配有分析参考。

本书各章节配有丰富的案例展示、实训任务、知识拓展等相关内容，使读者在学习的过程中拓宽知识层面。实训任务和每章后面的复习与思考题，通过二维码的方式提供相关的分析提示及参考答案，便于教师教学和学生学习。

（4）注重行业动态，融入思政元素。

本书第二版更新了各章的导入案例，案例内容更加契合当下实际，使读者能够更好地进入各章内容的学习。在章节内容中增加了行业动态、政策指引等模块，将行业最新发展动态及最新政策规范引入教材，使教材内容更好地体现了行业发展前沿，如加入了最新的房地产政策、税收扣除项内容等。同时，通过导入案例、行业动态、政策指引等模块融入党的二十大报告精神及思政元素，使教材在传递专业知识的同时，也注重立德树人，并将思政育人目标加入到各章前面的学习目标中。

本书的编写分工如下：刘澜涛负责第一章、第二章、第三章、第五章、第七章的编写；王国玲负责第四章、第八章、第九章、第十章、第十一章、第十二章的编写；第六章的编写由王国玲与刘澜涛共同负责；侯满丽负责本书实训任务及其分析答案的编写。同时，感谢赵媛媛和朱玫林在本书编写过程中提供的帮助。

由于编写时间和编者能力有限，书中难免存在疏漏之处，恳请读者批评指正！

编　者

2023年10月

目　录

第一章　理财规划概述/1

学习目标/1
引导案例/1
第一节　理财规划的起源/1
第二节　理财业务的发展现状/6
第三节　理财规划师及其认证/9
本章小结/11
复习与思考题/12

第二章　理财规划基础知识/13

学习目标/13
引导案例/13
第一节　家庭生命周期理论与家庭模型/14
第二节　货币时间价值/17
第三节　客户的风险属性/24
本章小结/30
复习与思考题/31

第三章　理财规划基本流程/33

学习目标/33
引导案例/33
第一节　客户信息的收集和整理/33
第二节　客户家庭财务状况分析/38

第三节　　客户理财规划的制订/46
第四节　　执行客户理财规划方案/51
本章小结/54
复习与思考题/54

第四章　　个人风险与保险规划/56

学习目标/56
引导案例/56
第一节　　风险与可保风险/57
第二节　　保险的功能及类型/60
第三节　　个人保险规划的制订/76
本章小结/83
复习与思考题/83

第五章　　股票投资规划/85

学习目标/85
引导案例/85
第一节　　股票概述/85
第二节　　股票价值分析/92
第三节　　股票投资策略分析/99
本章小结/107
复习与思考题/108

第六章　　债券投资规划/110

学习目标/110
引导案例/110
第一节　　债券概述/110
第二节　　债券价值分析/116
第三节　　债券投资策略分析/122
本章小结/131
复习与思考题/131

第七章　　证券投资基金投资规划/133

学习目标/133
引导案例/133
第一节　　证券投资基金概述/133
第二节　　证券投资基金投资价值分析/138

第三节　证券投资基金投资策略分析/141
本章小结/142
复习与思考题/143

第八章　房地产投资规划/145

学习目标/145
引导案例/145
第一节　房地产概述/146
第二节　房地产价格的构成及影响因素/151
第三节　房地产投资策略分析/157
本章小结/169
复习与思考题/170

第九章　教育投资规划/171

学习目标/171
引导案例/171
第一节　教育投资规划概述/171
第二节　教育规划的工具/174
第三节　教育规划方案的制订/177
本章小结/180
复习与思考题/181

第十章　税收规划/183

学习目标/183
引导案例/183
第一节　税收基础/183
第二节　税收规划策略/195
本章小结/199
复习与思考题/199

第十一章　退休与遗产规划/201

学习目标/201
引导案例/201
第一节　退休规划/202
第二节　遗产规划/208
本章小结/215
复习与思考题/216

第十二章 综合理财规划案例分析/218

学习目标/218
引导案例/218
第一节 单身族的理财规划案例分析/218
第二节 年轻家庭的理财规划案例分析/222
第三节 中年家庭的理财规划案例分析/224
第四节 老年家庭的理财规划案例分析/228
本章小结/230
复习与思考题/231

主要参考文献/233

第一章

理财规划概述

学习目标

1. 掌握理财规划的内涵与原则；
2. 掌握理财规划的内容与特征；
3. 了解理财规划职业发展概况；
4. 了解理财规划服务的发展；
5. 熟悉理财规划师及其认证；
6. 树立理财规划中恪尽职守、真诚服务的职业精神。

【引导案例】

为民造福是立党为公、执政为民的本质要求。党的二十大报告着重指出，必须坚持在发展中保障和改善民生，鼓励共同奋斗创造美好生活，不断实现人民对美好生活的向往。国家统计局的数据显示，2022年，全国居民人均可支配收入36 883元，比上年名义增长5.0%，扣除价格因素，实际增长2.9%。分城乡看，城镇居民人均可支配收入49 283元，比上年名义增长3.9%，扣除价格因素，实际增长1.9%；农村居民人均可支配收入20 133元，比上年名义增长6.3%，扣除价格因素，实际增长4.2%。我国居民人均可支配收入的增长显示了我国经济发展的信心和实力，同时也反映了我国居民生活水平的不断提高。

那么，假如你有部分闲钱，你会怎么安排呢？现在，让我们一同进入理财规划的世界。

第一节　理财规划的起源

"理财"一词，在我国最早可以追溯到《易经·系辞》中的"理财正辞，禁民为非，曰义。"这里的"理财"，重在理国之财，但也包含了理家之财。《史记》中提倡"上则富国，下则富家"，提到范蠡"既已施于国，吾欲用之家"，则进一步说明了这一点。纵观我国数千年的历史，先贤提出了许多值得我们当代人认真研究的理财思想，从管子的"仓廪实而知礼节，衣食足而知荣辱”，到王安石的“聚天下之人，不可以无财；理天下之财，不可以无义”，再到经典著作《尚书》《大学》等，无不体现了古人对理财的重视，以及源远流长的理财思想。一般认为，我国以家庭或个人致富为基本目标的古代私人理财思想萌芽于春秋时期，初步形成于战国时期，到西汉中期臻于成熟，其标志是司马迁所著的《史记》的问世。尤其是《史记》中的《货殖列传》篇，蕴含着丰富的中国古代私人理财思想，是中国私人理财发展史上一个重要的里程碑。

现代意义上的理财规划思想，是在人类进入“金融经济”时代产生的，并在近年来得以迅速发展。改革开放以来，我国经济发展迅速，国内生产总值年均增长近9.5%，国民收入在一代人的时间里增长了50多倍。如今，私有财产以及对私有财产的尊重和保护已经写入了法律法规。2007年3月，《中华人民共和国物权法》①的顺利通过，标志着我国真正进入了“有恒产者有恒心”的时代。人们拥有更多收入与财富的同时，所面临的生活、工作的压力也越来越大——“从一而终”的就业模式被打破，在自由选择工作的同时，不得不承受更大的失业风险；我国提早步入老龄化社会，而新的社会保障体系尚待完善；购置房产、赡养双亲、子女教育等问题更多地依靠自身来解决；高端人群则更加关注财产保护与传承等安全性需求。由此可见，理财已经成为影响国民生活质量不可或缺的元素。

以往人们在谈到理财时，一般指的是公司理财或企业财务策划，而较少论及个人理财规划。近年来，个人理财规划已经成为与公司理财并列的理财学分支，并在现代社会经济生活中扮演着越来越重要的角色。本书中的理财规划主要是针对个人而言的。

一、理财视角下的人生

人的一生在一定意义上是一个不断满足自身各种物质和精神需求，并追求整个生命阶段效用最大化的过程。“衣食足而知荣辱”，尽管人的一生中会面临多种多样的需求，但是一般而言，人们在转向较高层次的需求之前，总是先尽力满足较低层次的需求。正是基于这一社会现象，马斯洛提出了著名的“需求层次理论”，即人们的需求可以从低到高分为：生理需求、安全需求、社交需求、尊重需求和自我实现需求。尽管对人生的探讨属于精神层面的话题，但是生活毕竟是现实的、具体的。在不断追求满足更高层次需求的过程中，财产的获取、保护和运用是一个无法回避的问题，因而个人对财产的管理不可或缺。

对食物、衣服、住房等的需求是人们最基本的生理需求，但其也在不断发生变化。千百年来人类一直在追求“丰衣足食”，而如今人们的需求不仅仅是吃饱穿暖，还要吃得健康，并穿着得体；在住房上，人们不仅仅要求有“广厦千万间”，还对地理位置、小区环境、容积率等提出要求。每个人的人生目标不仅仅是为了满足由生到死的基本生活需求，还要追求更高品质的生活，因而，我们需要通过理财使有限的财务资源发挥最大的效用，并最终达到终身的财务安全和财务自由。

“人生世上风波险，一日风波十二时。”人生道路充满了不确定性，这种不确定性增加了人们对安全的渴望。它既包括个人对自身规避风险的需求，又包括对国家提供安全环境的需求。就个人规避风险这一需求而言，需要充分的风险管理与保障，如完善的社会保险、商业保险和退休福利制度等，只有未雨绸缪，才能抵御不期而至的风险。当人们要求国家提供安全的社会环境及其他社会服务时，就会涉及向国家公共部门支付费用的问题，

① 自2021年1月1日起，《中华人民共和国民法典》正式施行，《中华人民共和国物权法》同时废止。本书中与此相关的表述遵从相关法律法规的原文。

因而有了税收的概念。尽管人的一生中关于纳税是不可避免的，但是如果税负过重，纳税人的节税愿望就会愈加强烈，并希望通过税收筹划，达到合理、合法减少税收负担的目的。

当生理需求和安全需求得到满足后，社交需求就会凸显出来，进而产生激励作用。社交需求包括对友谊、爱情以及隶属关系的需求。尽管理财不会直接满足社交需求，但是财富水平会在很大程度上决定个人的社交范围。

二、理财规划的基本内容

（一）理财规划的内涵

近年来，“理财”一词频繁见诸报端，各大金融机构推出的产品往往高举“理财”大旗，但实际上，人们对“理财”的理解往往并不科学。科学的理财规划远远超出投资、保险等范畴，其是指个人或专业人士及机构根据生命周期理论，依据个人（家庭）财务及非财务状况，运用规范的、科学的方法并遵循一定和特定的程序制订的切合实际、可操作的某方面或一系列相互协调的规划方案，包括教育规划、风险管理与保险规划、税收筹划、投资规划、退休养老规划、财产分配与传承规划等，最终实现个人（家庭）终身的财务安全与财务自由。

个人理财规划基于人的生命周期，是一个长期的过程，是一个努力达到终生（身）的财务安全、自主、自由和自在的过程。同时，理财规划又是一项综合性服务，它由专业理财人员通过明确客户的理财目标，分析客户的生活、财务状况，从而帮助客户制订可行的理财方案。理财规划的定义强调以下几点：

（1）理财规划是全方位的综合性服务，而不是简单的金融产品销售。它不是局限于提供某种单一金融产品的销售服务，而是针对客户不同阶段的理财目标提供全方位、多层次、个性化的财务服务。

（2）理财规划强调个性化。每个客户都有自己独特的财务与非财务状况，往往差异巨大，这就决定了理财规划服务应因客户具体情况的不同而有所不同。

（3）尽管理财规划通常以短期规划方案的形式表现，但是就生命周期而言，理财规划是一项长期规划，其贯穿于人的一生，而不是针对某一阶段的规划。

（4）理财规划通常由专业人士提供。

本书所讲述的个人理财，是指专业理财人员根据个人或家庭的基本信息、财务状况，围绕个人或家庭的收入和消费水平、预期目标、风险承受能力、心理偏好等情况，形成一套以个人或家庭资产效用最大化的、在人生不同阶段（青年期、中年期、退休期）的个人理财规划方案，并为其具体实施提供指导策略的过程。当然，本书所讲述的理财理论知识和理财基本流程、理财具体方法等也适用于个人管理财富及规划人生。

在实际生活中，很多人误将理财和投资混为一谈。其实，理财和投资是不同的。首先，二者的目标不同。理财的目标是关乎个人生活的目标和理想；而投资的目标往往仅与一笔资金的收益率、安全性和流动性有关。其次，二者的结果不同。理财的结果是个人人生理想的实现，达到所期望的生存状态；而投资的结果仅是这一笔资金的保值、增值。最后，二者的依据也不同。理财是建立在一个科学、系统、协调一致的规划基础之上的，这一规划的制订不仅要考虑市场环境的因素，更重要的是要考虑理财的主体——有关个人自身各方面的因素；而投资的依据是对市场趋势的判断和把握，投资决策中主要考虑的因素只是投资的客体——投资标的本身，而较少考虑投资的主体，即人的因素。

理财和投资又是密切相关的。投资是实现理财规划目标的一种手段，并且是非常重要的一种手段。目前对于大部分还处于财富积累阶段的个人和家庭来说，投资这种手段就显得尤为重要。

理财规划常用的两个指标为：

$$\text{财务安全度}=\frac{\text{投资性资产市场价值}}{\text{投资性资产原值}}\times 100\%$$

$$\text{财务自由度}=\frac{\text{投资性收入(非工资收入)}}{\text{日常消费支出}}\times 100\%$$

参考答案

【实训任务1-1】刘先生和张先生10年前是大学的同班同学，大学毕业后都做了财务工作。他们工作5年后，都有了30万元积蓄。

5年前，他们都花掉了这30万元。其中，刘先生购买了一套住房；张先生购买了一辆小汽车。

如今，刘先生的房子，市值60万元；张先生的二手车，市值只有5万元。目前他们的资产明显有了很大的差异。虽然他们的收入都一样，而且有着同样的学历、同样的社会经验，但是为何他们的财富却不一样呢？

（二）理财规划的原则

理财规划师在为客户提供理财服务的过程中，应注意遵循的主要原则如下：

1. 整体规划原则

整体规划原则既包含规划思想的整体性，也包含理财方案的整体性。整体由部分组成，影响客户财务状况的各个方面是密切相关的，某一方面出现了变化，必然会对其相关部分产生影响。作为理财规划师，不仅要综合考虑客户的财务状况，而且要关注客户的非财务状况及其变化，进而提出符合客户实际和目标预期的财务规划，这是理财规划师开展工作的基本原则之一。理财规划师的主要职责是为客户提供全方位的专业理财服务，其表现形式往往是出具完整的理财方案。理财方案通常不会是一个单一性规划，而是一个包括现金规划、投资规划、税收规划、退休规划、风险管理以及遗产规划等单项规划在内的综合性规划。每个单项规划可以针对某一方面的具体问题提供解决方案，但仅仅依靠单项规划并不能全面实现客户的理财目标，因此，理财规划必须是一个全面、综合的整体性解决方案。

2. 提早规划原则

货币经过一段时间的投资和再投资可以进一步增值，即货币的复利现象。一方面，由于货币具有这样的特性，因此理财规划应该尽早开始，理财方案应该尽早制订；另一方面，由于准备期较长，因此可以减轻各期的经济压力。很多人认为诸如消费支出规划、投资规划、退休养老规划等到中年再开始考虑即可，或者认为这些都是有钱人所要考虑的，其实，所有的规划越早进行，就越能够规避风险，各期的经济压力也会越小，并可以通过时间的复利作用来积累财富。事实上，人们能否通过理财规划达到预期的财务目标，与资金多少的关联度并没有想象得那么大，而与时间的长短有着直接的关系。因此，理财规划师要与客户充分沟通，让客户了解提早做出规划的好处。

3. 现金保障优先原则

根据专业理财规划的基本要求，为客户建立一个能够帮助个人或家庭在出现失业、重症、灾难等意外事件的情况下安然度过危机的现金保障系统十分关键，其也是理财规划师进行任何理财规划之前应该首先考虑和重点安排的，只有建立了完备的现金保障体系，才能考虑对客户家庭的其他资产进行专项安排。一般来说，家庭建立的现金储备包括日常生活消费储备和意外现金储备：

（1）日常生活消费储备。对多数家庭而言，一旦家庭主要经济收入的创造者因为失业或者其他原因失去劳动能力，或失去收入来源，往往会对整个家庭的生活质量造成严重影响。为了应对这一风险，理财规划需要建立日常生活消费储备，以保障家庭的正常生活。

（2）意外现金储备。意外现金储备是为了应对客户家庭因为重大疾病、意外灾难、突发事件等发生的计划外开支而做的准备，用以预防可能发生的重大事故对家庭经济短期的冲击，如车祸或重大疾病所需的临时垫资。受传统生活方式和价值观的影响，家族观念对于个人一直有着或多或少的影响，在理财方面也不例外，意外现金储备在某些情况下也包含了应对客户家族的亲友出现生产、生活、教育、疾病等重大事件需要紧急支援的准备。

4. 风险管理优于追求收益原则

理财规划首先应该考虑的因素是风险，而非收益。风险是指因事物发展的不确定性而引起的期望结果发生变化的可能性，或者在特定的时间和客观情况下，某种收益或损失发生的不确定性。理财规划旨在通过财务安排和合理运作来实现个人、家庭或企业财富的保值、增值，最终使生活更加舒适、愉快。保值是增值的前提，追求收益最大化应基于风险管理之上，因此，理财规划师应根据不同客户的不同生命周期阶段及风险承受能力制订不同的理财方案。

5. 消费、投资与收入相匹配原则

消费通常用于满足短期需求，投资则具有追求将来更高收益的特质，收入无疑是二者的源头。在收入一定的前提下，消费与投资的支出往往此消彼长。理财规划师应正确处理消费、投资与收入之间的矛盾，形成资产的动态平衡，确保在投资达到预期目的的同时，保证生活质量的提高。在现实生活中，理财规划师应特别注意消费与收入的匹配，如在购房规划中要充分考虑月供与还贷能力；投资规模也应与收入相匹配，将风险控制在自身的承受能力之内。此外，理财规划师还应注意投资、消费与现金流状况的匹配。

6. 家庭类型与理财策略相匹配原则

基本的家庭模型有青年家庭、中年家庭和老年家庭三种。不同的家庭形态，财务收支状况、风险承受能力各不相同，理财需求和具体理财规划内容也不尽相同。根据不同家庭形态的特点，理财规划师要分别制定不同的理财策略。一般来说，青年家庭的风险承受能力比较高，理财规划的核心策略为进攻型；中年家庭的风险承受能力中等，理财规划的核心策略为攻守兼备型；老年家庭的风险承受能力比较低，理财规划的核心策略为防守型。

【知识拓展1-1】

理财是一个过程，是一个漫长的贯穿人生始终的过程，而不是一个仅仅解决燃眉之急的金钱问题。

理财是现金流量管理。每个人一出生就需要用钱（现金流出），也需要赚钱来产生现金流入。因此，不管现在是否有钱，每个人都需要理财。

理财也涵盖了风险管理。未来的现金流量具有不确定性，人身风险、财产风险、市场风险等都会影响现金流入（收入中断风险）或现金流出（费用递增风险）。因此，理财必须进行风险管理。

（三）理财规划的内容

从理财的基础理论来讲，根据个人理财的范围，个人理财主要包括现金管理、资产管理、债务管理、风险管理、投资管理等内容，这五个理财的基本内容互相关联、互相制约、互相促进。

1. 现金管理

现金管理是理财的基础。现金管理包括各项收入的筹划和管理、各项税费的管理、各项日常支出的管理、现金的积累和短期储蓄等。其具体的管理工具和形式有各式各样的银行卡储蓄方式、支出方式、节俭手段等。

2. 资产管理

资产管理是理财的重心。资产具体包括固定资产、流动资产等。固定资产有房产、铺面等；流动资产包括储蓄资产、投资资产、保险资产等。资产管理是家庭理财的重点，合理有效的管理需要适当配置各种资产。

3. 债务管理

债务管理是理财的关键。债务并非完全的坏事，合理地管理债务是迅速达到理财目标的捷径，只要把债务控制在一定的合理范围之内，其对优化财务结构就有很好的促进作用。比如在财力许可的情况下，可以通过按揭提前实现高品质的家庭生活，通过金融信用延迟支付货款往来等，以更快地实现财务目标。

4. 风险管理

风险管理是理财的关键。有效的风险管理是现代社会先进的标志，没有对风险的管理，交通工具则不能上路运营，贸易货运则不能远程运输流通，商场大厦则无法入驻营业等。流动性和家庭小型化也决定了个人进行风险管理是大势所趋。

5. 投资管理

投资管理是理财的要点。在理财范畴内，实现投资增值是最需要专业知识的，也是实现个人理财目标最关键的步骤，所以，如何实现投资的有效管理就显得尤为重要。

（四）理财规划的特征

（1）个人理财是针对理财者的一生，而不是某个阶段的规划，它包括个人生命周期各阶段的资产和负债分析、现金流量管理、个人（或家庭）保险规划、投资目标规划、个人税务筹划、教育投资规划、退休养老及遗产规划等方面。

（2）个人理财通常有一个标准化的程序，其基本流程包括建立客户关系、收集客户信息、分析客户财务健康状况、制订个人理财规划、执行和监控个人理财规划。

（3）提供个人理财服务的从业人员应是受过严格培训，并取得相应资质认证的专业人员。根据国外成熟的经验，对个人理财规划师专业水平的测评应符合四项标准，即教育（Education）、考试（Examination）、从业经验（Experience）和职业道德（Ethics），简称“4E”准则。

第二节　理财业务的发展现状

一、理财规划职业发展概况

现代意义上的理财规划业务最早出现在美国，其发展经历了初创期、扩张期、成熟稳定期三个阶段。

（一）初创期

理财规划思想早在欧洲的贵族私人银行就有所体现，但一般认为现代理财规划起源于20世纪30年代的美国保险业。在1929年10月股市暴跌引发的经济危机中，保险的“社会稳定器”功能使保险公司的地位得到了空前提高，同时经济危机使人们开始萌生了对个人生活的综合规划和资产配置的需求。在这一背景下，保险推销员在推销保险产品的同时，会提供一些生活规划和资产运用的咨询服务，当时这些保险推销员被称为“经济理财员”。尽管其主要目的是推销保险产品，但却成为现代理财规划的萌芽，并显现出很强的生命力。

（二）扩张期

第二次世界大战结束后，经济的复苏和社会财富的积累使美国个人理财规划进入了起飞阶段。社会、经济环境的变化逐渐使富裕阶层和普通消费者无法凭借个人的知识和技能并通过运用各种财务资源来实现自己短期和长期的生活及财务目标。因此，消费者开始主动寻求称职的、客观公允的、以追求客户利益最大化为己任的专业理财规划人员进行问题咨询并获取帮助。这一时期，理财规划业务得到了加速发展，从业人员不断增加。

1969年是现代理财规划业务发展的标志性年份，当时一批来自不同领域的金融服务专业人士在美国芝加哥机场附近的一家咖啡馆的聚会上，有感于金融产品的日益丰富与社会公众对自身及家庭理财逐渐力不从心的现实需要，提出了“关注客户的需求和目标比关注单一金融产品销售更重要”的服务理念和专业精神，开始推广涉及客户生活方方面面的“理财规划”的概念和方法，并在随后创立了首家理财团体机构——国际金融理财协会（International Association for Financial Planning，IAFP）——第一家以普及理财知识、促进理财发展为目的的社会团体。

（三）成熟稳定期

美国的理财规划师职业认证体系对美国乃至全球个人理财规划行业的发展起到了关键的推动作用，使理财规划业务逐渐发展成为一个独立的金融服务行业，并出现了以客观、公允为执业准则的专业技术人员——理财规划师。他们的主要业务不再是从销售金融产品及服务中获取佣金，而是为帮助客户实现其生活目标、财务目标提供专业咨询，并通过规范的个人理财服务流程来实施理财建议，从而防止客户的利益受到侵害。

随着金融市场的日益发展成熟，以及理财业内人士的大力推动，1990年，国际注册理财规划师协会正式成立，标志着理财规划服务有了国际统一的职业道德、胜任能力以及实务操作标准，使理财规划师职业得以在全球迅速推广。目前，经济全球化趋势日益明显，随着拉丁美洲、亚洲地区，尤其是中国等新兴市场的崛起，全球个人财富迅速增长，理财规划职业在各国受到越来越广泛的关注和重视。

二、个人理财服务的发展

（一）个人理财服务的三个层次

一般而言，个人金融服务体系分为三个层次：大众银行大众理财、富裕银行贵宾理财和私人银行财富管理。在这三个层次的服务体系中，不同类别的产品和服务，其利润水平差异显著，从前往后呈现出逐步升高的趋势，私人银行业务居于顶端。

由于一般金融机构面对的个人理财客户通常是中低端的普通客户，因此，我们常说的

"个人理财"往往也被称为"大众理财"。这一层次的服务对象主要为银行存款平均数额不高、收入中等以下的客户。一般来说，这部分客户要占到银行个人账户总数的80%以上。对于个人理财客户来说，投资管理、现金管理、风险保障通常是需求的重点，客户对投资增值的需求尤其处于中心地位。金融机构为该类人群提供的服务通常仅限于传统的银行产品和服务，如现金业务、存款业务、货币市场业务、保管业务等，提供的产品多为保险产品、投资产品、银行理财产品等。银行为该类客户准备的多为普及性的大众化个人理财业务，而很少提供个性化的理财服务。

富裕银行贵宾理财通常面向的对象是该金融机构的VIP客户，其家庭收入在社会群体中一般居于前15%~20%，在银行个人账户总数中的比例约为10%。VIP客户可获得的服务，主要包括可获得较高的信用额度，同时享有特约商户的优惠消费折扣、热销商品的购买权，以及在理财专柜、理财窗口或贵宾室可优先办理业务，并享受贷款等业务的优先办理和审批等。另外，VIP客户在所有的银行网点和理财工作室均可享有优先服务权，银行卡可免收年费，汇款业务可少收手续费甚至免费。

私人银行（Private Banking）财富管理是私人银行业务中的一项高端金融服务，其业务基础是高净值财富（High Net Worth Wealth，HNWW），其服务对象是拥有高净值财富的个人（High Net Worth Individual，HNWI），其目的是以客户需求为核心提供个性化的金融服务。私人银行业务在西方国家的发展已经有数百年历史，成为与存款商业银行业务、投资银行业务并驾齐驱的主要银行服务体系之一。海外具有高净值财富的客户在银行账户总数中所占的比例仅有1%。这一客户群体的人数很少，但其手中掌握的财富十分可观。因此，为了能够减少这部分高端客户群体的流失，商业银行通常专门成立私人银行部，由私人银行家向客户提供全方位、个性化的理财服务。私人银行力求为HNWI群体提供一站式金融服务，服务项目非常广泛，如投资管理、现金管理、家族股权管理、税收筹划、财产传承、财产保护与分配乃至继承人教育等，财富管理服务的核心内容是财产保护、积累和传承。

（二）我国个人理财服务的发展状况

我国的个人理财服务出现在20世纪90年代后期。1997年，"理财"这一专业名词在我国有了一个雏形。中信实业银行（现称中信银行）广州分行率先在国内银行界成立了私人银行部。1998年，中国工商银行的上海、浙江、天津三家分行根据总行的部署，分别在辖区内选择了一些软件、硬件条件符合要求的营业网点进行个人理财的试点。当时，银行、保险公司和证券公司根据自身业务的特点和对个人理财的认识，推出了具有鲜明行业特点的理财服务，其中银行以优化组合各项个人银行业务为主，主要根据客户的要求提供组合式的个人银行服务；保险公司主要以销售投资连接型的保险产品为主；证券公司则以提供代客理财和证券咨询服务为主。经过十几年的发展，我国理财市场规模不断扩大，理财产品日益丰富，理财客户人数快速增长。但由于种种因素，我国的个人理财业务尚处于初级阶段，具体表现在以下方面：

1. 金融业分业经营的状况制约了个人理财业务发展的空间

在分业经营管理的体制下，我国银行、证券、保险三大市场相互割裂，个人理财业务发展空间受到限制，银行、证券公司和保险公司提供的个人理财服务均以本行业的业务为主，导致个人理财业务只能在较低层面进行操作，基本停留在咨询、建议或投资方案设计等层面上，还不算是真正意义上的理财。

2. 投资市场的不完善阻碍了个人理财业务的良性发展

我国资本市场投资品种较为单一，几乎只有股票可供投资者选择，公司债、国债市场尚不发达。另外，由于我国实行较为严格的外汇管制政策，国内大部分个人投资者难以参与国际投资市场。金融投资市场可供投资的范围和品种较少，投资收益偏低甚至亏损，个人投资理财的操作空间有限，在相当程度上挫伤了人们参与投资理财的积极性。

3. 各金融机构的软件、硬件建设与个人理财的需求尚存在较大差距

目前，国内银行、保险公司和证券公司在机构设置、考核机制、信息系统、人员培养、服务机制等各方面主要还停留在以业务线条为中心、以业务指标为目标的传统模式上，尚未真正建立以客户为中心、以综合效益为目标的模式，而实现这一转变是复杂而艰巨的系统工程，不可能一蹴而就。

4. 缺乏高素质的个人理财人员

由于理财业务是一项综合性的业务，其要求理财人员必须具备渊博的经济和法律知识，全面了解银行、证券、保险、房地产、外汇、税务、教育、法律等方面的相关知识，要求理财人员拥有丰富的金融从业经验，具有优良的职业操守、良好的人际交往能力和组织协调能力。

总之，个人财富的增长、金融市场的变化和监管制度的改革构成了我国个人理财业务发展的强劲动力，但市场基础要素的缺陷和不足制约了个人理财业务的快速发展，我国的个人理财业务正处于市场机遇与挑战并存的发展阶段，其市场潜力巨大。

第三节　理财规划师及其认证

一、国际金融理财师（CFP）

（一）中国金融教育发展基金会金融理财标准委员会简介

国际金融理财标准委员会（Financial Planning Standards Board，FPSB）是在全球范围内受到广泛认可的金融理财师认证机构。该机构认证的国际金融理财师（Certified Financial Planner，CFP）是国际上最具权威、最有价值的金融理财师资格。

2004年9月1日，中国金融教育发展基金会金融理财标准委员会（以下简称标准委员会）正式成立。标准委员会是FPSB在我国的唯一联系机构，由金融界和学术界有丰富从业经验和学术造诣、有社会责任感并热心金融理财事业的人士组成。标准委员会旨在我国建立金融理财师制度、确立资格标准、组织资格考试、认证专业人才、规范职业道德、维护行业秩序。

（二）金融理财师资格考试简介

标准委员会采用多数FPSB正式成员的做法，在我国实施金融理财师（Associate Financial Planner，AFP）和国际金融理财师（Certified Financial Planner，CFP）两级资格认证制度。目前，标准委员会只进行AFP的资格认证，在成为FPSB正式成员后，除进行AFP的资格认证外，还将进行CFP的资格认证。

参加AFP的资格考试，并获得标准委员会颁发的金融理财师资格考试全科合格证书，是AFP资格申请人取得AFP资格的必要条件。只有获得了AFP资格，才能申请参加CFP

的教育、考试，最终申请CFP资格。2005年12月13日，标准委员会全体委员会议讨论并通过了《金融理财师资格认证办法》。

二、特许金融分析师（CFA）

认证单位：有“全球金融第一考”之称的特许金融分析师资格证书考试是由美国投资管理与研究协会（AIMR）于1963年设立的，是目前世界上规模最大的职业考试之一，是美国以及全世界公认的金融证券业最高等级认证，也是全美重量级的财务金融机构分析从业人员的必备证书，为全球金融投资业在道德操守、专业标准及知识体系等方面设立了规范与标准。英国《金融时报》曾于2006年将CFA的专业资格比喻成投资专才的“黄金标准”。

职业前景：作为紧缺人才，全球约10万人拥有CFA认证，我国约有2 000人，因此，拥有CFA认证的金融人才有着令人羡慕的高收入。

CFA年收入统计：美国19万美元；英国20万美元；新加坡11.3万美元；中国香港13.6万美元；加拿大10.8万美元；全球平均17.8万美元。

CFA与MBA年收入比较：在美国，哈佛商学院MBA平均年薪12.8万美元，CFA平均年薪17.8万美元。截至2002年底，CFA在美国平均年薪19万美元，CFA在中国香港平均年薪13.6万美元。据保守估计，CFA在我国北京、上海、深圳早已晋升百万年薪之列。

培训和考试：申请者除了需要通过三个等级全英文的资格认证考试（每年每人只能报考一个等级，且3~7年内必须全部通过三个级别的考试）外，还必须具有3年或3年以上被美国投资管理与研究协会所认可的从业经验，遵守该协会公布的职业操守和道德准则，并申请成为该协会的成员，具备这些条件后，申请者才可获得CFA资格证书。目前，我国北京、上海、香港均设有CFA资格认证机构。

适合对象：相比较而言，CFA考试侧重于投资和财务分析理论，基本上均为教科书中的内容，参加考试者多为金融机构的研究和投资管理人员、金融专业的博士或硕士。

三、中国香港注册财务策划师（RFP）

认证单位：证书由中国香港注册财务策划师协会颁发。

培训和考试：RFP的培训课程全部按照中国香港注册财务策划师协会的要求设置，课程的师资来自中国香港注册财务策划师协会资深的理财策划专家和顾问，全英文授课。通过考试者可获得我国上海紧缺人才培训工程联席会议办公室颁发的注册财务策划师岗位资格证书和中国香港注册财务策划师协会颁发的注册财务策划师证书，成为其正式会员。获得相关证书后，会员提出申请，由中国香港注册财务策划师协会负责申报，通过两门课程学习，取得国际财务策划师公会（IARFP）会员资格。持有RFP资格证书的人员方可从事财务会计、管理会计、会计经理及税务等工作。

四、国际认证财务顾问师（RFC）

认证单位：证书由国际认证财务顾问师协会（IARFC）颁发。

进入中国时间：2003年12月，来自国内五家寿险公司的40位寿险代理人首批获得了这一资格证书。

培训和考试：RFC的课程教育共计96个学时，主要分成基础理论和实务操作两个部分。该协会对会员的要求有七项标准：教育、考试、工作经验、工作执照、商业道德、遵循严格的品德操守、维持每年至少40小时与财务规划相关的继续教育。通过这七项标准，申请者才能成为国际认证财务顾问师。

五、特许财富管理师（CWM）

认证单位：证书由国际金融管理学会（IAFM）颁发，其是美国三大理财规划证书之一。

进入中国时间：2004年2月，CWM认证正式引入我国内地。

培训和考试：CWM的培训课程围绕保险计划、投资计划、退休计划、地产计划、税务计划和财务规划六个方面的理财师核心知识内容进行设置。我国中央财经大学开设首期以国外资深专家为主要授课阵容的CWM培训班，学习结束后，考试合格并通过资历审核者，可以获得由国际金融管理学会颁发的CWM资格证书。

【行业动态】

我国银行理财产品投资者数量突破1亿人

2023年8月4日，银行业理财登记托管中心发布了《中国银行业理财市场半年报告（2023年上）》。该报告显示，2023年上半年，持有理财产品的投资者数量达1.04亿人，银行理财产品累计为投资者创造收益3 310亿元。

该报告还显示，截至2023年6月月末，理财产品投资资产合计27.70万亿元，同比下降12.92%。理财产品资产配置以固收类为主，投向债券类资产、非标准化债权类资产、权益类资产余额分别为16.15万亿元、1.85万亿元、0.90万亿元，分别占总投资资产的58.30%、6.68%、3.25%。

在服务实体经济方面，截至2023年6月月末，银行理财产品通过投资债券、非标准化债权、未上市股权等资产，支持实体经济资金规模约19万亿元。理财资金投向绿色债券规模超2 300亿元，投向"一带一路"、区域发展、扶贫纾困等专项债券规模超1 000亿元，为中小微企业发展提供资金支持超3.5万亿元。

具体来看，2023年上半年，累计发行ESG主题理财产品67只，合计募集资金超260亿元。截至2023年6月月末，ESG主题理财产品存续规模达1 586亿元，同比增长51.29%。此外，理财行业不断推出特色产品，6月月末存续专精特新、乡村振兴、大湾区等主题理财产品超200只，存续规模超850亿元。

个人养老金理财产品相关业务平稳运行，截至2023年6月30日，已正式销售个人养老金理财产品的12家商业银行累计为个人养老金投资者开立理财行业平台养老金账户11万个，4家理财公司共发行18只个人养老金理财产品，累计销售规模达到7.79亿元。

资料来源：王方圆. 我国银行理财产品投资者数量突破1亿人［N］. 中国证券报，2023-08-05（A03）.

【本章小结】

1.理财规划是根据客户的财务与非财务状况，运用规范的方法并遵循一定的程序为客户制订切合实际、可操作的某一方面或一系列相互协调的规划方案，包括教育规划、风险管理与保险规划、税收筹划、投资规划、退休养老规划、财产分配与传承规划等。

2.个人理财，是指专业理财人员根据个人或家庭的基本信息、财务状况，围绕个人或家庭的收入和消费水平、预期目标、风险承受能力、心理偏好等情况，形成一套以个人或家庭资产效用最大化的、在人生不同阶段（青年期、中年期、退休期）的个人理财规划方案，并为其具体实施提供指导策略的过程。

3.根据个人理财的范围，个人理财主要包括现金管理、资产管理、债务管理、风险管理、投资管理等内容，这五个理财的基本内容互相关联、互相制约、互相促进。

4.现代意义上的理财规划业务最早出现在美国，其发展经历了初创期、扩张期、成熟稳定期三个阶段。

5.个人金融服务体系分为三个层次：大众银行大众理财、富裕银行贵宾理财和私人银行财富管理。

6.个人财富的增长、金融市场的变化和监管制度的改革构成了我国个人理财业务发展的强劲动力，但市场基础要素的缺陷和不足制约了个人理财业务的快速发展。我国的个人理财业务正处于市场机遇与挑战并存的发展阶段，其市场潜力巨大。

【复习与思考题】

一、单项选择题

1.一旦家庭的主要经济收入创造者因为失业或者其他原因失去劳动能力，或失去收入来源，往往会对整个家庭生活质量造成严重影响。为了应对这一风险，理财规划需要建立（　　）。

A.日常生活消费储备　　B.意外现金储备

C.投资规划　　D.风险管理

2.（　　）是一项高端金融服务，其业务基础是高净值财富，其服务对象是拥有高净增财富的个人。

A.大众银行　　B.富裕银行　　C.私人银行　　D.商业银行

3.有“全球金融第一考”之称的证书是（　　）。

A.AFP　　B.CFA　　C.RFP　　D.RFC

4.根据马斯洛提出的著名的“需求层次理论”，人们的需求可以从低到高分为生理需求、安全需求、社交需求、尊重需求和（　　）需求。

A.自我满足　　B.自我实现　　C.自我　　D.自我追求

5.作为理财规划师，不仅要综合考虑客户的财务状况，而且要关注客户的非财务状况及其变化，进而提出符合客户实际和目标预期的财务规划。这是指理财规划师在开展工作时要遵循（　　）原则。

A.整体规划　　B.提早规划

C.现金保障优先　　D.风险管理优于追求收益

二、简答题

1.个人理财的原则是什么？

2.个人理财的范围包括哪些？这些范围之间有怎样的联系？

3.个人理财的特征有哪些？

参考答案

第二章

理财规划基础知识

学习目标

1. 熟悉家庭生命周期理论的起源及主要理论观点；
2. 了解家庭模型的主要分类；
3. 掌握货币时间价值的概念和影响因素、时间价值与利率的计算；
4. 了解影响客户风险承受能力的因素、风险偏好和投资风格分类；
5. 树立懂得尊重他人、符合社会主义核心价值观的理财观。

【引导案例】

我们或许了解过一个经典的励志公式，用来证明每天微小的进步或退步在一年时间里的累积结果。下面让我们再次重温：

假设现在自己的水平是1，每天进步1%，则1年后：

每天毫无长进的结果：1.00

每天不断进步的结果：$1.01^{365}=37.78$

每天退步1%，则1年后：$0.99^{365}=0.0255$

进三退二：$(1.01^{3}\times0.99^{2})^{73}=2.04$

以上的结果令人震惊：每天都在努力的人，1年后将比以前的自己优秀了近38倍；而每天都在退步的人，会将自己的才华消耗殆尽；三天打鱼、两天晒网，没有毅力不懂坚持的人，1年后仅比以前的自己进步了近1倍。这里就暗含了理财规划的一个基本概念——复利。终身学习，保持进步，让我们的进步和时间相匹配，才会给自己的投资甚至人生带来复利的回报。

本章就让我们共同学习理财规划的基础知识。

第一节　家庭生命周期理论与家庭模型

一、家庭生命周期理论

每个人的家庭情况、财务状况和性格特征各不相同，因而并不存在一个放之四海而皆准的标准理财方案。理财规划必须是一项强调个性化的规划，但这并不意味着个人家庭情况无规律可循。透过诸多个性化的差异，会发现个人家庭特征也存在很多共性的地方，其中最主要的一点就是生命周期现象：处于相同生命周期阶段的个人家庭往往面临相似的理财目标、收入状况和风险承受能力。一般而言，个人理财规划是基于人的生命周期而存在的，在进行理财规划时必须考虑不同家庭的不同阶段，设计有针对性的策略，从而实现自我的生活目标。

家庭生命周期理论，是指家庭从形成到解体所呈现出的循环运动的过程。在家庭生命周期的各个阶段，有着不同的家庭角色需要扮演，不同的角色扮演有着不同的角色期待，而随着时光流逝、年岁渐增，个人观念因受外在环境的影响而不断改变。

家庭生命周期理论始于20世纪30年代，最早是由希尔和汉森在综合多个学科的基础上提出来的。家庭生命周期理论被正式运用到家庭工作中是在20世纪50年代，并兴盛于20世纪70年代，代表人物有希尔和杜瓦尔。任何家庭都有生命周期，主要包括生理需求、文化规范、人的愿望和价值观。家庭发展的核心任务是满足人们成长的需要，否则，家庭可能会产生不愉快。

到20世纪90年代，代际取向的家庭治疗师贝蒂卡特和莫妮卡将家庭生命周期理论融入了新的元素，她们认为家庭生命周期理论为人们提供了一个有用的框架，用来预见所有家庭都要经历的发展阶段，提供了关于家庭问题出现在过去的经历、当前试图处理的任务、将来要往哪里去的视野。这是一种关注家庭能力的更积极的角度，认为家庭在保持稳定性和连续性的同时，能够完善并改变其结构。

个人从出生到死亡会经历婴儿期、童年期、少年期、青年期、中年期和老年期六个时期。由于婴儿期、童年期和少年期没有独立的经济来源，通常也不必承担经济责任，因此，这三个时期并不是理财规划的重要时期。青年期、中年期和老年期则是进行理财规划的三个重要时期。理财规划的重要时期，可以进一步细分为单身期、家庭与事业形成期、家庭与事业成长期、退休前期和退休期五个时期。

（一）单身期

单身期是指从参加工作到结婚的这段时期，一般为2～8年，客户的年龄在22～30岁之间。在这个时期，个人刚刚迈入社会开始工作，个人的人生目标应该是积极寻找高薪职位并努力工作，个人的经济收入比较低且花费较大，但这个时期又往往是家庭资金的原始积累期。此外，在这个时期，个人也要广开财源，尽量每月能有部分结余，并进行小额投资，一方面尽可能多地获得财富，另一方面也为今后的理财积累经验。

（二）家庭与事业形成期

家庭与事业形成期是指从结婚到新生儿诞生的这段时期，一般为1～3年。在这个时期，个人组建了家庭，伴随子女的出生，经济负担加重。对于双薪家庭，经济收入有了一定的增加且生活开始走向稳定。在这个时期，尽管家庭财力还不是很强大，但是呈现出蒸蒸日上之势。此时，家庭最大的支出一般为购房支出，对此家庭成员应进行仔细规划，使月供负担在其经济承受范围之内。另外，此时家庭成员还应开始考虑对高等教育费用的准备，以减轻子女未来接受高等教育的资金压力。

（三）家庭与事业成长期

家庭与事业成长期是指子女出生到子女完成大学教育的这段时期，一般为18～22年。在这个时期，家庭成员不再增加，整个家庭成员年龄都在增长，经济收入增加的同时花费也随之增加，生活已经基本稳定。但是子女上大学后，由于高等教育支出的增加，家庭支出也会有较大幅度上升。对处于这个时期的家庭而言，应设法提高家庭资产中投资资产的比重，逐年累积净资产。

（四）退休前期

退休前期是指子女参加工作到个人退休之前的这段时期，一般为10～15年。在这个时期，家庭已经完全稳定，子女也已经经济独立，家庭收入增加，而支出减少，资产逐渐增加，而负债逐渐减少。此时，个人的事业一般处于巅峰状态，但身体状况却开始下滑，这一时期最重要的应该是准备退休金，并在资产组合中适当降低高风险金融资产的比重，获取更加稳健的收益。

（五）退休期

退休期是指退休后的这段时期。进入退休期，个人肩负的家庭责任减轻，锻炼身体、休闲娱乐是生活的主要内容，收支情况表现为收入减少，而休闲、医疗费用增加，其他费用降低。此时，个人的风险承受能力下降，对资金安全性的要求远远高于收益性，所以，在资产配置上要进一步降低风险。在这一时期，个人（家庭）最主要的目标是安度晚年，享受夕阳红，并开始有计划地安排财产的传承。

二、家庭模型

基本的家庭模型有青年家庭、中年家庭和老年家庭三种。根据家庭收入主导者的生命周期，家庭收入主导者的生理年龄在35周岁以下的家庭为青年家庭，家庭收入主导者的生理年龄在55周岁以上的家庭为老年家庭，介于二者之间的为中年家庭。

三、不同生命周期、不同家庭模型下的理财规划

理财规划必须与不同的生命周期、不同的家庭模型相结合，才能产生最佳的实践效果。表2-1具体说明了理财规划在不同生命周期、不同家庭模型中的应用。

表2-1 **不同生命周期、不同家庭模型的理财需求分析与规划**

生命周期	家庭模型	理财需求分析	理财规划
单身期	青年家庭	1.租赁房屋 2.满足日常支出 3.偿还教育贷款 4.储蓄 5.小额投资及经验积累	1.现金规划 2.消费支出规划 3.投资规划
家庭与事业形成期		1.购买房屋 2.子女出生和养育 3.建立应急基金 4.增加收入 5.风险保障 6.储蓄和投资 7.建立退休资金	1.消费支出规划 2.现金规划 3.风险管理规划 4.投资规划 5.税收规划 6.子女教育规划 7.退休养老规划

续表

生命周期	家庭模型	理财需求分析	理财规划
家庭与事业成长期	中年家庭	1.购买房屋、汽车 2.子女教育费用 3.增加收入 4.风险保障 5.储蓄和投资 6.养老金储备	1.子女教育规划 2.消费支出规划 3.风险管理规划 4.投资规划 5.退休养老规划 6.现金规划 7.税收规划
退休前期		1.提高投资收益的稳定性 2.养老金储备 3.财产传承	1.退休养老规划 2.投资规划 3.税收规划 4.现金规划 5.财产传承规划
退休期	老年家庭	1.保障财务安全 2.遗嘱 3.建立信托 4.准备善后费用	1.财产传承规划 2.现金规划 3.投资规划

【案例展示2-1】

姓名：小秀

年龄：25岁

家庭状况：未婚

收入：6万元/年

支出：2.5万元/年

资产：拥有活期存款8万元，股票资产5万元

负债：无

家庭保障：有社会基本保险

理财建议：考虑到其年龄较轻，风险承受能力较强，在现阶段可追加投资股票型基金，也可利用工作之余拓宽收入来源。另外，应准备一些应急资金，以应付失业、生病等不时之需，金额一般为月支出的3～6倍，应急准备金以少量现金、银行活期存款和货币市场型基金的形式组合即可

【案例展示2-2】

姓名：阿菊

年龄：35岁

家庭状况：已婚，有一个5岁的女儿

收入：夫妇收入共计15万元/年，其中女方收入约占1/3

支出：10万元/年

资产：住房价值64万元、汽车价值13.5万元、活期存款8万元、1年定期存款3万

元、基金9万元

负债：现有银行房贷48万元，还款期为2002—2024年，每月还贷3 000元

家庭保障：夫妇都有社会基本保险，女儿有6万元保额的教育险（月缴）

理财建议：现阶段其房贷等理财目标对资金安全性的要求较高，所以整体上建议投资中等风险的理财产品，如配置型基金以及少量股票型和指数型基金，封闭式基金也可以关注。应急准备金为月支出的6～9倍。在已有社会基本保险的基础上，需要适当增加一些商业保险

【案例展示2-3】

姓名：唐姨

年龄：65岁

家庭状况：已婚，女儿已成家

收入：夫妇收入共计18万元/年，其中女方收入约占2/5

支出：7万元/年

资产：住房价值100万元、活期存款3万元、各种期限的定期存款24万元、国债3万元

负债：无

家庭保障：夫妇都有社会基本保险

理财建议：30万元的金融性资产中主要是定期存款，到期变现后建议安排10万元的应急准备金，以应付生病、住院等急需，剩下的资金建议购买银行人民币理财产品或者债券型基金和保本型基金

第二节　货币时间价值

货币时间价值是个人理财业务的基础理论之一。时间价值既是资源稀缺性的体现，也是人类心理认知的反映，表明在信用货币体制下，现在的货币在价值上总是高于未来等额的货币。

一、货币时间价值的概念与影响因素

（一）货币时间价值的概念

货币时间价值，是指货币经历一定时间的投资（再投资）所增加的价值，即货币在使用过程中由于时间因素而形成的价值。例如，年初将10 000元存入银行，在存款利率为10%的情况下，到年终，其价值为11 000元，其中1 000元就是货币的时间价值。

投资者都知道这样一个道理，今天手中拥有的1元钱与未来手中获得的1元钱的价值是不一样的。一般来说，同等数量的货币或现金流在不同时点的价值是不同的。人们通常将一定数量的货币在两个时点之间的价值差异，称为货币时间价值。

货币之所以具有时间价值，是因为：

（1）货币可以满足当前消费或用于投资而产生回报，货币占用具有机会成本。

（2）通货膨胀会致使货币贬值。

（3）投资有风险，需要提供风险补偿。

（二）货币时间价值的影响因素

1. 时间

时间的长短是影响货币时间价值的首要因素，时间越长，货币时间价值越明显。例如，以年均5%的通货膨胀率计算，1990年的100元的购买力（时间价值）相当于2000年的163元，或者相当于2010年的265元。

2. 收益率或通货膨胀率

收益率是决定货币在未来增值程度的关键因素，而通货膨胀率则是使货币购买力缩水的反向因素。

3. 单利与复利

单利始终以最初的本金为基数计算收益，而复利则以本金和利息为基数计息，从而产生利上加利、息上增息的收益倍增效应。

例如，一笔100万元的资金存入银行，如果按5%的年均单利计算，则每年固定增值5万元，20年后变成200万元；如果按5%的年均复利计算，则20年后就变成了2 653 298元，要比单利多出653 298元。

【知识拓展2-1】

1. 现金流量

现金流量是货币时间价值分析的基础。现金流量是一个项目或资产所带来的现金流出量和流入量的统称。现金流入量减去现金流出量的差额是现金净流量。我们可以将一项资产或者投资所能够带来的各期现金净流量的现值与期初的现金净流量相比较，来分析该项资产或者投资的经济价值。

2. 终值

终值是指现在的货币折合成未来某一时点的本金和利息的合计数，反映一定数量的货币在将来某个时点的价值。例如，某人当前时点拥有的货币是1 000元，市场利率水平为10%，那么，1年后的终值变为1 000+1 000×10%=1 100（元）。这就意味着，在市场利率水平为10%的时候，当前时点的1 000元与1年后的1 100元是等值的。

3. 现值

现值是指未来某一时点的一定数额的货币折合为相当于现在的本金。现值与终值是货币在不同时点上的对称。现值和终值的概念是对货币时间价值最好的衡量方式，其反映了保持相等的价值和购买力的货币在不同时点上数量的差异。

4. 报酬率

（1）报酬率的形式。

我们通常所说的报酬率有必要报酬率、期望报酬率和实际报酬率三种形式。这三种报酬率在计算货币时间价值的时候都可以作为贴现率。但是，三者的含义不同，所应用的领域和解决的问题也都有明显的差异。

（2）报酬率的差异。

①必要报酬率是指投资者进行投资所必须赚得的最低报酬率，它反映的是整个社会的平均回报水平。利用该报酬率进行分析，主要是为了反映投资者获得最低的报酬率水平应具有的最低的现金流量水平或者资产的最高价格。

②期望报酬率是指一项投资方案估计所能够达到的报酬率，它反映的是投资者心中所期望的报酬率水平。期望报酬率因项目和决策人的不同而有所不同，其并不完全反映市场的实际状况。期望报酬率可以用来分析投资者对于不同资产的心理定价或价格预期。期望报酬率会影响实际报酬率。如果市场是完全信息对称的，理性投资者的期望报酬率会趋于一致，从而影响资产价格，并进一步影响实际报酬率。

③实际报酬率是项目投资后实际获得的报酬率。只有在一项投资结束之后，结合已经取得的投资效益，才能够评估出实际的报酬率水平。

二、货币时间价值的计算

（一）两种不同的计算制度

1.单利

单利是只对初始投入的本金计算利息的一种计算制度。按照这种方法，只按初始投入的本金计算各年的利息，所生利息不加入本金重复计算利息。单利不是货币时间价值的表现形式，不能以单利计算货币的时间价值。单利只适合于特定情况下的计算，如商业票据的贴现利息的计算、单利计息条件下债券利息的计算等。

假设采用不同的计算符号来表示一些财务指标：PV代表现值（本金或初始金额）；FV代表终值；i代表利率水平；n代表时间周期数。

单利终值的计算公式为：

$$FV = PV(1 + n \times i)$$

单利现值的计算公式为：

$$PV=\frac{FV}{(1 + n \times i)}$$

【例2-1】某人的银行存款为1 000元，年利率6%，单利计息，3年后取出。请问3年后此人可以取出多少钱？

$FV = PV(1 + n \times i)=1\ 000\times（1+6\%\times3）=1\ 180$（元）

【例2-2】某人希望3年后得到1 300元，银行存款年利率为10%，单利计息。请问此人现在应存入多少钱？

$PV=\frac{FV}{(1 + n \times i)}=1\ 300\div（1+10\%\times3）=1\ 000$（元）

【实训任务2-1】（1）小明将5 000元存入银行，年利率7%，单利计息，4年后取出。请问到期后小明可以取出多少钱？

（2）小明想在4年后从银行取出5 000元，现行年利率为7%，单利计息。请问现在小明应存入多少钱？

参考答案

2. 复利

复利是对本金和利息都要计算利息的一种计算制度。在复利制度下，一个重要的特征是上一年的本利和要作为下一年的本金计算利息。

（1）复利终值。

复利终值的计算公式为：

$$FV = PV(1 + i)^n$$

其中，$(1 + i)^n$为1元复利终值，表示1元的本金在特定利率和期数条件下到期的本利和。1元的复利终值可简记为（F/P，i，n）。为了便于计算，可根据利率与期数，查询“复利终值系数表”来确定1元的复利终值。

【例2-3】企业投资某项目，投入金额为128万元，该项目投资年收益率为10%，投资年限为5年，收益可累积计入本金，在最后一年收回投资额及收益。请问企业最终可收回多少资金？

方法一：

$FV = PV(1+i)^n = 1\ 280\ 000 \times (1+10\%)^5 = 1\ 280\ 000 \times 1.6105 = 2\ 061\ 440$（元）

方法二：

通过查找“复利终值系数表”，可得：

$FV = P(F/P,\ i,\ n) = 1\ 280\ 000 \times (F/P,\ 10\%,\ 5) = 1\ 280\ 000 \times 1.6105 = 2\ 061\ 440$（元）

（2）复利现值。

复利现值的计算公式为：

$$PV = \frac{FV}{(1+i)^n}$$

其中，$\frac{1}{(1+i)^n}$为复利现值系数，是复利终值系数的倒数，可通过查询“复利现值系数表”求得。

【例2-4】某人希望3年后得到1 300元，银行存款年利率为10%，复利计息。请问此人现在应存入多少钱？

$$PV = \frac{FV}{(1+i)^n} = \frac{1\ 300}{(1+10\%)^3} = 976.71（元）$$

参考答案

【实训任务2-2】（1）李先生准备投资一笔钱，用于8年后为儿子购置一套婚房，预计需要50万元作为首付，现有一个期望收益率为6%的基金产品非常适合他。请问李先生需要为购房准备的投资金额是多少？

（2）王先生投资一项工程，投资金额为100万元，年利率为4%，投资期限为5年。请问投资到期后王先生可以获得的本利和是多少？

（二）年金的计算

对货币时间价值进行分析时，我们分析的数据基础是现金流量。年金是一种常见的现金流量形式，由于其数据本身的规律性，可以简化计算过程。年金是指在一定时期内系列、等额收付的款项，通常记作A。年金的特征是在一定时期内每次收付款的时间间隔相同、收付款的金额相等。年金有多种形式，如保险费、直线法下计提的固定资产折旧等额分期付款以及零存整取或整存零取储蓄等。

按照年金每次收付发生时点的不同，可划分为普通年金、预付年金、递延年金和永续年金。

1.普通年金

普通年金又称后付年金，是指于各期期末收付的年金，即现金流量发生在每期期末。

（1）普通年金终值。

普通年金终值的计算公式为：

$$F = A\frac{(1+i)^n - 1}{i} = A(F/A,\ i,\ n)$$

其中，$\frac{(1+i)^n-1}{i}$是n期1元的普通年金在i利率水平下的终值，又称年金的终值系数，可以通过“年金终值系数表”得到。

【例2-5】某人每年年末将2 000元存入一个年利率为3%的退休金账户。如果他准备30年后退休，请问到时将有多少钱？

F=A(F/A，i，n)=2 000×（F/A，3%，30）=2 000×47.5754=95 150.80（元）

（2）偿债基金。

偿债基金是指为了在未来的某一时点使年金终值达到清偿债务或满足企业特定的财务需要而于每年年末等额存入银行或支付给相应机构的存款准备金。1元的年金终值的倒数即为1元的偿债基金。

偿债基金的计算公式为：

$$A=F\frac{i}{(1+i)^n-1}=\frac{F}{(F/A,\ i,\ n)}$$

【例2-6】假设江南公司拟在3年后还清100万元的债务，从现在起每年年末等额存入银行一笔款项。假设银行存款年利率为10%，请问每年需要存入多少万元？

$$A=\frac{F}{(F/A,\ i,\ n)}=\frac{100}{(F/A,\ 10\%,\ 3)}=30.21\text{（万元）}$$

（3）普通年金现值。

普通年金现值是指为了在每期期末取得相等金额的款项，现在需要投入的金额，即每期期末等额的系列收付款项的现值之和。

普通年金现值的计算公式为：

$$P=A\frac{1-(1+i)^{-n}}{i}=A(P/A,\ i,\ n)$$

其中，$\frac{1-(1+i)^{-n}}{i}$通常称为1元的年金现值系数，记为(P/A，i，n)，可以通过查询“年金现值系数表”得出结果。

【例2-7】某人帮助他人代付房租3年，每年年末缴存10万元，存款年利率为10%。请问他现在应该存入多少钱？

P = A(P/A，i，n) = 10 ×(P/A，10%，3) = 24.87（万元）

（4）年资本回收额。

年资本回收额是指收回现在的投资而应于未来每年年末等额回收的金额，即根据普通年金现值计算年金。1元的年金现值的倒数即为1元的年资本回收额或资本回收系数，表示收回现在1元的投资而应于未来每年年末回收的金额。

根据普通年金现值的计算公式：$P=A\frac{1-(1+i)^{-n}}{i}=A(P/A,\ i,\ n)$，可得年资本回收额的计算公式为：

$$A=P\frac{i}{1-(1+i)^{-n}}=\frac{P}{(P/A,\ i,\ n)}$$

【例2-8】假设江南公司现在拟出资100万元投资某项目，该项目投资回报率预计为10%，江南公司拟在3年内收回投资。请问每年至少要收回多少万元？

$$A=\frac{P}{(P/A,\ i,\ n)}=\frac{100}{(P/A,\ 10\%,\ 3)}=40.21\text{（万元）}$$

【实训任务2-3】（1）假设小李在未来10年内，每年年末可获得父亲支付的教育费用1 000元，年复利率为8%，则10年后，该笔年金的终值是多少？

参考答案

（2）某人有一笔4年后到期的债务1 000万元，为此设置偿债基金，年复利率为10%，为还清债务，他每年年末应存入的金额为多少？

（3）假设某企业打算进行一项投资，该项目预期使用10年，预计每年可以获得现金净流量50万元，此项投资的必要报酬率为10%，则该项目的价值是多少？

（4）某项1 000万元的投资，其必要报酬率为12%，投资期限为10年，则每期期末回收多少资金才是合算的？

2. 预付年金

预付年金是指于每期期初付款的年金，又称即付年金。由于没有预付年金的终值和现值系数表，因此，对预付年金的终值和现值的计算需要将其转化为普通年金。

（1）预付年金终值。

预付年金终值是指其最后一期期末的本利和。

方法一：利用同期的普通年金终值公式乘以（1+i）计算。

$$F = A(F/A,\ i,\ n)(1 + i)$$

方法二：利用（n+1）期的普通年金终值公式减去A计算（或者利用普通年金终值期数加1，系数减1的方法计算）。

$$F = A(F/A,\ i,\ n + 1) - A = A[(F/A,\ i,\ n + 1) - 1]$$

【例2-9】假如江南公司有一基建项目，分5次投资，每年年初投资1 000万元，预计第5年年末建成。该公司的投资款均向银行借款取得，年利率为8%。请问该项目的投资总额是多少？

方法一：

$$F = A(F/A,\ i,\ n)(1 + i) = 1\,000\times(F/A,\ 8\%,\ 5)\times(1+8\%) = 6\,335.92\text{（万元）}$$

方法二：

$$F = A(F/A,\ i,\ n + 1) - A = 1\,000\times(F/A,\ 8\%,\ 6) - 1\,000 = 1\,000\times7.3359 - 1\,000 = 6\,335.90\text{（万元）}$$

（2）预付年金现值。

预付年金现值是指一定时期内每期期初收付款项的复利现值之和。

方法一：按照（n-1）期普通年金现值加上第1期期初年金计算。

$$P = A(P/A,\ i,\ n - 1) + A$$

方法二：利用同期普通年金现值乘以1期复利终值计算。

$$P = A(P/A,\ i,\ n)(1 + i)$$

【例2-10】李小姐在未来6个月，每月月初可以领取工资3 000元，年复利率为12%。请问该笔预付年金现值是多少？

方法一：$P = A(P/A,\ i,\ n - 1) + A = 3\,000\times(P/A,\ 12\%/12,\ 5) + 3\,000 = 17\,560.20$（元）

方法二：$P = A(P/A,\ i,\ n)(1 + i) = 3\,000\times(P/A,\ 12\%/12,\ 6)\times(1+12\%\div12) = 17\,558.85$（元）

【实训任务2-4】（1）江南公司拟购买新设备，供应商有两套付款方案：方案一，采用分期付款方式，每年年初付款20 000元，分10年付清；方案二，一次性付款15万元。若该公司的资金回报率为6%，假设有充裕的资金流，将选择何种付款方式？请用两种方法分别计算。

参考答案

（2）某投资者每年年初存入银行1 000元，年复利率为8%，则第10年年末的本利和应为多少？

3. 递延年金

递延年金是指第一次年金收付发生在第二期或第二期以后的年金。

假设递延期数为m，付款期数为n，则递延年金的相关计算公式如下：

（1）递延年金终值。

由于递延期数m与终值无关，因此只需考虑递延年金的付款期数n。其计算公式与普通年金相同：

$$F = A(F/A, i, n)$$

（2）递延年金现值。

递延年金现值与递延期数m相关，递延期数越长，递延年金现值越小。

递延年金现值的计算方法有两种：

方法一：按照n期普通年金和m期复利贴现。

$$P = A(P/A, i, n)(P/F, i, m)$$

方法二：按照（n+m）期普通年金现值减去m期普通年金现值计算。

$$P = A(P/A, i, n + m) - A(P/A, i, m)$$

【例2-11】假设某人购置一套房产，前3年不用付款，从第4年年末开始分4年等额还本付息100万元，银行年利率为10%。请问该房屋的递延年金现值是多少？

假设递延期数为m，付款期数为n，则有：

方法一：$P = 100 \times (P/A, 10\%, 4) \times (P/F, 10\%, 3) = 238.16$（万元）

方法二：$P = 100 \times (P/A, 10\%, 7) - 100 \times (P/A, 10\%, 3) = 238.10$（万元）

【实训任务2-5】假设江南公司拟一次性投资开发某农庄，预计该农庄能够存续15年，但是前5年不会产生净收益，从第6年开始每年年末产生净收益5万元。

参考答案

考虑资金时间价值的因素下，若该农庄的投资报酬率为10%，则该农庄给企业带来的累计收益是多少？

假设江南公司决定投资开发该农庄，根据其收益情况，该农庄的累计投资限额是多少？

4. 永续年金

永续年金是指无限期等额收付的年金，即期数趋向于无穷的普通年金。

永续年金因为没有终止期，所以，其只有现值，而没有终值。

永续年金现值的计算公式为：

$$P = \frac{A}{i}$$

【例2-12】某企业优先股面值为100元，票面利率为10%。如果投资者要求的报酬率为8%，请问该优先股的价值是多少？

$$P = \frac{A}{i} = \frac{100 \times 10\%}{8\%} = 125\text{（元）}$$

参考答案

【实训任务2-6】江南公司想为某学校创立一个永久性的爱心基金，希望每年能从该基金中拿出9万元用于经济困难学生的生活补助。

考虑到基金资金的安全性，基金管理人计划将基金用于购买近乎无风险的国债，其产生的利息收入用于经济困难学生的生活补助。

假设1年期国债的平均利率为3%，那么江南公司要向该学校捐赠多少款项才能创建爱心基金？

（三）复利期间和有效年利率的计算

1. 复利期间

1年之内对金融资产计m次复利，t年后得到的价值为：

$$FV = C_0(1+\frac{r}{m})^{mt}$$

假如将50元进行投资，年利率为12%，每半年计息一次，3年后的终值是多少？

$$FV = 50\times(1+\frac{12\%}{2})^{2\times3} = 70.93\text{（元）}$$

2. 有效年利率（EAR）

上述的举例中，该投资的有效年利率是多少？（3年后能够带来回报的年收益率，即为有效年利率）

$$FV=50\times(1+EAR)^3=70.93\text{（元）}$$

$$EAR=12.36\%$$

因此，有效年利率的计算公式为：

$$EAR=(1+\frac{r}{m})^m-1$$

在名义年利率相同的情况下，复利频率不同，有效年利率也不同。随着复利次数的增加，有效年利率也会不断增加，但增加的速度会越来越慢。

第三节　客户的风险属性

客户的风险属性主要包括客户的风险承受能力和风险偏好两个方面的因素。客户的风险承受能力，是指客户面对风险时，在财力和精神上的忍耐程度；客户的风险偏好，是指客户对待风险的态度；二者之间存在密切的联系。一个优秀的理财规划师，应该首先考虑客户的风险承受能力，再在其风险偏好的基础上为客户确定合理的风险水平。

一、影响客户风险承受能力的因素

（一）年龄

一般而言，客户的年龄越大，其所能承受的风险越低。通常情况下，年轻人的生活与事业刚刚起步，面临无数机会，他们敢于尝试和冒险，偏好较高风险的理财产品，而等到退休年龄，心态自然变得老成持重，一般理财偏好会趋于保守。

从不同年龄的个人收入来看，虽然刚刚步入社会的年轻人储蓄较少，但是其未来预期的收入较多，因此可以承担较高的风险；反之，虽然即将退休的老年人储蓄较多，但是其未来预期的收入减少，因此难以承受较高的风险。

（二）受教育程度

一个人与生俱来的东西很少，后天的学习和工作是知识和经验的主要来源，受教育程度对一个人的消费观念和生活态度影响巨大，进而影响一个人对理财服务的需求。一般地，风险承受能力随着受教育程度的增加而增大。掌握专业技能和拥有高学历的人群，对风险的认识更加清晰，管理风险的能力更强，往往能够从事高风险的投资。而对于那些投资知识相对缺乏的人群来说，高风险投资失败的可能性就要大得多。

（三）收入、职业和财富规模

1. 收入

收入的高低决定了个人（家庭）的消费支出和资金积累，也决定了个人对待风险的态度。根据收入的高低，可将家庭分为高收入家庭、中等收入家庭和低收入家庭。一般而言，收入水平与风险承受能力正相关。家庭收入的划分是随着居民财富积累的变化而不断变化的，并没有统一的规则。一般而言，家庭收入的划分具有阶段性、区域性的特征。

2. 职业

职业与收入密切相关。高收入者一般为企业老板、高薪白领等，由于职业原因，他们通常工作繁忙，压力较大，而无暇顾及个人理财问题，但对个人理财有较强的需求；中等收入者多为社会公职人员、知识分子、个体老板、能力较强的企业管理人员等，他们的收入较为稳定，对消费理财和投资理财有一定的兴趣，多厌恶风险；低收入者对消费支出较为谨慎，注重收支的合理安排，对储蓄存款的搭配较为感兴趣。

3. 财富规模

收入的高低决定了财富的多少，个人生活理财将财富较少的人群作为目标群体，而投资理财则将富人作为目标群体。

资金充裕是否就意味着愿意承担更高的风险？这个问题要求我们首先区分绝对风险承受能力和相对风险承受能力两个概念。绝对风险承受能力是由一个人投入到风险资产的财富金额来衡量的，而相对风险承受能力是由一个人投入到风险资产的财富比例来衡量的。

一般地，绝对风险承受能力随着财富的增加而增强，因为投资者会将更多的财富用来投资，而相对风险承受能力则与财富的多寡没有必然的直接联系。

（四）资金的投资期限

如果用于投资的一项资金可以长时间持续地进行投资而无须考虑短时间内变现，那么这项投资可承受的风险能力较强。相反地，如果一项投资要准备随时变现，就要选择流动性更好的、更安全的产品，那么这项投资可承受的风险能力较弱。影响投资风险的主要因素有：

1. 景气循环

金融市场的短期波动难以预测，盈亏很难通过技术操作来控制。若投资时间较长，并需要经过几个循环周期，则可选择在景气周期高峰时卖出得利。

2. 复利效应

短期的投资即使获利丰厚，若没有经过一定时期所产生的复利效应，其收益还是有限的，而一旦亏损就会导致短期理财目标无法实现，从而产生一定的风险。

3. 投资期限

根据统计结果发现，报酬率上下限的差异随着投资期限的延长而越来越小，标准差也越来越小，这说明投资时间越长，平均报酬率越稳定。同一种投资工具的风险，可通过延长投资时间加以降低，因此，投资期限越长，越可选择短期风险较高的投资工具。

（五）理财目标的弹性

理财目标的弹性越大，可承受的风险也就越高。若理财目标时间短且完全无弹性，则采取存款方式以保本保息，才是最佳选择。

如果某项投资是为了子女的教育或者赡养父母，那么这笔资金就必须在保证安全性的前提下在特定时间内获得理想的收益，这样的理财目标既缺乏金额弹性，又没有时间弹性，对理财工具的风险偏好较低。相反地，如果个人计划一笔资金用于未来购车，则可有较大的理财目标弹性，可根据收益状况来决定该笔资金的投资期限和购车的时机及档次。

（六）主观风险偏好

投资者主观上可以承受本金损失风险的程度是因人而异的。个人的性格、阅历、胆识、意愿等主观因素所决定的个人态度，直接决定了个人对不同风险程度产品的选择与决策。

客户主观风险容忍态度测试参考见表2-2。

表2-2 **客户主观风险容忍态度测试参考**

分数	10分	8分	6分	4分	2分
可以承受的亏损率（%）	不能容忍任何损失0，每增加1%加2分，可容忍度>25%得50分				
首要考虑因素	短期价差	长期利得	年现金收益	抗通货膨胀	保本保息
过去投资绩效	只赚不赔	赚多赔少	损益两平	赚少赔多	只赔不赚
赔钱心理状态	学习经验	照常过日子	影响情绪小	影响情绪大	难以成寐
目前主要投资	期货	股票	房地产	债券	存款
未来希望避免的投资工具	无	期货	股票、期货	股票、期货、房地产	股票、期货、房地产、债券

（七）其他影响因素

除上述影响因素外，客户的性别、家庭情况和就业状况等都会影响其风险承受能力。

不同性别的投资者对风险的承受能力有着显著不同。受传统文化的影响，年长的女性多厌恶风险，对投资不感兴趣，在消费观念上较为保守；年长的男性则较偏爱风险，愿意通过消费贷款来满足消费欲望，对风险投资有兴趣；年轻的男女则在风险承受能力上差异不大。

工薪家庭夫妇双方的风险承受能力一般高于未婚者，因为夫妇双方都有相当的经济独立能力，双份收入可以提高风险承受水平。但如果夫妇双方在经济上的依赖性较大，负担较重，则未婚者承受风险的能力会更强。工作是大多数人经济收入的来源，所以，工作的稳定程度与风险承受能力有着密切的关系。失业的可能性越大，职业风险就越大，专业人员的风险承受能力要大于非专业人员，风险承受能力随着知识和技能熟练程度的提高而有所增强。

客户风险承受能力测试参考见表2-3。

表2-3　**客户风险承受能力测试参考**

分数	10分	8分	6分	4分	2分
就业状况	公教人员	上班族	薪金族	自营事业者	失业
家庭负担	未婚	双薪无子女	双薪有子女	单薪有子女	单薪养三代
置产状况	投资不动产	自用住宅无房贷	房贷≤50%	房贷≥50%	无自宅
投资经验	10年以上	6~10年	2~5年	1年以内	无
投资知识	有专业证照	财经专业毕业	自修有心得	懂一些	一片空白
年龄	总分50分，25岁以下者50分，每增加1岁少1分，75岁以上者0				
总分					

二、客户风险态度和风险偏好的分类

根据客户对风险态度的不同，可以将客户分为风险厌恶型、风险偏爱型和风险中立型三类。在实际理财业务中，一般采用五级分类模式（有些商业银行采用六级分类模式），将客户的风险承受能力和投资风格进一步细分。

（一）客户风险态度的分类

由于每个人的性格、社会阅历、文化程度、判断能力等不同，因此，每个人对风险与收益所持的态度必定会有所差异。根据每个人对待投资中风险与收益的态度，可以将客户分为三种类型，即风险厌恶型、风险偏爱型和风险中立型。

1. 风险厌恶型

风险厌恶型投资者厌恶风险，对待风险投资态度消极，不愿为增加收益而承担风险，非常注重资金安全，极力回避风险。他们多半是那些缺少时间和专业知识去打理投资事务的人群，既想确保安全又不愿过多地烦心，即使有远远高于平均收益水平的投资机会，他们也不愿轻易投资，在投资工具的选择上以储蓄存款和政府债券为主。

对于风险厌恶型投资者，边际收益带给他们的满足程度可能远不及边际风险带给他们的恐慌。比如，老年投资者为自己准备的养老金，他们最在乎的是资金的安全性，如果用1%的风险换取100%的收益，他们也不会动摇这部分资金的使用方向，那么，养老保险也许就是他们最好的投资选择。因此，理财规划师应为风险厌恶型投资者选择储蓄、债券、保险等安全性较高的投资工具。

2. 风险偏爱型

风险偏爱型投资者喜爱风险，对待风险投资较为积极，愿意为获取高收益而承担高风险，重视风险的分析和回避，不会因风险的存在而放弃投资机会。他们追求的目标是高收益，而不满足平均的投资收益，即使一笔投资失败，还可以通过其他投资赚取。这些客户一般有雄厚的资金、冒险的精神、乐观的心态、熟练的投资技巧、无后顾之忧的家庭。适合此类投资者的投资工具大多风险大、收益率高，如股票、期货等。投资者运用这些投资工具时要非常慎重，必须对自己的经济实力、心理承受能力和投资知识及经验有一个较为客观的分析和估计。风险偏爱型投资者与风险厌恶型投资者形成了鲜明的对比。

风险偏爱型投资者坚信高风险必定伴随着高收益，理财规划师在为此类投资者设计组合时一定要了解投资者的资金情况，因为风险偏爱型投资者往往会乐观地认为风险不会出现，夸大其风险承受能力，而一旦投资失败，可能会影响整个家庭当前和以后的生活。因此，理财规划师一定要向风险偏爱型投资者列出所有可能的风险及其损失程度，并叮嘱投资者在投资时一定要遵循组合设计的最大风险止损原则，不能因为一时的贪心而酿成大错。

3. 风险中立型

风险中立型投资者的偏好介于前两类投资者之间。从风险中立型投资者对资金安全的要求来看，首先是回收的资金等于或大于投入的本金数额，储蓄、债券等投资工具能够实现这一目的，其次是要保持本金原有价值不变，即回收的资金不会因通货膨胀的影响而使实际的购买力低于投入时本金的购买力。虽然储蓄到期时能够收回本金和利息，但是若在通货膨胀期通货膨胀率高于收益率，则所收回本息的实际价值已低于原来本金的价值。此类投资者可以完全接受通货膨胀的风险。从风险中立型投资者对风险的态度来看，他们有一定的冒险精神，且不满足于平均收益，只要有机会，他们绝不放过，期望获得高收益。但对于过高的风险，他们却是望而生畏。这类投资者将部分资金用于投资高风险、高收益的项目，一旦其投资失败，也不会对家庭的正常生活造成影响。如果用优化模型来衡量此类投资者，单位风险的收益率最大化才是最适合他们的。

（二）客户风险偏好的分类

不同风险偏好的投资者对风险的承受能力各不相同，其所选择的理财业务也会不同。在实际理财业务中，商业银行往往按照人们的主观风险偏好类型和程度将投资者的理财风格分为五种类型，即进取型、成长型、平衡型、稳健型、保守型。

1. 进取型

进取型投资者一般是相对比较年轻、有专业知识技能、敢于冒险、社会负担较轻的人群，他们敢于投资股票、期权、期货、外汇、股权、艺术品等高风险、高收益的产品与投资工具，他们追求更高的收益和资产的快速增值，操作的手法往往比较大胆。同样地，他们对投资的损失也有较强的承受能力。进取型投资者可以投资包括高风险产品在内的理财产品或投资工具。

2. 成长型

成长型投资者一般是有一定的资产基础、一定的知识水平、风险承受能力较高的人群，他们愿意承受一定的风险，追求较高的投资收益，但是又不会像进取型投资者那样过度冒险投资那些具有高度风险的投资工具。因此，他们往往会选择适合长期持有的收益较高、风险较低的产品，如开放式股票基金、大型蓝筹股票等。成长型投资者可以投资除了高风险理财产品外的理财产品和投资工具。

3. 平衡型

平衡型投资者既不厌恶风险也不追求风险，对于任何投资都比较理性，往往会仔细分析不同的投资市场、投资工具和投资产品，从中寻找风险适中、收益适中的产品，获得社会平均水平的收益，同时承受社会平均风险。因此，这类投资者往往会选择房产、黄金、基金等投资工具。平衡型投资者适合投资中等风险以下的理财产品或投资工具。

4. 稳健型

稳健型投资者已经偏向保守，对风险的关注更甚于对收益的关心，更愿意选择风险较低而不是收益较高的产品，喜欢选择既保本又有较高收益机会的结构性理财产品，往往以临近退休的中老年群体为主。因此，稳健型投资者适合投资低风险的理财产品或投资工具。

5. 保守型

通常来说，步入退休阶段的老年人群，低收入家庭，家庭成员较多、社会负担较重的大家庭以及性格保守的投资者，往往对于投资风险的承受能力很低，选择一项理财产品或投资工具首要考虑是否能够保本，然后才考虑追求收益。因此，这类投资者往往会选择国债、存款、保本型理财产品、货币与债券基金等低风险、低收益的产品。此类投资者只适合投资极低风险的理财产品或投资工具。

客户投资偏好分类见表2-4。

表2-4 **客户投资偏好分类**

类型	资产组合	增值潜力	在符合您特点的项目内打"√"
保守型	成长性资产：30%以下 定息资产：70%以上	资产增值的可能性很小	
轻度保守型	成长性资产：30%～50% 定息资产：50%～70%	资产有一定的增值潜力	
中立型	成长性资产：50%～70% 定息资产：30%～50%	资产有一定的增值潜力，但资产价值有一定的波动	
轻度进取型	成长性资产：70%～80% 定息资产：20%～30%	资产有较大的增值潜力，但资产价值波动较大	
进取型	成长性资产：80%～100% 定息资产：0～20%	资产增值的潜力很大，但资产价值波动也很大	

资料来源：中国就业培训技术指导中心. 理财规划师基础知识［M］. 5版. 北京：中国财政经济出版社，2013.

客户风险承受能力测试问卷见表2-5。

表2-5 **客户风险承受能力测试问卷**

客户风险承受能力测试

本组测试帮助您了解自己实际承担风险的能力：

1. 您有足够的收入应付家庭日常开支吗？是□否□
2. 如果发生财务困难，急需用钱，您能确定借到钱渡过难关吗？是□否□
3. 除了工资，您是否还有其他稳定的收入来源？是□否□
4. 如果投资损失了部分资金，您能承受吗？是□否□

本组问题可以测试您在面对风险时所采取的态度：

1. 如果展示用的电脑样机能够打折，您会购买吗？是□否□
2. 假如现在有一份工作比您目前工作的待遇高很多，但是需要承受非常大的工作压力且对工作要求很高，您会选择吗？是□否□
3. 您喜欢购买彩票吗？是□否□
4. 如果投资出现亏损，您还能保持良好的心态吗？是□否□
5. 您是否极少犹豫不决，患得患失？是□否□
6. 您是否宁愿购买高风险的股票，也不愿意把钱存在银行？是□否□
7. 您相信自己做的决定吗？是□否□
8. 您愿意独自做决定吗？是□否□
9. 在面对股票交易的波动行情时，您还能控制好情绪吗？是□否□

测试结果评估

续表

“是”的个数	对应的类型	投资取向
11～13	极端进取型	您是一位愿意承担高风险、追求高收益的投资者，所以在投资时您可以重点配置权益类资产
8～10	进取型	您是一位愿意承担部分高风险、追求较高收益的投资者，所以在投资时您可以在投资渠道上配置较多权益类资产及部分非权益类资产
5～7	中庸型	您是一位愿意承担一定风险、获取高于平均收益的投资者，所以在投资时您可以在权益类和非权益类资产上进行较为平均的分配
2～4	保守型	您是一位为了安全获取眼前的收益，宁愿放弃可能高于平均收益的投资者，所以在投资时您可以重点配置非权益类资产
0～1	极端保守型	您是一位几乎不愿意承受任何风险的投资者，建议您选择将资产配置在最稳妥的渠道中，如国债或货币市场型基金，以获取利息和稳定的分红，当然收益也是有限的

【行业动态】

财富管理行业的新趋势

党的二十大报告指出，中国式现代化是全体人民共同富裕的现代化。随着居民收入快速增长、全民理财意识觉醒和资本市场日趋完善，财富管理需求迎来了爆发式增长。服务于经济高质量发展和共同富裕，成为新时代财富管理行业的新使命。

随着经济进入新旧动能转换的关键阶段，金融市场供给和居民财富配置需求也正在发生着深刻变化。多层次资本市场建设、理财产品净值化等一系列金融供给侧结构性改革驱动资本市场的结构性变革，促进了财富管理的高质量发展，为居民财富向金融资产转化提供了广阔空间。过去，房价持续快速上涨导致房地产在我国家庭资产配置中占据主导地位，“房住不炒”政策的出台打破了房地产的“非理性繁荣”，对居民财富配置结构也产生了重要影响。新时代财富管理行业的资产端和需求端正在发生着深刻变化，这些变化叠加政策和金融科技的影响，决定了财富管理行业新的发展趋势。

资料来源：李树林，张飞. 财富管理行业的新趋势［J］. 银行家，2023（1）：84-86.

【本章小结】

1.家庭生命周期理论的主要观点是人从出生到死亡会经历婴儿期、童年期、少年期、青年期、中年期和老年期六个时期。青年期、中年期和老年期则是进行理财规划的三个重要时期。理财规划的重要时期可进一步细分为单身期、家庭与事业形成期、家庭与事业成长期、退休前期和退休期五个时期。

2.基本的家庭模型有青年家庭、中年家庭和老年家庭三种。理财规划必须与不同的生命周期、不同的家庭模型相结合，才能产生最佳的实践效果。

3.货币时间价值，是指货币经历一定时间的投资（再投资）所增加的价值，即货币在使用过程中由于时间因素而形成的价值。货币之所以具有时间价值，是因为货币可以满足当前消费或用于投资而产生回报，货币占用具有机会成本；通货膨胀会致使货币贬值；投资有风险，需要提供风险补偿。

4.年金是一组在某个特定的时段内金额相等、方向相同、时间间隔相同的现金流。例如，退休后每个月固定从社保部门领取的养老金就是一种年金，退休后从保险公司领取的养老金也是一种年金，定期定额缴纳的房屋贷款月供、每个月定期定额购买基金的月投资额、向租房者每个月收取的固定租金等均可视为一种年金。

5.影响客户风险承受能力的因素有：年龄；受教育程度；收入、职业和财富规模；资金的投资期限；理财目标的弹性；主观风险偏好；其他影响因素等。

6.根据客户风险态度的不同，可以将客户分为风险厌恶型、风险偏爱型和风险中立型三类；根据客户风险偏好的不同，可以将客户分为进取型、成长型、平衡型、稳健型和保守型五类。

【复习与思考题】

一、单项选择题

1.家庭最大的支出一般为购房支出，对此家庭成员应进行仔细规划，使月供负担在其经济承受范围之内。另外，此时家庭成员还应开始考虑对高等教育费用的准备，以减轻子女未来接受高等教育时的资金压力。这是家庭生命周期的（　　）。

A.单身期　　B.家庭与事业形成期

C.家庭与事业成长期　　D.退休前期

2.货币之所以具有时间价值的原因不包括（　　）。

A.货币可以满足当前消费或用于投资而产生回报，货币占用具有机会成本

B.通货膨胀会致使货币贬值

C.投资有风险，需要提供风险补偿

D.现在的货币在价值上总是高于未来等额的货币

3.对风险的关注更甚于对收益的关心，更愿意选择风险较低而不是收益较高的产品，喜欢选择既保本又有较高收益机会的结构性理财产品。此类投资者属于（　　）的风险偏好类型。

A.进取型　　B.稳健型　　C.保守型　　D.平衡型

4.以下不属于货币时间价值影响因素的是（　　）。

A.时间　　B.收益率或通货膨胀率

C.单利与复利　　D.现值

5.（　　）是指进行投资时所必须赚取的最低报酬率，它反映的是整个社会的平均回报水平。

A.必要报酬率　　B.期望报酬率　　C.实际报酬率　　D.理论报酬率

二、简答题

1.简述家庭生命周期理论的主要观点。

2.影响货币时间价值的因素有哪些？

3.影响客户风险承受能力的因素有哪些？

三、案例分析题

吉米是一名会计师，他和妻子贝塔尼刚从巴哈马群岛度完蜜月回来。这次旅游是为了庆祝婚礼仪式的顺利完成以及贝塔尼完成了MBA课程。双方父母鼓励他们为将来设立一些个人理财目标，但是他们不知道该如何确定或实现这些目标。他们希望有自己的房子，然后多生几个孩子，这是他们唯一考虑过的目标。财务顾问也许能够针对他们的处境提供一些帮助，但是他们可能支付不起咨询费用。

要求：考虑到他们现在所处的生命周期阶段，对于吉米和贝塔尼来说，你认为最重要和最不重要的财务目标（包括短期、中期和长期的财务目标）分别是什么？

参考答案

第三章

理财规划基本流程

学习目标

1. 掌握理财规划的具体流程；
2. 熟悉客户的财务信息和与理财有关的非财务信息的内容；
3. 了解客户的特征分析；
4. 掌握客户家庭财务状况分析的方法与内容；
5. 掌握客户理财规划的制订及执行流程；
6. 树立全局观和整体观，学会站在平衡一生收支的角度进行理财规划。

【引导案例】

小王和小刘年龄相仿，于同一年加入公司，工资水平最初几年相差无几。5年后，小王一次性付款购买了一套价值45万元的住宅，并于同年结婚。又过1年，小刘结婚，但暂时租房居住。2年后，小刘贷款（首付10万元、分期20年）购买了一套和小王房子面积差不多的住宅，但总房款则要60万元。

后来，小王离开公司，自己创办了一家公司。虽然他的公司生意并不是特别景气，但是小王的生活条件大有改善，将原来的房子卖了，换了一栋别墅，还买了车，儿子也顺利出国留学了。而小刘也换了工作，成了一家公司的部门总经理，工资有了很大的提高，但由于换了更大的房子，买了一辆豪华轿车，因此生活仍然显得紧张。

再后来，小王变成了老王，他在45岁的时候提前退休，由于公司已经步入正轨，因此他坐在家里就有收入进账。而小刘也变成了老刘，他辛苦工作到60岁才退休，退休之后的生活主要依靠退休金和子女的补贴。

第一节　客户信息的收集和整理

理财规划师为客户制订的理财方案是否适合客户的实际情况，关键取决于理财规划师是否对客户的财务信息、与理财相关的非财务信息和客户的期望目标有充分的了解。客户理财目标的形成，应在充分掌握客户财务信息和非财务信息的基础上，由理财规划师和客户经过充分的沟通共同确定。

可见，收集、整理和分析客户的财务信息和与理财有关的非财务信息，是制订理财方案的关键一步。如果无法收集到准确的财务数据，理财规划师就无法准确了解客户的财务状况和理财目标，也就不可能针对不同客户提出切实可行的理财方案。所以，各国的理财规划师协会或理财规划师职业资格认证机构在制定职业资格标准时，都将收集客户信息作为理财规划的基础，并将其视为理财规划的必要程序之一。

一、客户非财务信息的收集和整理

非财务信息是指除财务信息以外与理财规划有关的信息，包括客户的社会地位、年龄、投资偏好、健康状况、风险承受能力和价值观等。非财务信息能够帮助理财规划师进一步了解客户，直接影响理财计划的制订。如果客户从事的是高危职业，理财规划师在理财规划中则应当建议客户增加对保险的购买；如果客户的工作状况不稳定，理财规划师在制订理财方案时则应着重考虑客户现金准备的数量。因此，在收集客户信息时，理财规划师应提醒客户认真填写非财务信息的内容，非财务信息和财务信息对于理财方案的制订同等重要，切不可认为非财务信息不如财务信息重要而忽视或不认真填写。

个人非财务信息主要是指与理财规划有关的个人基本情况，虽然此类信息内容较为简单，但是对于理财规划师制订理财计划却至关重要。通过这些信息，理财规划师可以从侧面了解客户的财务现状以及客户未来财务状况变化的可能性和变化程度。客户个人非财务信息调查表见表3-1。

表3-1　**客户个人非财务信息调查表**

项目	本人	配偶	其他成员
姓名			
出生日期			
出生地点			
参加工作时间			
职业			
职称			
工作单位			
婚姻状况			
健康状况			
家族病史			
家庭地址			
单位地址			
家庭电话			
单位电话			
电子邮件			

个人信息主要包括以下方面：

（一）姓名和性别

客户的姓名和性别信息是客户的“基本信息”，任何理财规划师收集客户信息时都会要求客户提供这些信息。理财规划师应该提醒客户，表格中填写的姓名必须与有效身份证件上的信息一致，而且填写姓名时应清楚工整，不能用签字的方式填写姓名。客户的性别资料也很重要，不同性别客户的退休年龄是不同的，甚至客户所需要购买的保险、收入变动情况和社会保障状况等都因此而不同。

（二）职业和职称

客户的职业和职称信息可以帮助理财规划师了解客户的收入水平和收入稳定程度。客户从事比较稳定的职业，其收入也比较稳定，如果客户具有一定的职称，则其收入可能相对较高，而且一旦客户工作发生变动，短期内其找到新工作的可能性也比较大。因此，通过客户的职业和职称信息，理财规划师能够判断客户的收入水平、收入稳定程度和未来收入增长情况，从而对于客户消费支出规划的设计具有重要的参考意义。

（三）工作的安全程度

工作的安全程度主要是指客户所从事的工作对客户的生命和健康状况的影响。如果客户的工作危险性比较高（即使不容易造成死亡，也容易受伤），理财规划师则应重点关注客户的保险保障计划，建议客户在社会保障和劳动用工单位提供的保障之外，适当增加保险购买量。

（四）出生日期和地点

出生日期主要是衡量客户的年龄，而年龄对于理财规划师形成合理的理财目标、制订健全的社会保障计划和设计适合的保险计划都有着重要的意义。实践中，女士可能不愿意透露自己的年龄，但是理财规划师应向客户说明年龄状况对于理财规划的重要意义，请客户如实提供年龄信息。

（五）健康状况

健康状况信息一般包括客户本人、配偶、子女（主要是财务尚未独立的子女）和家庭中需要客户给予财务支持的其他人的健康状况，这些人的健康状况信息对于理财规划师为客户制订保险计划和现金准备金具有重要的影响。比如，若客户家庭中有经常生病的成员，则其需要现金或现金等价物等流动性较强的资产的数量就应高于一般家庭。

（六）子女信息

子女信息主要包括子女的数量、年龄、受教育程度、健康状况和婚姻状况等，这些信息都会给客户的财务安排带来影响。一般来说，子女的数量越多且年龄越小，教育规划在客户的理财规划中就相对越重要；如果子女的健康状况较差，则保险规划就显得相对重要；如果子女已经成年且有相当高的收入，则客户不仅没有财务负担，还可能在急需用钱时得到子女的支持；如果子女尚未结婚，则客户可能会在子女结婚时有一笔较大的支出，理财规划师在为客户制订理财规划时，有必要考虑这个问题。

（七）婚姻状况

婚姻状况信息一般包括未婚、已婚和再婚三种情况。了解婚姻状况的意义在于，婚姻状况信息对于理财规划师衡量客户的收入水平、收入变动情况和财务负担等有着重要影响，理财规划师会根据不同的婚姻状况确定客户的现金准备金、收入支出比例和理财目标。例如，对有孩子而离异的客户而言，如果子女的归属和抚养义务由客户承担，则会对客户的财务状况产生一定的影响，理财规划师在设计理财计划时应考虑这一因素；对未婚的客户而言，其理财目标之一就可能包括建立家庭，并为此置备房产和家居用品等。

（八）客户联系方式

理财规划师必须提醒客户认真详细地填写联系方式，包括工作单位及其所在地址、家庭住址、移动电话、固定电话和电子邮件，以及因紧急情况无法联系到本人时，是否有其他联系人等，以便在需要时能够迅速与客户取得联系。

二、客户个人财务信息的收集

客户的收入水平与支出情况是理财规划师需要了解的重要财务数据，也是编制客户资产负债表及损益表的基础，更是理财规划师分析客户财务状况的依据。

（一）收入

一般而言，客户的收入主要由经常性收入和非经常性收入构成，又可细分为工资薪金、奖金和佣金、社会保险、投资收入、自雇收入和其他收入等。显然，收入的高低和变动幅度将影响客户的风险承受能力。相对而言，工资薪金、社会保险比较稳定，而投资收入则有一定的波动性。投资收入来自客户的投资。客户的投资可分为实业投资、金融投资、不动产投资和艺术品投资。其中，银行大额存单、本币或外币保底理财等金融投资收入相对稳定。奖金和佣金与客户就职单位的绩效和自身表现有很大的关系。自雇收入是指自己雇用自己工作而获得的收入，如客户的稿费或其他非薪金收入，这些收入大多是非经常性的，但如果这些收入的数额较大，也会对客户的财务状况产生影响。客户在提供这类信息时，不仅要提供已经实现的收入，还要计算已经承诺但尚未实际取得的收入。

需要说明的是，这里的收入包括应税收入和免税收入。比如，社会保险就是免税收入。可支配收入是指缴纳税款及社会保险等项目后拥有的收入。

客户的收入状况可以通过客户填写的客户目前年度收入（见表3-2）获得。此外，如果客户的子女已经财务独立，则可不将子女的收入纳入统计之列。

表3-2　**客户目前年度收入**

年度收入	本人	配偶	其他成员	合计
收入总计				
1.工资、薪金等小计				
工资、薪金				
奖金、年终奖、分红				
津贴、补贴				
社保“五险一金”				
2.利息、股息、红利小计				
利息				
股息、红利				
3.投资收入小计				

续表

年度收入	本人	配偶	其他成员	合计
金融、不动产投资				
艺术品投资				
4.自雇收入：稿费等				
5.遗产继承				
6.财产转让收入小计				
土地、房屋转让利得				
有价证券转让利得				
7.财产租赁收入小计				
不动产租赁				
动产租赁				
8.承包、承租经营收入				
9.版权、专利等收入				
10.偶然收入				
11.其他收入				

资料来源：中国就业培训技术指导中心. 理财规划师基础知识［M］. 5版. 北京：中国财政经济出版社，2013.

（二）支出

客户的支出主要是指客户的经常性支出和非经常性支出。经常性支出是指客户在日常生活中需要按期支付的费用，如客户的住房按揭贷款等。非经常性支出是指客户在日常生活中不定期出现的费用支出，而且其金额也没有明确的标准。例如，客户为起诉某一侵权人而支付的律师代理费，或者客户去某地旅游而支付的旅游费用等。当然，如果客户足够重视法律问题，常年聘请法律顾问，或者客户是位旅游爱好者，每年都有出游计划，则这些法律服务费和旅游费用就是经常性支出。所以，经常性支出和非经常性支出有时没有严格的界限，应根据客户的具体情况进行区分。客户具体的支出情况，可以通过填写客户目前年度支出（见表3-3）获得。

表3-3　**客户目前年度支出**

年度支出	本人	配偶	其他成员	合计
支出总计				
1.住房支出小计				
租金				
维修、装饰				
2.家电、家具和其他大件				

续表

年度支出	本人	配偶	其他成员	合计
3.汽车支出小计				
汽油及维护费用				
保险费、养路费等				
过路与停车费等				
4.日常生活支出小计				
水、电、气等				
通信费				
交通费				
生活费用				
外出就餐				
其他费用				
5.购买服饰等支出				
6.护理、美容等支出				
7.休闲及娱乐小计				
旅游费用				
其他休闲、娱乐费用				
8.各种税费				
9.长期贷款支出				
10.保险费用支出				
11.医疗费用支出				
12.其他项目支出				

资料来源：中国就业培训技术指导中心. 理财规划师基础知识［M］. 5版. 北京：中国财政经济出版社，2013.

第二节　客户家庭财务状况分析

一、资产负债表分析

资产负债表反映的是客户总的资产与负债情况，通过对个人资产负债表的分析，理财规划师可以全面了解客户的资产负债状况，而且能够掌握客户实际拥有的财富量。此外，通过对客户历年个人资产负债表的时间序列分析，可以找出客户资产负债情况的发展趋势和特点。因此，对客户个人资产负债表进行全面深入的分析，是理财规划师为客户制订理财方案的必要基础。

（一）资产情况分析

资产是指客户拥有所有权的各类财富。客户是否拥有所有权，是判断某项财富是否属于客户资产的标准。虽然客户对有些物品有权使用，但是并不拥有其所有权，那么这些物品就不能视为客户的资产。例如，一个年轻客户租住的房屋就不能被认为是客户的资产。

为了真实反映客户的资产情况，必须对各类资产进行合理定价。与企业资产的定价模式不同，客户资产的价值应以当前市场的公允价值为定价依据。显然，很多个人资产的当前价值与资产获得当时的价值差别会很大。例如，3年前购置的电器用到现在通常已经贬值大半，而多年前购置的邮品则随着时间的推移而日益增值。因此，只有按照当前市场的公允价值对客户的资产进行测算，理财规划师才能真实客观地对客户的资产进行把握。

大多数客户的金融资产按照其流动性的高低，可分为现金与现金等价物和其他金融资产。现金与现金等价物类金融资产的流动性较高，与之对应的是，其收益性偏低，一般可作为客户现金规划的工具。其他金融资产类各个项目的投资性特质较为明显，投资的本质特征在于风险与收益相伴而生，所以要根据客户的风险承受能力进行具体分析。

（二）负债情况分析

根据不同的标准，可对负债进行不同分类。按照负债的流动性大小，可分为流动负债和非流动负债；按照偿债时间的长短，可分为短期负债、中期负债和长期负债。本书按照后一种方法将客户的负债分为三类，即短期负债（1年以下）、中期负债（1～5年）和长期负债（5年以上）。短期债务是一个需要重视的问题，短期债务需要客户在1年内偿还，因此，客户为避免到期无法支付债务的情况出现，就必须保持足够的支付能力，这就对客户资产的流动性提出了要求。如果短期债务较多，理财规划师就应建议客户提高其资产流动性；如果短期债务较少，客户资产只需保持适当的流动性即可满足要求。

对客户负债的测算应本着谨慎性原则进行，对于尚未确定数额的债务，理财规划师应帮助客户进行评估测算，并尽量选取较大的数值填入资产负债表。坚持负债测算的谨慎性原则，有助于理财规划师真实全面地了解客户的负债情况。

（三）净资产分析

净资产是指客户的总资产减去负债总额后的余额，是客户真正拥有的财富价值。尽可能地积聚财富是人们的普遍心理，所以，净资产一般为正值。如果客户的净资产为负值，而且资产的流动性较弱，则说明该客户实际上已经破产了。

净资产越大，说明个人拥有的财富越多，所以，如何提高净资产规模通常是客户关注的重点问题。一般来说，扩大净资产规模的途径主要有增加工资、薪金或取得投资收益，接受馈赠或继承遗产，由于减税等原因使得部分债务得以免除等。

除了关注净资产规模外，理财规划师还应进行必要的结构比率分析，因为净资产的数量过多并不意味着客户的资产结构完全合理。如果某客户的净资产占其总资产的比例过高，则说明该客户还没有充分利用财务杠杆支配更多的资产，其财务结构仍有进一步优化的空间。而对于净资产占总资产比例较低的客户来说，理财规划师应当建议他们采取扩大储蓄投资的方式提高净资产比例；对于那些净资产接近负值的客户来说，如何尽快地提高资产流动性并偿还债务才是当务之急；对于那些净资产比例适当的客户来说，说明他们的财务结构较好，应帮助客户继续保持。当然，由于客户的情况各不相同，客户净资产规模的合理与否，应视具体情况加以判断分析。

（四）资产负债表的编制

通过分析整理上述的家庭资产负债情况之后，就可以编制家庭资产负债表了，具体见表3-4。

表3-4　　家庭资产负债表

资产	金额	负债及净值	金额
现金		信用卡欠款	
活期存款		小额消费信贷	
其他流动性资产		其他消费性负债	
流动性资产合计		消费性负债合计	
定期存款		金融投资借款	
外币存款		实业投资借款	
股票投资		投资性房地产按揭贷款	
债券投资		其他投资性负债	
基金投资		投资性负债合计	
投资性房地产		住房按揭贷款	
保单现金价值		汽车消费贷款	
其他投资性资产		其他自用性负债	
投资性资产合计		自用性负债合计	
自用房产		负债合计	
自用汽车		净值	
其他自用性资产		净值合计	
自用性资产合计			
资产总计		负债及净值总计	

参考答案

【实训任务3-1】分析以下两个案例，分别编制家庭资产负债表。

案例一：

张先生夫妇均为医生，人到中年，收入中等，张先生每月收入5 000元，其妻子每月收入3 500元。他们有一对令人羡慕的双胞胎女儿，两个孩子刚上初中，目前每月开销约800元。家庭的每月基本生活开销维持在3 000元左右。房屋贷款上个月刚还清，房屋物业管理费每月100元。计算下来，他们每月能有约4 600元的结余。年终，他们还能拿到6 000元的奖金。张先生一家现居住两室一厅的房子，市场价值100万元。

在其他资产方面，他们有20万元的定期存款和5万元的活期存款，没有投资股票、基金或债券等理财产品。另外，他们还有1万美元的外币存款，享受银行利息，假设此时汇率为1美元=6.5元人民币。

在保险方面，夫妻双方无商业保险，只是给双胞胎女儿各投了一份综合险，每年保费总支出为6 000元，已缴费10年，目前现金价值为30 000元。

案例二：

李先生的家庭资产财务状况见表3-5。

表3-5 李先生家庭资产财务状况

<table>
<tr><td colspan="4">现金：1万元
活期存款：2万元
外币存款：1万美元
成本汇率：6.5；此时汇率：6.3</td><td colspan="3">自用房产：成本120万元
当前市价：140万元；房贷余额：30万元
投资用房产：成本100万元
当前市价：130万元；房贷余额：40万元</td></tr>
<tr><td>证券名称</td><td>数量</td><td>成本（万元）</td><td>市价（万元）</td><td>种类</td><td colspan="2">20年缴费期，已缴5年</td></tr>
<tr><td>中国联通</td><td>10手</td><td>6</td><td>3.8</td><td>定期寿险</td><td>保额50万元</td><td>现金价值0</td></tr>
<tr><td>武钢股份</td><td>20手</td><td>8</td><td>5</td><td>终身寿险</td><td>保额10万元</td><td>现金价值1万元</td></tr>
<tr><td>招商银行</td><td>10手</td><td>12</td><td>10</td><td>养老保险</td><td>保额20万元</td><td>现金价值5万元</td></tr>
<tr><td>基金</td><td>10 000份</td><td>1</td><td>1.9</td><td>投连险</td><td>趸交保费10万元</td><td>账户价值12万元</td></tr>
<tr><td colspan="4">债权（借款给亲友）：3万元</td><td colspan="3">循环信用余额：1万元
汽车：买价15万元，已使用3年，折旧50%</td></tr>
</table>

二、收入支出表分析

收入支出表全面反映了客户一定时期的收入与支出情况，客户资产负债情况的变化首先表现在现金流量的变化上。收入支出表从某种意义上要比资产负债表重要得多，因此，理财规划师必须十分重视对收入支出表的分析。

（一）对客户的收入支出表进行分析的作用

（1）收入支出表能够说明客户现金流入和流出的原因。例如，因偿还债务还是购买物品引起的现金流出，或者因工资发放还是投资分红引起的现金流入。

（2）收入支出表能够反映客户的偿债能力。净资产占总资产的比例只是在理论上反映客户的偿债能力，并不代表客户实际拥有的现金支付能力。只有对客户收入进行深入分析，才能真实掌握客户的现金支付能力，从而了解其实际偿债能力。

（3）收入支出表能够反映理财活动对财务状况的影响。资产负债表只能反映静态的财务状况，只有通过对现金流量的分析，才能了解各类理财活动引发的现金变动情况，并把握客户财务状况的变化趋势。

（二）对客户的收入支出表进行分析应注意的问题

（1）理财规划师首先应具体分析各收入、支出项目的数额及其在总额中所占的比例。通过对收支项目的分析，理财规划师可以区分不同类型收支项目对客户财务状况的影响程度，由此充分了解客户现金流量的整体结构。此外，理财规划师还可以根据一般性数据对客户的收支项目是否异常做出经验判断，并提出改进建议。如果某客户的现金流入水平仅为中等，家庭成员数较少，但日常费用却较高，则说明该客户的日常消费高于正常水平，存在改进空间，理财规划师应建议其对日常开支进行适当控制。

（2）理财规划师对客户财务状况影响较大的经常性项目应重点关注，这些项目可以通过对客户历年收入支出表的时间序列分析来发掘。如果分析表明金融投资对某客户影响巨大，那么理财规划师应根据宏观经济走势向该客户做出有针对性的提示，经济不景气时应建议抛出金融投资工具，经济繁荣时应建议适度扩大投资。而对于非经常性项目，尽管有时可能数额较大，但是由于其未来发生的可能性很低，理财规划师应注意将其影响剔除。

（3）任何客户都应该努力保持正向的净现金流量。如果客户的净现金流量为负值，则说明客户的财务状况欠佳，需要变现资产或者举借债务才能维持其正常的开支，这种情况如果持续，客户的净资产规模将日益缩减直至破产。因此，理财规划师应特别注意帮助客户保持正向的净现金流量。改善收支状况无非是通过增收与节支两种基本方法来实现，理财规划师应根据客户的具体情况制订重在增收、偏向节支或二者并重的理财方案。

（三）收入支出表的编制（见表3-6）

表3-6　**收入支出表**

收入		金额	百分比	支出		金额	百分比
工资和薪金	姓名			房子	租金支出		
	姓名				贷款支出		
	姓名				维修、装饰支出		
自雇收入（稿费及其他非薪金收入）				家电、家具和其他大件消费	购买		
奖金和佣金					维修		
养老金和年金				汽车	贷款支出		
投资收入	利息、分红				汽油费		
	资本利得				维护费		
	租金收入				保险费、车船税等		
	其他				过路费、停车费等		
其他收入				日常生活开支	水、电、气等费用		
					电话、上网等通信费		
					交通费		
					日常生活用品		
					外出就餐		
					其他		
				购买衣物开支	衣服、鞋子及附件		
				美容护理支出	化妆品、头发护理、美容、健身等		
				休闲娱乐支出	度假		
					其他休闲和娱乐		
				商业保险费用	人身保险		
					财产保险		
					责任保险		
				医疗费用	体检、保健、药品、住院等		
				其他支出			
总收入				总支出			
现金结余（或超支）							

【实训任务3-2】根据以下两个案例，分别编制家庭收入支出表。

参考答案

案例一：

张先生夫妇均为医生，人到中年，收入中等，张先生每月收入5 000元，其妻子每月收入3 500元。他们有一对令人羡慕的双胞胎女儿，两个孩子刚上初中，目前每月开销约800元。家庭的每月基本生活开销维持在3 000元左右。房屋贷款上个月刚还清，房屋物业管理费每月100元。计算下来，他们每月能有约4 600元的结余。年终，他们还能拿到6 000元的奖金。

在其他资产方面，他们有20万元的定期存款和5万元的活期存款，没有投资股票、基金或债券等理财产品。另外，他们还有1万美元的外币存款，享受银行利息。

在保险方面，夫妻双方无商业保险，只是给双胞胎女儿各投了一份综合险，每年保费总支出为6 000元，已缴费10年，目前现金价值为30 000元。

案例二：

王先生的家庭资产财务状况见表3-7。

表3-7　王先生家庭资产财务状况

夫妻双方年税后工资共计16.5万元 （假设夫妻均未加入社保）	家庭支出6万元 赡养父母支出1.2万元 子女大学学费支出1.5万元
利息收入0.1万元 资本利得1万元 资本损失2万元	保障型保费支出1.3万元 储蓄型保费支出1万元 房贷本金支出2万元 利息支出2万元
稿费税后收入0.5万元	定期定额投资基金1.2万元

三、客户财务状况比率分析

客户的个人资产负债表和收入支出表为理财规划师提供了丰富的数据，以这些数据为基础，理财规划师可以根据需要计算出很多不同意义的财务比率，并据此对客户的资产负债和现金流量情况进行深入分析，从而找出优化客户财务状况的措施，并最终实现客户的预期财务目标。

在实际工作中，理财规划师往往会发现可以用不同的方法对客户的财务状况进行优化，但是要判断各种方法的可行性并做出最优选择，就需要理财规划师通过计算各种财务比率，对客户的个人资产负债表和收入支出表进行进一步分析。唯有如此，理财规划师才能提出客观科学的理财方案。

理财规划师在分析客户财务状况的过程中经常运用的财务比率，通常可以利用客户的个人资产负债表和收入支出表中的相关数据计算得到。这些比率从不同方面反映了客户的财务状况及相关信息，理财规划师可以透过这些比率对客户的行为方式和心理特征进行分析，这对于保证理财方案的科学性和合理性具有十分重要的意义。常见的财务比率主要有：结余比率、投资与净资产比率、清偿比率、资产负债率、财务负担率和流动比率。

(一) 家庭偿债能力指标（见表3-8）

表3-8　家庭偿债能力指标

指标	定义	合理区间	说明
资产负债率	$\frac{\text{负债}}{\text{资产}}$	60%以下	若是长期摊还的房贷，还可以接受；若是短期贷款，则应立即进行减债计划，以免资金周转不灵，陷入破产困境
流动比率	$\frac{\text{流动资产}}{\text{流动负债}}$	200%以上	多数消费性负债是流动负债，流动负债=消费性负债+短期投资性负债（股票融资等）
融资比率	$\frac{\text{投资性负债}}{\text{投资性资产}}$	50%以下	利用财务杠杆作为投资的指标，投资标的的风险越大，融资比率就应越低
财务负担率	$\frac{\text{年本息支出}}{\text{年可支配收入}}$	40%以下	超过40%很难从银行增贷，也会影响正常生活水平

(二) 应急能力指标（见表3-9）

表3-9　应急能力指标

指标	定义	合理区间	说明
紧急预备金月数	$\frac{\text{流动资产}}{\text{月总支出}}$	3至6个月	应对失业或紧急事故的备用金，若投保了医疗险或财产险，或有备用贷款信用额度，则可降低紧急预备金；若待业时间较长，则可提高紧急预备金

(三) 家庭财务自由度指标（见表3-10）

表3-10　家庭财务自由度指标

指标	定义	合理区间	说明
财务自由度	$\frac{\text{年理财收入}}{\text{年总支出}}$	达到100%才能退休，合理的比率与年龄有关	30岁以下：5%~15% 30~40岁：15%~30% 40~50岁：30%~50% 50~60岁：50%~100%

(四) 储蓄结构分析（见表3-11）

表3-11　储蓄结构分析

指标	定义	合理区间	说明
储蓄率	$\frac{\text{储蓄额}}{\text{总收入}}$	40%	当客户的储蓄是为了实现某种财务目标时，该比率会有所提高
自由储蓄率	$\frac{\text{自由储蓄额}}{\text{总收入}}$	10%	如果以储蓄型保险或定期定额投资基金来准备子女教育金或退休金，以及以定期还本方式完成购房计划，这个比率是合适的

注：自由储蓄额 = 总储蓄额 – 已经安排的本金还款或支出

(五) 投资结构分析（见表3-12）

表3-12　投资结构分析

指标	定义	合理区间	说明
投资与净资产比率	$\frac{\text{投资或生息资产}}{\text{净资产}}$	0.5以上	对于年轻人来说，该比率一般在0.2左右

（六）客户净资产分析（见表3-13）

表3-13　**客户净资产分析**

客户净资产状况	财务分析结果
净资产为负	财务状况不容乐观，有必要将近期的债务尽快偿还，同时尽快增加收入
净资产/年收入<1/2	有必要控制开支，需要更多地进行储蓄或投资，同时努力工作，增加收入
1/2<净资产/年收入<1/3	如果客户尚年轻，则其财务状况良好；如果客户接近退休年龄，则需要采取措施增加资产
净资产/年收入>1/3	财务状况良好

【实训任务3-3】根据【实训任务3-1】和【实训任务3-2】中案例一编制的家庭资产负债表和收入支出表，对张先生夫妇的财务状况进行分析。

参考答案

四、预测客户财务发展趋势

（一）客户未来收入情况的预测

通过收入支出表可知，客户的收入由经常性收入和非经常性收入共同构成。但出于谨慎性的考虑，理财规划师应主要对经常性收入部分，如客户的工资和薪金、奖金、利息和红利等项目的未来变化情况进行预测。

由于经常性收入项目多半有其固定的预测基础，而理财规划师的工作重点就是确定各种变化比率，如GDP增长率、通货膨胀率、投资收益率、利率和税率等。不同的收入项目所面临的变化比率通常并不相同，工资通常与工资增长率相关，而投资收益则可能与投资收益率、利率、经济增长率等多个变化比率相关。理财规划师应根据各个收入项目的具体情况分别进行预测，并一一测定。但对于某些不能单纯依靠历史数据判定预测基础的项目来说，理财规划师则应该从多个角度进行综合的审慎判定。而非经常性收入由于并不固定，通常难以预测，对于确有可能在未来1年内出现的非经常性收入项目，理财规划师应对其实现的可能性进行充分分析，谨慎地将其纳入未来收入的预测中。

（二）客户未来支出情况的预测

客户的支出由经常性支出和非经常性支出共同构成。与收入预测不同，理财规划师不仅应对经常性支出部分进行合理预测，还应充分考虑各种非经常性支出的情况。

在对经常性支出进行预测时，理财规划师应对原有项目和新增项目分别进行预测。对于原有支出项目，理财规划师应根据支出增长情况、经济增长水平、通货膨胀率等相关因素，参照历史数据进行测算；对于新增支出项目，理财规划师则应充分了解相关的市场信息，在参照客户具体情况后进行测定。对于非经常性支出，理财规划师应本着谨慎性原则进行测算。对于明确要出现的临时性支出项目，理财规划师自然要完全纳入预测数据中；而对于存在一定发生可能性的支出项目，理财规划师也应尽量对其进行预测。

（三）客户资产负债情况的预测

现金流入和流出的结果是导致客户资产负债情况发生变化的直接原因。在完成客户未来收入和支出情况的预测后，理财规划师可以对客户的资产负债情况进行预测。

1. 规模预测

显然，现金流入与资产增加相对应，现金流入必然表现为现金、银行存款或者股票、债券投资收益的增加。但是，负债同样也可能带来现金流入，因此，单纯意义上的现金流入增加并不足以说明客户财务状况在向好的方向发展。在分析现金流入增加对客户资产负债情况的影响时，应注意区分客户的负债收入。

现金流出对资产负债情况的影响有两种：一是资产负债发生结构性变化而总体规模不变；二是资产负债规模减小。现金流出并不意味着资产减少，因为购买性支出在发生现金流出的同时会带来实物资产的增加，所以客户只会发生资产结构上的变化。而客户发生偿债支出时，才意味着客户资产规模的缩小，但同时也意味着负债规模的缩减。

2. 结构预测

理财规划师除应对客户资产负债规模的变化进行预测外，还应进一步对资产负债结构的变化进行预测。资产负债结构的变化主要取决于客户的收支结余情况、投资策略和偿债安排。

如果客户预计出现较高的净结余，则意味着客户的总资产与净资产将同时得到提高，而负债相对缩小，客户的清偿比率提高，财务状况趋好；如果客户预计出现超支，则意味着客户的财务状况将趋于恶化。

投资策略可以调整客户的资产结构。如果将大量的现金类资产转为其他金融类资产，则意味着客户的收益能力得到提高。同时应注意到，客户的流动比率反而下降了，这意味着客户偿还短期债务的能力降低了。客户加大金融类资产和不动产投资的力度，可能会带来一定的风险，对于保守稳健型的客户来说，尤其需要注意。

偿债安排同样会对客户的资产负债情况产生影响。客户偿还债务必然会导致现金流出，资产减少。债务减轻后，客户的清偿比率相对提高，有助于改善客户的财务状况。但是，如果偿债安排不谨慎，使得客户需要面对突发的债务压力，在流动性不足的情况下，客户会被迫通过变现资产来偿债，这就意味着客户可能会发生额外的资产损失。因此，理财规划师在预测客户支出时，应结合客户的资产流动性状况进行合理的偿债安排，以避免不必要的损失。

第三节 客户理财规划的制订

一、理财目标的内容与分类

（一）理财目标的内容

人的一生会有各种各样的目标，不同的人会有不同的目标，即使同一个人在人生的不同阶段也会有不同的目标。理财目标也是人生目标的一种，对于不同的人和处于不同人生阶段的同一个人，其理财目标也会有所不同。尽管如此，从一般角度而言，无论理财目标如何分类，都可以归结为两个层次，即实现财务安全和追求财务自由。财务安全是指个人或家庭对其财务现状有充分的信心，认为现有的财富足以应对未来的财务支出和其他生活目标的实现，不会出现较大的财务危机。一般来说，衡量个人或家庭的财务安全，主要依据以下内容：（1）是否有稳定、充足的收入；（2）个人是否有发展的潜力；（3）是否有充足的现金准备；（4）是否有适当的住房；（5）是否购买了适当的财产和人身保险；（6）是否有适当的、收益稳定的投资；（7）是否享受了社会保障；（8）是否有额外的养老保障计划。

当然，衡量个人财务安全的标准要因人制宜、因地制宜和因时制宜，绝不能千篇一律。前述衡量标准仅仅是参考性的，具体的财务安全标准要根据客户的实际情况决定。

财务自由是指个人或家庭的收入主要来源于主动投资，而不是被动工作。一般来说，个人或家庭的收入来自两个部分：一部分是工资、薪金和其他与社会工作角色相关的收入，如养老金、年金等；另一部分是个人或家庭进行金融投资或实业投资的投资所得。通常个人参加社会工作获得工资、薪金和其他相关收入，除了要实现自身价值外，也要维持正常的生活所需，从性质上往往带有一定的被动性，同时，带来工资、薪金类收入的工作更多地体现为“给别人打工”，心理上的“成就感”受到一定的制约。另外，工资、薪金类收入的增长幅度和频率通常情况下都不会很大，通常仅能达到或争取达到财务安全的程度。而投资收入则完全具有主动争取更高收益的特质，投资所带来的资金积累的效应如果得以实现，投资规模会越做越大，投资水平会越做越高，投资带给个人或家庭的收入也会越来越多，并逐步成为个人或家庭收入的主要来源。当投资收入可以完全覆盖个人或家庭发生的各项支出时，就达到了财务自由的层次，个人或家庭的生活目标相比财务安全层次有了更强大的经济保障。

（二）理财目标的分类

1. 理财目标按照实现时间进行分类，可以划分为短期目标、中期目标和长期目标

短期目标是指在短期内（一般在5年左右）就可以实现的目标。短期目标一般需要客户每年或每两年进行制定或修改，如将日常生活开支缩减15%、装修房屋、购买笔记本电脑等。中期目标是指一般需要6～10年才可能实现的愿望。中期目标在制定后一般不进行频繁的修改，只有在必要的情况下才进行调整，如大学毕业生计划购买住房、接近退休年龄的客户安排退休金的投资问题等。长期目标是指一般在10年以上才能实现的愿望，如30岁的客户设定的退休保障目标。

需要说明的是，短期目标、中期目标和长期目标之间的界限并不是绝对的，特别是短期目标和中期目标之间，其界限并不是特别明显。此外，相同的理财目标对于不同的客户，其分类可能也不相同。例如，购买汽车对于一个刚刚毕业的大学生来说，可能是中期目标，而对一个中年人而言，可能就是短期目标。

2. 理财目标按照重要性划分，可以分为必须实现的理财目标和期望实现的理财目标

必须实现的理财目标是指对客户正常生活而言，必须要完成的目标。必须实现的理财目标主要包括保证日常的衣、食、住、行等与客户生存密切相关的支出。由于必须实现的理财目标与客户的生存息息相关，因此在制订理财方案时，应优先考虑。

期望实现的理财目标是指在保证客户正常生活水平的前提下，客户期望完成的目标。期望实现的理财目标有很多，如环球旅游、购买豪华游艇等。相比必须实现的理财目标，期望实现的理财目标是在所有必须实现的理财目标都满足后，再考虑其具体实现的途径和步骤。所以，如果客户的财务实力还无法满足必须实现的理财目标，那么就需要对期望实现的理财目标进行调整。

二、理财目标的确定

（一）理财目标确定的原则

理财目标是指制订理财计划时所要实现的愿望。但是，理财目标并不是客户“一厢情愿”的结果，也不是理财规划师随意确定的计划。理财目标的确定，必须遵循一定的原则。

1. 理财目标是制订理财方案的基础

客户的理财目标必须具有现实性。如果确定的理财目标按照客户的具体情况根本无法实现，那么再好的理财方案也是空谈。比如，客户可用于投资的资金为2 000元，其理财目标之一是该笔资金于年底变为20 000元，这显然无法实现。

2. 理财目标以改善客户财务状况并使其更加合理为主旨

在实践中，一些客户只重视投资目标，过于关注投资的高收益而往往忽略了从总体上改善财务状况。但是，客户总体财务状况的改善，往往能给客户带来更大的收益，而且相较于通过投资创造收益更具有稳健性和确定性。

3. 理财目标要具体、明确

理财目标是理财规划师制订理财方案的前提和基础。如果理财目标不具体、不明确，那么理财规划师在制订理财方案时则会无所适从。理财目标的具体、明确，主要体现为通过理财最终实现的客户财务状况究竟达到何种程度。理财目标越具体，越具有可操作性，对于正确制订理财方案越有帮助。

4. 理财目标必须考虑客户的现金准备

在日常生活中，任何客户都会有意想不到的支出，如果没有现金准备，就会影响客户的投资或正常生活。所以，现金准备是理财目标中不可或缺的内容之一，任何理财规划师为任何客户设计理财方案时，理财目标中都要有现金准备这一项，只不过不同的个人或家庭，其现金准备的具体金额不同。

5. 理财目标要兼顾不同的期限和先后顺序

一般来说，任何客户的理财目标都不止一个，而且这些目标也不可能同时实现。所以，理财规划师在区分客户短期目标、中期目标和长期目标的基础上，应结合客户的具体情况对客户的理财目标按照重要程度和紧迫程度进行重新排列，从而在理财计划中确定实现的步骤。

（二）理财目标确定的步骤

第一步：理财规划师应确保了解客户的基本情况、财务状况，并且通过交流和沟通了解客户的风险偏好、投资需求和目标等主观判断信息，确定客户的理财目标前，应先征询客户的期望目标。

第二步：理财规划师根据对客户财务状况及期望目标的了解，初步拟定理财目标后，应再次征询客户的意见并取得客户的确认。如果客户明确表示反对，理财规划师应要求客户以书面形式提出理财目标。

第三步：如果在制订理财方案的过程中，理财规划师拟对已确定的理财目标进行改动，必须对客户加以说明，并征得客户同意，以避免双方在以后的合作中出现纠纷。

三、制订理财规划方案

概括来说，个人理财规划方案的主要内容涉及现金规划、家庭消费支出规划、保险规划、投资规划、税收筹划、教育规划、退休养老规划和遗产规划等。这里所指的个人理财规划、客户理财规划或理财规划在无特别说明的情况下是同一个概念。

（一）现金规划

现金规划是一项活动，是进行家庭或者个人日常的、日复一日的现金及现金等价物的管理。现金规划的核心是建立应急基金，以保障个人或者家庭生活质量和状态的持续性稳定。现金规划主要包括现金准备、储蓄规划、货币市场基金规划等。现金规划的融资工具主要有信用卡、其他银行融资（包括凭证式国债质押贷款、存单质押贷款）、保单质押融资以及典当融资（包括动产、房地产、财产权利）等。

（二）家庭消费支出规划

家庭消费支出规划主要是基于一定的财务资源，对家庭消费水平和消费结构进行规划，以达到适度消费，稳步提高生活质量的目标。家庭消费支出规划主要包括住房消费规划、汽车消费规划以及信用卡与个人信贷消费规划等。

（三）保险规划

由于风险无处不在，因此需要对风险进行管理，如通过购买保险来满足自身的安全需要。现代社会的金融创新层出不穷，保险产品纷繁复杂。理财规划师在通过对客户经济状况和保障需求的深入分析后，要帮助客户选择最合适的险种以规避风险。

（四）投资规划

为客户制订合适的投资规划是理财规划师个人水平的充分体现，而并不是单纯的投资规划收益越高，理财规划师的水平就越高。合适的投资规划是为不同客户或同一客户不同时期的理财目标而设计的，不同的理财目标要借助不同的投资工具来实现。

（五）税收筹划

税收筹划是帮助纳税人在法律允许的范围内，通过对经营、投资、理财等经济活动的事先筹划和安排，充分利用税法提供的优惠和差别待遇，以减轻税负达到整体税后利润最大化的过程。

（六）教育规划

教育规划在家庭理财规划中主要是准备子女接受高等教育的费用。近年来，随着高等教育学费的逐年提高和整个社会对知识重视程度的提高，教育投资规划已经成为家庭理财规划中非常重要的一部分。

（七）退休养老规划

退休养老规划是为保证客户在将来拥有一个自立、尊严、高品质的退休生活，而从现在开始积极实施的规划方案。退休养老规划的核心是进行退休需求的分析和退休规划工具的选择。退休养老规划的工具主要包括社会养老保险、企业年金、商业养老保险以及其他储蓄和投资方式等。

（八）遗产规划

遗产规划是当事人在其健在时通过选择遗产规划工具和制订遗产分配方案，将拥有的各种资产或负债进行安排，确保在其去世后能够实现一定的目标。这是从财务的角度对个人一生财产进行的规划。

四、交付理财规划方案

理财规划师在设计完成理财方案后，应向客户交付整套方案的文本文件。

文本文件制作完毕后，理财规划师应与客户联系，确定交付理财规划书的时间、地点。在整个会面的过程中，理财规划师应注意以下内容：

（1）重申理财规划的实施成本。一般来说，在理财规划师与客户的沟通过程中，双方已就理财规划实施成本的有关问题进行了较为充分的沟通。但是，出于谨慎考虑，在交付理财规划书时，理财规划师还需要向客户重申与理财规划实施相关的各项成本费用。

（2）阐述理财规划的具体内容。理财规划是理财规划师根据客户的财务状况和理财目标，凭借其深厚的专业功底精心“创制”的一系列规划、理财筹划及管理的集合。通常对于非专业人士的客户来说，完全理解整套理财规划书的内容是一项难度较高的工作，因此，理财规划师有义务协助客户充分理解理财规划书的内容。

（3）客户自行理解。虽然在与客户的交流过程中，理财规划师已经尽力对理财规划进行较为详细的阐释，但是对于客户来说，仅仅通过几个小时的介绍是无法完全弄懂整套理财规划书的。因此，在向客户交付理财规划书后，理财规划师应该让客户自行对理财规划的具体内容进行深入理解。

客户在完成对理财规划的深入理解后，有可能对理财规划书的部分内容提出不同意见。在这种情况下，理财规划师应根据具体情况对理财规划进行相应的修改。

五、理财规划的修改

理财规划师要针对客户提出修改要求的不同原因和实际情况的变化，采取不同的措施对理财规划进行修订。

（一）根据其他专业人士的意见改进理财规划

理财规划涉及各学科、各行业的专业内容，尽管理财规划师已经对客户做出较为详尽的解释，客户可能仍难以理解，而就该部分专业内容求助于律师、会计师或者保险顾问等。这些专业人士可能会从各自的职业角度出发，对理财规划提出一些意见。理财规划师要在确保客户知情并同意的情况下，根据这些专业人士的意见改进理财规划。

（二）根据客户的意见修改理财规划

当客户进一步理解、研究理财规划后，可能对某些方面不太满意，因而会要求对原理财规划进行修改。这时，理财规划师首先要求客户以书面形式说明该修改是按照客户要求进行的；其次要保留双方就修改内容所进行的讨论过程的详细记录；最后在收到客户签署的书面说明后，对理财规划进行修改。

（三）因理解差异而修改理财规划

当理财规划师对客户的当前状况或者理财目标出现理解偏差时，也会导致客户对理财规划不太满意而要求修改。在这种情况下，理财规划师首先应加强与客户的沟通，消除误解，并根据客户的要求和实际情况提出修改建议；修改完成后，还应就修改建议请客户再次进行书面确认。

（四）根据实际情况的变化而修改理财规划

由于制订理财规划所依据的部分数据是建立在历史数据基础上的，理财规划师对未来的预估不可能完全准确，因此需要定期对理财规划进行评估。一般来说，每年需要评估两次，根据宏观环境，如客户的事业发展状况、个人及家庭情况、财务状况等的变化相应地修订理财规划。

六、客户声明

当理财规划经过必要的修改最终形成正式的理财规划书而交付客户后，客户相信自己已经完全理解了整套理财规划书，并且对理财规划的内容表示满意，此时，理财规划师可以要求客户签署声明。这是理财规划师提供理财服务的必要程序，有助于明确双方责任。客户声明一般应包括以下内容：①已经完整阅读理财规划书；②信息真实准确，没有重大遗漏；③理财规划师已就重要问题进行了明确说明；④接受该理财规划书。

由于客户的个体差异，客户声明并不局限于这些内容，可以根据不同客户的具体情况，适当进行必要的增补。

第四节　执行客户理财规划方案

一、执行理财规划方案

（一）获得客户授权

制订完理财规划并获得客户声明后，接下来就是实施理财规划。通常情况下，客户会选择理财规划师作为理财规划的执行人，取得书面授权的理财规划师要明确其与客户之间的权利和义务，防止不必要的法律争端。客户授权主要是指信息披露授权，如客户的有关信息（姓名、住址、保险等情况）披露给相关的人员。

（二）与其他专业人员沟通合作

执行理财规划时，理财规划师有可能要与其他相关领域的专业人员沟通合作，这些专业人员包括会计师、律师、房地产代理商、股市咨询师、投资基金销售商、保险经纪人等。这些专业人员一般会对宏观形势、整体经济走势以及各自行业的发展状况做出独特的见解，并且他们对各个投资市场和各类投资产品的结构与特点比较熟悉，由其参与理财规划的实施，使理财规划具有较好的可行性，实现客户的理财目标。

（三）执行理财规划应遵循的原则

1. 准确性原则

这一原则主要是针对所确定的资产分配比例和所选择的具体投资品种而言的。比如，用于保险规划的资金数量，或者具体的中长期证券投资品种，理财规划执行者应该在资金数额分配和产品选择上准确无误地执行原规划。

2. 有效性原则

这一原则是指要使实施的理财规划能够有效地完成改善财务状况的预定目标，要使客户的财产得到真正的保护或者实现预期的增值。如果原来的规划并未选定具体的保险公司和保险产品，或者所选择的保险公司和保险产品发生了变化，理财规划师有责任为客户选定能够有效地对客户的人身和财产进行保护的保险公司和保险产品，或者及时地将现实情况的变化告知客户，并对保险公司和保险产品重新进行选择。

3. 及时性原则

这一原则是指理财规划师要及时地落实各项行动措施，以使规划的执行尽量符合当时的情况。影响理财规划的因素有很多，如利率、证券价格、保险费等。这些因素都会随着时间的推移而发生变化，从而使各种预期的结果与实际情况产生较大的差距。另外，客户自身各方面的情况也是不断变化的，如果理财规划师不能及时地执行规划，就可能对客户理财规划的效果产生不利影响，甚至完全无法实现预定目标。

二、影响理财规划实施的因素

（一）时间

理财规划方案中的财务目标是一个复杂的集合体，既包括客户不同方向的财务目标（如投资规划、保险规划、现金规划等），也包括客户的时间目标（如短期目标、中期目标和长期目标）。为了实现这些目标，通常会有很多具体的工作步骤，这就需要理财规划师对具体的工作步骤按照轻重缓急进行排序，即编制一个具体的时间计划，明确各项工作的前后次序，如此才能提高理财规划方案实施的效率，有利于节约客户的实施成本。

（二）人员

如前所述，理财规划方案是一个复杂的整体方案，虽然理财规划师是理财专家，但是也不可能面面俱到，所以，单纯依靠理财规划师自身是难以完成全部方案的实施工作的。因此，理财规划方案的实施还必须要确定人员安排，即根据理财规划方案确定需要参与方案实施的人员。对于一个积极成长型的理财规划方案，应当配备证券、信托、不动产等方面的投资专家；对于一个退休养老型的理财规划方案，则可能需要配备保险专家或者税收专家；对于某些外部事务，可能还需要律师与会计师的参与配合。

（三）资金

理财意味着通过投资规划、现金规划、保险规划等子规划的实施，对客户的财务状况进行调整、优化，这就必然涉及客户的资金运用。为提高资金使用效率进而增强方案实施效果，在考虑资金因素时应当注意以下问题：

1. 资金时效

按照理财方案的要求进行理财活动是综合考虑各种因素后制订的，因此，按照预定执行时间付诸实施是保证理财效果的必要条件。一方面，资金运用一定要考虑时间因素，务必要及时到位。另一方面，资金是时间价值非常明显的资产，在运用时还应注意避免对资金的不合理占用。比如，按照计划购买某处房产，就必须对资金来源进行周密安排，首先明确是用银行存款还是用金融资产变现资金，如果使用银行存款，就应预先对存款的期限结构进行调整，避免利差损失；如果使用金融资产变现资金，就应对变现时机进行必要预计，尽量在价格处于高位时卖出，而不能机械地等到付款义务发生时才匆匆变现。

2. 资金充足

要提高投资收益，不仅要抓住时机，还必须保证资金充足。量变是质变的必要条件，如果在资金使用时不能做到资金充足，就会导致预先的规划措施无法得到彻底执行，那么相关的规划方案就无法得到充分实现。因此，理财规划师必须在深入分析整套规划方案的基础上进行周密安排，明确每一个行动步骤所需要的资金规模，并确定资金首选来源和备选来源，将由资金带来的执行风险降到最低。

三、理财规划方案的评估

理财服务不是一次性完成的，它除了包括上面提到的收集客户信息、分析客户财务状况来制订、实施理财规划方案之外，还包括交付方案之后对客户提供长期的服务。这是因为制订理财规划方案所依据的数据是建立在预测基础上的，对未来的预估不可能完全准确，这会导致理财规划方案的最终效果与当初的预定目标产生较大的差异，所以在完成理财规划方案后的较长时期内，理财规划师仍需要根据新情况来不断地调整理财规划方案，帮助客户更好地适应环境，达到预定的理财目标。

（一）适用情况

很多相关因素是缓慢变化的，虽然细微的变化对理财规划方案的整体实施效果不会产生过大的影响，但经过较长时间的积累，细微的变化逐渐放大，会使原来的理财规划方案与现实情况严重脱节。这就需要理财规划师定期对理财规划方案的执行情况进行监控和评估，了解阶段性的理财方案实施结果，以便及时与客户沟通并对理财规划方案进行及时调整。定期评估是理财服务协议的要求，也是理财规划师应尽的责任。

（二）评估频率

定期评估的频率可以在签订理财规划服务协议时由双方约定。一般来说，理财规划师每年需要对客户的理财规划方案评估两次，也可以是每季度一次或每年一次。定期评估的频率主要取决于以下因素：

1. 客户的资本规模

客户的资本规模越大，就越需要经常对其理财规划方案进行监测和评估。因为资本规模较大，一旦决策建议失误，损失也会较大。对于资产规模较小的客户，可以适当降低评估频率。

2. 客户的财务状况变化幅度

如果客户正处在事业的黄金期，收入增长较快，或者正面临退休，就需要理财规划师经常评估和修改理财规划方案；反之，对于财务状况比较稳定的客户，就可以相应减少评估次数。

3. 客户的投资风格

有些客户偏爱高风险、高收益的投资产品，投资风格积极主动；而有些客户属于风险厌恶型的投资者，投资风格谨慎、稳健，注重长期投资。那么，前者比后者更需要经常性的理财规划方案评估。显然，评估的频率越高，对客户越有利，也有助于建立公司和理财规划师个人的信誉和形象。与此同时，较高频率的评估，不仅增加了理财规划师的工作量，也增加了理财规划方案的评估成本。

【行业动态】

以规范财富积累机制推进中国式现代化

改革开放四十多年来，中国经济飞速发展，居民财富快速积累，与此同时，收入分配差距拉大和分配比例失衡等问题也随之出现，给实现共同富裕带来了巨大挑战。为了应对这一挑战，党的二十大报告提出了“规范财富积累机制”的创新概念，这与我国当前的发展阶段非常契合。中国式现代化是全体人民共同富裕的现代化，要求坚持以按劳分配为主体、多种分配方式并存，以增加低收入群体收入，扩大中等收入群体，规范收入分配秩序，规范财富积累机制，彰显中国式现代化的社会主义特征。我国在推动共同富裕的历史进程中，既要注重效率，又要体现公平，如何在确保居民收入稳步增长的同时规范财富积累机制，实现居民财富的持续积累，已经成为推进中国式现代化重要且紧迫的任务。规范财富积累机制的重要性在于以公正和合理的方式引导财富积累，为低收入和中等收入群体提供更广泛的财富获取途径，使改革发展成果惠及全体人民，从而提高整体经济水平。这既体现了以人民为中心的发展理念，又对推动社会公平正义、实现共同富裕的目标具有不可替代的作用，更是推动中国式现代化进程的关键一步。

资料来源：王艺明. 以规范财富积累机制推进中国式现代化［J］. 财经问题研究，2023（7）：3-15.

【本章小结】

1.收集、整理和分析客户的财务信息和与理财有关的非财务信息，是制订理财规划方案的关键一步。如果无法收集准确的财务数据，理财规划师就无法准确了解客户的财务状况和理财目标，也就不可能针对不同客户提出切实可行的理财方案。非财务信息是指除财务信息以外与理财规划有关的信息，包括客户的社会地位、年龄、投资偏好、健康状况、风险承受能力和价值观等。

2.客户类型的不同，就意味着理财观念的不同，敢于承担风险的客户会倾向于证券投资，而保守型的客户则会倾向于储蓄。

3.客户家庭财务状况分析主要包括资产负债表分析、收入支出表分析、客户财务状况比率分析、预测客户财务发展趋势等。

4.无论理财目标如何分类，都可以归结为两个层次：实现财务安全和追求财务自由。财务安全是指个人或家庭对其财务现状有充分的信心，认为现有的财富足以应对未来的财务支出和其他生活目标的实现，不会出现较大的财务危机。财务自由是指个人或家庭的收入主要来源于主动投资，而不是被动工作。

5.客户理财规划的步骤包括理财目标的确定、制订理财规划方案、交付理财规划方案、理财规划的修改、客户声明等。个人理财规划方案的主要内容涉及现金规划、家庭消费支出规划、保险规划、投资规划、税收筹划、教育规划、退休养老规划和遗产规划等内容。

6.执行客户理财规划方案时，首先要获得客户授权，然后与其他专业人员沟通合作，在掌握执行理财规划应遵循的原则的同时，注意影响理财规划实施的因素。

【复习与思考题】

一、单项选择题

1.以下属于非财务信息的是（　　）。

A.工资、薪金所得　　B.姓名和性别
C.“五险一金”　　D.奖金

2.（　　）是客户总资产减去负债总额后的余额，是客户真正拥有的财富价值。

A.资产　　B.负债　　C.净资产　　D.收入支出

3.（　　）是指个人或家庭的收入主要来源于主动投资，而不是被动工作。

A.财务安全　　B.财务自由　　C.财务自理　　D.财务收入

4.执行理财规划时应遵循的原则不包括（　　）。

A.准确性　　B.有效性　　C.全面性　　D.及时性

5.理财规划师可与客户签署的客户声明不包括（　　）。

A.已经完整阅读理财规划　　B.信息真实准确，没有重大遗漏
C.一切后果由客户自行承担　　D.接受该理财规划

二、简答题

1.理财规划师在客户的信息收集和整理中应重点收集哪些方面的信息？

2.确定理财目标的原则是什么？

3.影响理财规划实施的因素有哪些？

三、案例分析题

武先生夫妇的年龄均为38岁，8岁的儿子刚读小学二年级，他们希望儿子10年后出国留学，预计出国留学费用为80万元。

武先生是某私营企业产品研发总经理，月薪2万元（税后），年终奖约为36万元（税后），其妻子在某事业单位上班，月薪6 000元（税后），年终奖约为12万元（税后）。

武先生夫妇目前居住的普通住宅是2012年购买的，当时商业贷款100万元，贷款利率为6%，等额本息方式还款，还款期限为20年，目前住宅价值为270万元。

武先生夫妇有活期存款10万元、定期存款20万元，拥有国债目前市值105万元，另有自驾车一辆，价值40万元。武先生夫妇的单位均提供“五险一金”，但除此之外家庭没有配置任何商业保险。武先生夫妇希望20年后退休，预计退休后每年需要35万元，生存30年，现在计划开始准备养老基金。

武先生的家庭支出相对稳定，日常生活费开支每月6 000元；儿子所有的教育费用开支约3万元；妻子办理的美容卡和健身卡每年费用支出2万元；自己办理的健身卡每年费用支出5 000元；家庭每个季度旅游一次，每次费用开支1万元；其用于应酬的支出每月3 000元；其自驾车每月费用开支4 000元；孝敬双方父母的费用每月共计2 000元。

要求：请根据以上信息，为武先生编制目前的家庭资产负债表。

参考答案

第四章

个人风险与保险规划

学习目标

1. 了解风险的类型及构成要素，理解可保风险的定义及特点；
2. 熟悉人身保险和财产保险的具体种类；
3. 熟悉投资连结保险；
4. 掌握个人保险规划的步骤；
5. 树立未雨绸缪的风险防范意识。

【引导案例】

近年来，我国居民的风险保障意识不断提高，家庭财产保险受到青睐。相关数据显示，2022年，财产保险公司的家庭财产保险保费收入同比增速超60%。

家庭财产保险能够提供哪些保障？北京工商大学经济学院风险管理与保险学系副主任董捷说，家庭财产保险保险标的主要包括房屋主体，室内装潢，家具、家电等财产以及暖气、供水、煤气管道等室内附属设备。遇到暴雨、台风、火灾等自然灾害或意外事故时，也可进行相应赔付，例如，家中屋顶、地板、门窗等遭受损失，均可按合同约定进行赔付。

值得一提的是，近年来，不少城市推出定制型家庭财产保险，着重拓展服务功能，以更好地满足消费者的日常生活需求。

2023年8月15日，北京市发布城市定制型家庭财产保险“京城好房保”，并由多家保险机构联合承保，其特点是“能赔还能修”。一方面，该产品在传统家庭财产保险的保险标的基础上，扩展了自家漏水殃及邻居等第三者责任，能够分散业主赔偿风险；另一方面，该产品附加了居家财产维修保障，涵盖了近100项居家维修服务。

据了解，除北京市外，2023年以来，上海市、浙江省宁波市、四川省成都市等多地均推出了拓展服务功能的城市定制型家庭财产保险。例如，成都市推出的“蓉家保”，提供了雇佣人员伤害、临时住宿补偿、公共交通意外以及开锁、管道疏通等责任保障。

家庭财产保险能够提供哪些保障？除了财产保险外，保险产品还有哪些？如何利用保险产品来保障我们的人身财产安全？

本章将同大家一起探讨保险规划的相关问题。

资料来源：屈信明. 更好发挥家庭财产保险保障功能［N］. 人民日报，2023-09-18.

第一节　风险与可保风险

一、风险概述

（一）风险的含义

虽然绝大多数的人既不喜欢谈论死亡以及如何为此做好安排，也不愿意谈论疾病或伤残以及有可能发生的灾难性事故，但是，世界上每时每刻都在发生着这样的事。风险是人们不得不面对的问题，我们无法预计何时可能会生病、何时可能会伤残、何时可能会遇到车祸、何时可能居住的房屋会失火等。风险是指由不确定性事件造成的损失或其可能性。

【知识拓展4-1】

“风险”一词的由来

“风险”一词的由来，最为普遍的一种说法是，在远古时期，以打鱼捕捞为生的渔民，每次出海前都要祈祷，祈求神灵保佑自己能够平安归来，其中主要的祈祷内容就是让神灵保佑自己在出海时，海面能够风平浪静，自己可以满载而归。他们在长期的捕捞实践中，深深地体会到“风”给他们带来的无法预测、无法确定的危险，意识到在出海捕捞的生活中，“风”即意味着“险”，因此有了“风险”一词的由来。

另一种关于“风险”一词的“源出说”称，“风险”一词是舶来品，而比较权威的说法是，其来源于意大利语的“RISQUE”一词。在早期的运用中，“风险”一词被理解为客观的危险，体现为自然现象或者航海遇到礁石、风暴等事件。

资料来源：毛丹平. 家庭风险管理从识别风险开始［J］. 大众理财顾问，2018（11）：49-50.

（二）风险的构成要素

风险的构成要素包括风险因素、风险事故和风险损失。

1. 风险因素

风险因素是指能够增加或产生损失频率和损失程度的条件，它是风险事故发生的潜在原因，是造成损失的内在或间接原因。构成风险因素的条件有越多，发生损失的可能性越大，损失就会越严重。根据性质的不同，风险因素可分为物质风险因素、道德风险因素和心理风险因素。具体而言，物质风险因素是指有形的、能够直接影响事物物理功能的因素，即某一标的本身所具有的足以引起或增加损失机会和损失程度的客观原因和条件，如财产所在的地域、建筑结构和用途等。一般而言，南方地域要比北方地域发生洪灾的可能性大；木质结构的房屋要比水泥结构的房屋发生火灾的可能性大；机动车从事营运的要比非营运的发生交通事故的可能性大。道德风险因素是指与人的品德教育有关的无形因素，即人们以不诚实、不良企图或欺诈行为故意促使风险事故的发生，或者扩大已经发生的风险事故，以致引起社会财富损毁和人身伤亡的原因或条件，如欺诈、纵火等。心理风险因素是指与人的心理状态有关的无形因素，即由于人们行为上的粗心大意和漠不关心、侥幸或存在依赖保险的心理，以致增加风险事故发生的频率和损失程度的因素。例如，企业或个人投保财产保险后放松对财产的保护措施，或者个人投保人身保险后忽视自己的身体健康等。

2. 风险事故

风险事故，又称风险事件，是指风险可能成为现实，以致造成人身伤亡或财产损害的偶发事件。只有风险事故的发生，才可能导致损失。风险事故意味着风险的可能性转化为现实性，即风险的发生。例如，火灾、地震、洪水、龙卷风、雷电、爆炸、盗窃、抢劫、疾病、死亡等，均属于风险事故。

对于某一事件在一定条件下，可能是造成损失的直接原因，那么其就是风险事故；而在其他条件下，该事件可能是造成损失的间接原因，那么其就是风险因素。例如，冰雹导致路滑而发生车祸，造成人员伤亡，这时冰雹就是风险因素，车祸就是风险事故；若冰雹直接击伤行人，则冰雹便是风险事故。

【知识拓展 4-2】

风险事故的类型

保险公司在签订保险合同前会对风险事故的类型进行区分，如火山爆发、地震等风险，保险公司一般不予承保。一般情况下，战争风险也是不可保风险。因此，要对风险事故加以分类，以明确保险公司的业务范围。风险事故的类型见表 4-1。

表 4-1　**风险事故的类型**

类型	自然事故	人为事故
通常可保	风暴、天然火灾、心脏病	偷盗、恶意破坏、狩猎意外事故、烟火灾害
通常难保	洪水、火山爆发、霜冻、流行病	战争、放射传染、民众暴动

3. 风险损失

风险损失有狭义和广义之分。狭义的风险损失是指非故意的、非预期的、非计划的经济价值的减少。风险管理所讲述的就是狭义的风险损失。广义的风险损失不但包括物质上的损失，还包括精神上的耗损，如折旧、报废、记忆力减退、时间的耗费等均属于广义的风险损失，但它们不能成为风险管理所涉及的风险损失，因为其都是必然发生的或者计划安排的。

风险是风险因素、风险事故和风险损失三者构成的统一体。当风险因素增加时，风险事故也可能增加；当风险事故增加时，通常会导致风险损失增加。

（三）风险的分类

1. 纯粹风险和投机风险

纯粹风险是指只会产生损失而不会产生收益的风险。这类风险所导致的结果有两种：没有损失和造成损失。例如，水灾、火灾、车祸、疾病、意外事故等。与纯粹风险相对应的是投机风险。投机风险是指既可能产生收益也可能造成损失的风险。这类风险的结果有三种可能：没有损失、有损失和盈利。比如股票投资，投资者购买某种股票后，可能会由于股票价格上升而获得收益，也可能由于股票价格下降而蒙受损失，但股票的价格到底是上升还是下降，幅度有多大，这些都是不确定的，因而这类风险就属于投机风险。

有时，同一对象可能既面临纯粹风险又面临投机风险。例如，一个企业既面临火灾、水灾等纯粹风险，又面临技术风险、经营风险等投机风险。尽管如此，区别纯粹风险和投机风险仍是非常重要的，纯粹风险的后果会有损失，对人类是不利的；相反地，投机风险则不同，由于其具有盈利的可能性，有些人会自愿地去冒险。一般情况下，只有纯粹风险才是可以投保的，投机风险不能投保。

2. 可保风险与不可保风险

可保风险是指保险人可以接受承保的风险。尽管保险是人们处理风险的一种方式，它能为人们在遭受损失时提供经济补偿，但是这并不代表所有破坏物质财富或威胁人身安全的风险，保险人都能承保。可保风险仅限于纯粹风险。

二、可保风险

并非所有的纯粹风险都是可保风险，纯粹风险成为可保风险必须满足以下条件：

（一）损失程度较高

潜在损失不大的风险事件一旦发生，其后果完全在人们的承受限度内，因此，这类风险根本无须采用保险这种方式。例如，人们在日常生活中丢失了或者意外损失了一些本身价值很低的物品，即使这样也不会给人们带来过大的经济困难或不便。但是，对于那些潜在损失程度很高的风险事件，如火灾、盗窃等，一旦发生就会给人们造成极大的经济困难，因此应对这类风险事件，保险便成为一种有效的风险管理手段。

（二）损失发生的概率较小

可保风险还要求损失发生的概率较小。这是因为，损失发生概率很大就意味着保费相应很高，加上附加保费，总保费与潜在损失将相差无几。例如，某地区自行车失窃率很高，有40%的新车会被偷，即每辆新车有40%的被盗概率，若附加的营业费率为10%，则意味着总保费将达到新车重置价格的一半。显然，如此高的保费是投保人无法承受的，同时保险也失去了转移风险的意义。

（三）损失具有确定的概率分布

损失具有确定的概率分布是进行保费计算的重要前提。计算保费时，保险公司将对客观存在的损失分布做出正确的判断。保险公司在经营中采用的风险事故发生率只是真实概率的一个近似估计，是依靠经验数据统计、计算得出的。因此，正确选取经验数据对于保险公司确定保费至关重要。有些统计概率，如人口死亡率、交通事故发生率等，具有一定的“时效性”，类似这种经验数据，保险公司必须谨慎做出相应的调整。

（四）存在大量具有同质风险的保险标的

保险的职能在于转移风险，分摊损失，提供经济补偿。因此，任何一种保险险种必然要求存在大量保险标的。这样，一方面可以积累足够的保险基金，使投保人能够获得十足的保障，另一方面根据“大数法则”，可使风险发生次数及其损失值落在预期值的一个合理范围内。也就是说，大量的同质保险标的会保证风险发生次数及其损失值以较高的概率集中在一个较小的波动幅度内。显然，预测值的偏差越小，就越有利于保险公司的稳定经营。这里所指的“大量”，并无绝对的数值规定，它会随险种的不同而有所不同。一般的法则是，损失概率分布的方差越大，就要求有越多的保险标的。保险公司为了保证自身经营的安全性，还经常会采用再保险的方式，将保险公司的风险进一步分散。这样，集中起来的巨额风险在全国甚至国际范围内得以分散，保险公司受到的保障程度和安全性都会有所提高。

（五）损失的发生必须是意外的和非故意的

所谓“意外”，是指风险的发生超出了投保人的控制范围，且与投保人的任何行为无因果关系。如果由于投保人的故意行为而造成的损失也能获得赔偿，那么将会引起道德风险，其违背了保险的初衷，而且也是无法维持的。此外，要求损失的发生具有偶然性，也是“大数法则”得以应用的前提。

（六）损失的确定性

损失的确定性是指损失发生的时间、地点和损失金额必须都是确定的。因为在很多情况下，保险公司承诺如果损失发生在某一特定时期、特定地区，将赔付一定的金额。只有确定了损失发生的时间、地点和损失金额，保险合同才有效。如果这些因素都无法确定，那么就无法决定损失是否符合保险合同的条款。

保险合同的责任条款就是用来明确损失发生后，保险公司应该支付的保险金额。保险合同可以分为补偿合同和定值合同两类。在补偿合同中，保险公司的赔付或给付与实际发生的损失有关，在金额上等于实际损失或保单最高补偿限额的较小者，以确保被保险人不会因为保险事故的发生而获得盈利。定值合同将事先约定保险损失发生后的应付保险金额，与实际发生的损失金额没有直接关系。例如，财产保险、责任保险和医疗费用保险通常属于补偿合同，而人寿保险则属于定值合同。

第二节 保险的功能及类型

一、保险的含义及功能

（一）保险的含义

保险是指投保人根据保险合同的约定，向保险人支付保险费，保险人对于合同约定的可能发生的事故因其发生所造成的财产损失承担赔偿保险金责任，或者当被保险人死亡、伤残、疾病或者达到合同约定的年龄、期限时承担给付保险金责任的行为。

（二）保险的功能

保险具有经济补偿、资金融通和社会管理功能，这三项功能是一个有机联系的整体。经济补偿功能是最基本的功能，也是保险区别于其他行业的最鲜明的特征。资金融通功能是在经济补偿功能的基础上发展起来的。社会管理功能是保险业发展到一定程度并深入社会生活诸多层面后产生的一项重要功能，只有在经济补偿功能和资金融通功能实现后才能发挥作用。

1. 经济补偿功能

经济补偿功能是保险的立业之基，其最能体现保险业的特色和核心竞争力。首先，经济补偿功能体现为财产保险的补偿。保险是在特定灾害事故发生时，在保险的有效期、保险合同约定的责任范围以及保险金额内，按照实际损失金额给予补偿。通过这种形式，使已经存在的社会财富因灾害事故所致的实际损失在价值上得到补偿、在使用价值上得以恢复，从而使社会再生产过程得以持续进行。这种补偿既包括对被保险人因自然灾害或意外事故造成的经济损失的补偿，也包括对被保险人依法应对第三者承担的赔偿责任的经济补偿，还包括对商业信用中违约行为造成的经济损失的补偿。其次，经济补偿功能体现为人身保险的给付。人身保险的保险数额是由投保人根据被保险人对人身保险的需要程度和投保人的缴费能力，在法律允许的情况下，与被保险人双方协商后确定的。

2. 资金融通功能

资金融通功能是指将所形成的保险资金中闲置的部分重新投入到社会再生产过程中。保险公司为了使保险经营稳定，必须保证保险资金的保值与增值，这就要求保险公司对保险资金进行运用。保险资金的运用不仅有其必要性，而且也是可行的。一方面，保险保费收入与赔付支出之间存在时间差；另一方面，保险事故不都是同时发生的，保险公司收取的保险费不可能一次全部赔付出去，即保险公司收取的保险费与赔付支出之间存在数量差。这些都为保险资金的融通提供了可能。保险资金的融通要坚持合法性、流动性、安全性、效益性的原则。

3. 社会管理功能

社会管理功能是指对整个社会及其各个环节进行调节和控制的过程。社会管理功能的目的是正常发挥各系统、各部门、各环节的功能，从而实现社会关系的和谐，促进整个社会的良性运行和有效管理。保险作为社会保障体系的有效组成部分，在完善社会保障体系方面发挥着重要作用。一方面，保险通过为没有参与社会保险的人群提供保险保障，扩大社会保障的覆盖面；另一方面，保险通过灵活多样的产品，为社会提供多层次的保障服务。保险公司具备风险管理的专业知识以及大量的风险损失资料，为社会风险管理提供了有力的数据支持。同时，保险公司大力宣传培养投保人的风险防范意识，帮助投保人识别和控制风险，指导其加强风险管理；保险公司进行安全检查，督促投保人及时采取措施消除隐患；保险公司提取防灾资金，资助防灾设施的添置，加大对灾害防治的研究。通过保险应对灾害损失，不仅可以根据保险合同的约定对损失进行合理补偿，而且可以提高事故处理效率，减少当事人可能出现的事故纠纷。保险公司介入灾害处理的全过程，参与到社会关系的管理中，改变了社会主体的行为模式，为维护良好的社会关系创造了有利条件。保险公司以最大诚信原则为其经营的基本原则之一，而保险产品实质上是一种以信用为基础的承诺，对保险双方当事人而言，信用至关重要。实际上，保险合同的履行过程为社会信用体系的建立和管理提供了大量重要的信息，实现了社会信息资源的共享。

【知识拓展4-3】

相关术语

1. 保险人，是指与投保人订立保险合同，并承担赔偿或者给付保险金责任的保险公司。

2. 投保人，是指与保险公司订立保险合同，并按照保险合同负有支付保险费义务的人。

3. 被保险人，是指其身体或生命受保险合同保障，享有保险金请求权的人。

4. 受益人，是指人身保险合同中由被保险人或者投保人指定的享有保险金请求权的人。

5. 保险利益，又称可保利益，是指投保人对保险标的具有法律上承认的利益。

6. 保险费，简称保费，是指投保人交付给保险公司的钱。

7. 保险金，是指保险事故发生后被保险人或受益人从保险公司领取的钱。

8. 保险金额，简称保额，是指保险公司承担赔偿或者给付保险金责任的最高限额。

9.保险单，简称保单，是指保险公司给投保人的凭证，证明保险合同的成立及内容。保单上载有参加保险的种类、时间、保险金额、保险费、保险期限等保险合同的主要内容，是一种具有法律效力的文件。

10.保险责任，是指保险公司承担赔偿或者给付保险金责任的项目。

11.除外责任，是指保险公司不予理赔的项目，如违法行为或故意行为导致的事故。

12.主险与附加险。主险是指可以单独投保的保险险种；附加险是指不能单独投保，只能附加于主险投保的保险险种。主险因失效、解约或满期等原因效力终止或中止时，附加险效力也随之终止或中止。

13.趸缴是一种缴费方式，即所有保费一次性缴清。

14.年缴也是一种缴费方式，即每年缴费一次。

15.现金价值，是指投保人在退保时可取回的现金。由于长期寿险通常采用均衡保险费，投保人交费若干期后，将会形成一定的责任准备金，责任准备金是对被保险人的一种“负债”。因此，在解约退保时，退保人应将这部分“负债”返还给投保人保单的现金价值，正是以责任准备金为基础计算的。因为投保初期，投保人缴费少，保单成本摊销大，所以前期现金价值很低。

16.保险期间，是指根据保险合同，保险公司在约定的时间内对约定的保险事故负有保险责任，该约定的时间称为保险期间，也称保障期。不同的险种有不同的保险期间，如航空旅客人身意外伤害保险，其保险期间仅为一个航程；如果是终身寿险，保险期间则是被保险人的有生之年。

17.缴费期，又称供款期，是指在保险合同中预先约定的投保人支付保险费的期间。按照缴费方式的不同，可分为趸缴、年缴和月缴等。

18.等待期，又称观察期或免责期，是指保险合同在生效的指定时期内，即使发生保险事故，被保险人也不能获得保险赔偿，这段时期也称为等待期。等待期是为了防止投保人明知将要发生保险事故，而选择马上投保以获得保险金的行为，也就是所说的“逆选择”。

19.承保，是指保险公司接受投保人的投保并签发保险单的行为。

20.核保，是指保险公司对保险对象进行风险评估，决定是否接受投保人的投保以及以什么条件来接受投保的过程。

二、保险的类型

（一）按保险标的或保险对象划分

根据保险标的的不同，保险可分为财产保险、人身保险、责任保险和信用保证保险四类。

1. 财产保险

财产保险是以物质财产及其有关利益、责任和信用作为保险标的，当保险财产遭受保险责任范围内的损失时，由保险人提供经济补偿。

财产分为有形财产和无形财产。厂房、机械设备、运输工具、产成品等都是有形财产；预期利益、权益、责任、信用等都是无形财产。与此相对应，财产保险有广义和狭义之分。广义的财产保险是指以物质财富以及与此相关的利益作为保险标的的保险，包括财产损失保险、责任保险和信用（保证）保险。狭义的财产保险是指以有形的物质财富以及与此相关的利益作为保险标的的保险，主要包括火灾保险、海上保险、货物运输保险、汽车保险、航空保险、工程保险、利润损失保险和农业保险等。

2. 人身保险

人身保险是以人的寿命和身体作为保险标的，并以其生存、年老、伤残、疾病、死亡等人身风险为保险事故。在保险有效期内，被保险人因意外事故而遭受人身伤亡，或者在保险期满后仍然生存，保险人都要按约给付保险金。人身保险包括人寿保险、人身意外伤害保险和健康保险等。

3. 责任保险

责任保险是以被保险人依法应负的民事损害赔偿责任或经过特别约定的合同责任作为保险标的。比如，第三者责任险是被保险人或其允许的驾驶人员在使用保险车辆过程中发生意外事故，致使第三者遭受人身伤亡或财产直接损毁，依法应当由被保险人承担的经济责任，保险公司负责赔偿。

4. 信用保证保险

信用保证保险的保险标的是合同的权利人和义务人约定的经济信用，由保险人作为保证人为被保证人向权利人提供担保，当被保证人的信用危险使权利人遭受经济损失时，保险人负经济赔偿责任。例如，出口信用保险承保的对象是出口企业的应收账款，在买方因破产而无力支付债务、买方拖欠货款、买方因自身原因而拒绝收货及付款等情况下，政府的保险机构向出口企业提供损失赔偿。

（二）按承保风险划分

根据承保风险的不同，保险可分为单一风险保险和综合风险保险两类。

1. 单一风险保险

单一风险保险是指仅对某一可保风险提供保险保障的保险。例如，水灾保险仅对特大洪水事故承担损失赔偿责任。

2. 综合风险保险

综合风险保险是指对两种或两种以上的可保风险提供保险保障的保险。综合风险保险通常是以基本险加附加险的方式出现的。当前的保险品种基本上都具有综合保险的性质。例如，我国企业财产保险的保险责任包括火灾、爆炸、洪水等。

（三）按保险实施方式划分

根据保险实施方式的不同，保险可分为强制保险与自愿保险两类。

1. 强制保险

强制保险是国家通过立法规定强制实行的保险。强制保险的范畴大于法定保险，法定保险是强制保险的主要形式。

2. 自愿保险

自愿保险是投保人根据自身需要自主决定是否投保、投保什么以及投保的保险保障范围。

（四）按保险性质划分

根据保险性质的不同，保险可分为商业保险、社会保险和政策保险三类。

1. 商业保险

商业保险是投保人根据合同约定，向保险人（保险公司）支付保险费，保险人对合同约定的可能发生给付的行为、具体疾病，或者达到合同约定的年龄、期限时承担给付保险金责任的行为。

2. 社会保险

社会保险是由政府提供的，通过强制人们将其收入的一部分以社会保险税费的形式上缴形成社会保险基金，对满足一定条件，如丧失劳动能力、暂时失去劳动岗位或因健康原因造成损失的被保险人提供收入或补偿的一种社会经济制度。它是一种再分配制度，其目标是保证物质及劳动力的再生产和社会的稳定，具有强制性、保费低和覆盖范围广的特点，主要有养老保险、失业保险和医疗保险。

3. 政策保险

政策保险是政府为实现一定的政策目标，以保险形式提供的一种保障，包括社会政策保险（如交通强制险、地震险等）和经济政策保险（如出口信用保险、存款保险、种植业保险等）两类。由于社会保险和政策保险具有强制性，因此，保险规划主要针对商业保险。下文如无特别指出，保险均为商业保险。

（五）按风险转移层次划分

根据风险转移层次的不同，保险可分为原保险、共同保险和再保险三类。

1. 原保险

原保险是投保人和保险人直接签订保险合同，投保人将风险损失转移给保险人的保险。

2. 共同保险

共同保险有两种情况：一是投保人与两个以上保险人之间就同一可保利益、同一保险标的、同一风险在相同期限内签订保险合同，保险金额不超过保险标的的价值，在承担赔偿责任时，各保险人根据承保金额按比例分摊；二是针对投保人的投保金额低于保险标的的价值，为防止投保人的道德风险，由保险人和投保人共同分担保险责任。

3. 再保险

再保险是保险人将其承保业务的一部分或全部分给其他保险人承担。

三、人身保险

人身保险包括人寿保险、人身意外伤害保险和健康保险等。

（一）人寿保险

人寿保险，又称生命保险，简称寿险，是指以被保险人的生命为保险标的，以被保险人的死亡或生存为保险事故的一种人身保险。人寿保险是人身保险的主要组成部分。人寿保险通常可分为死亡保险、生存保险、生死两全保险等。

死亡保险是指被保险人在保险期间内死亡，保险人给付保险合同所约定金额的一种人寿保险。死亡保险根据保险期限的不同，又分为定期人寿保险和终身人寿保险。

1. 定期人寿保险

（1）定期人寿保险的含义。

定期人寿保险，又称定期寿险或定期死亡保险，是人寿保险中最简单的一种，是指在合同约定的期限内，被保险人如发生死亡事故，保险人依照保险合同的规定给付保险金。

如果被保险人在保险期间届满时仍然生存，保险合同即行终止，保险人无给付义务，也不退还保险费。

（2）定期人寿保险的特点。

定期人寿保险是纯粹意义上的保险，功能比较单一，保单没有现金价值。定期人寿保险的保费比较低，小额的保费就可得到巨额的保障。

定期人寿保险的保险期限具有灵活性，可长可短，如5年、10年、20年，或者到某个年龄为止。保险期满时，被保险人享有续保选择权，可以延长保险期限，通常对其续保的期间、次数有一定的限制。另外，被保险人可享有将定期人寿保险转换为终身寿险或两全保险的选择权。

由于定期人寿保险具有低保费、高保障的特点，因此其存在道德风险与逆向选择的问题。

（3）定期人寿保险的适合人群。

收入较低而保障需求较高的人群，特别是在短期内从事比较危险的工作且急需保障的人群；刚刚参加工作和事业刚刚起步的年轻人；创业初期需要大量现金，又希望有较高保障的人群；家庭经济状况较差，子女尚幼，自身又是家庭经济支柱的人群；正在偿还债务或者暂时失业的经济较为困难的人群。

【知识拓展4-4】

定期寿险的新品种

随着时代的发展，作为最传统的保障性保险，定期寿险也在悄然地发生变化。目前，一些定期寿险增加了残疾保险责任，还有一些定期寿险则附加了豁免保费、减额缴清、保额递增（递减）等特色功能，以满足不同投保人的保障需求。

比较典型的是“个人住房抵押贷款类定期寿险”。保险公司考虑到目前个人住房抵押贷款（又称按揭贷款）是家庭主要的负债项目，一些保险公司开发了针对“房贷一族”的定期寿险，一旦房贷者发生不幸，不至于影响其房贷的偿还以及家人的住房。

比如，中保康联乐得保消费信贷（个人型）定期寿险，被保险人因遭受意外伤害事故而导致全残或身故时，保险公司根据房贷递减比例给付全残保险金或身故保险金。这类定期寿险增加了“全残”的承保范围，同时在保险金给付方式上也有所创新，被保险人身故后，保险公司并不是一次性给付受益人保险金，而是像“工资”一样分期给付。这样的好处是能够让受益人在长期内有一笔比较稳定的收入，有利于家庭财务的安排。

2. 终身人寿保险

（1）终身人寿保险的含义。

终身人寿保险，又称终身寿险或终身死亡保险，是指按照保险合同的约定，以死亡为给付保险金条件，且保险期间为终身的人寿保险。终身人寿保险能够为被保险人提供终身的保险保障。投保后，不论被保险人在什么时间身故，保险公司都要按照合同的约定给付保险金。

投保终身人寿保险，保险公司将对被保险人终身负责，直到死亡为止，且最终必定要给付一笔保险金。终身人寿保险含有储蓄性质，因此，它的保险费率高于定期人寿保险的保险费率。

终身人寿保险作为主保险合同，一般可在其后附加各类健康医疗保险及特殊需求条款（如保费豁免条款）等，也可附加一定保额的定期寿险。

（2）终身人寿保险的特点。

终身人寿保险具有以下特点：第一，终身人寿保险没有确定的保险期限，自保险合同生效之日起至被保险人死亡止，无论被保险人何时死亡，保险人均须按照合同的约定给付死亡保险金。第二，多数终身人寿保险都是基于生命表所假设的100周岁作为人的生命极限，因此，保险费的计算也应按照最高年龄100周岁确定，即终身人寿保险相当于保险期限截至被保险人100周岁的定期寿险。当被保险人生存到100周岁时，从保险人的角度来看相当于定期寿险到期，被保险人被视为死亡，保险人给付全部保险金。第三，终身人寿保险的保险费中含有储蓄成分，保单具有现金价值，若保单所有人在保险期间中途退保，可获得一定数额的退保金，因此，终身人寿保险的保险费率较高。为了解决不同年龄层人群支付能力差距的问题，保险人往往采取均衡保费费率的方法（见表4-2）。

表4-2 **均衡保费费率方法**

年龄	死亡率（%）	自然保费（元）	均衡保费（元）
35	2.51	2.44	16.29
40	3.53	3.43	16.29
45	5.35	5.19	16.29
50	8.32	8.08	16.29
55	13.00	12.62	16.29
60	20.34	19.75	16.29
70	49.79	48.33	16.29
80	109.98	106.77	16.29
90	228.14	221.49	16.29

表4-3列示了某公司终身人寿保险条款。

表4-3 **某公司终身人寿保险条款**

第X条 保险期间

本保险的保险期间为终身。

本公司所承担的保险责任自本公司同意承保、收取首期保险费并签发保险单的次日零时开始，至本合同约定终止时止。

第Y条 保险责任

在本合同保险责任有效期内，本公司承担下列保险责任：

被保险人于本合同生效之日起1年内因疾病身故，本公司按保险金额的10%给付“身故保险金”，并无息返还所交保险费，保险责任终止。

被保险人因意外伤害事故身故，或于本合同生效之日起1年后因疾病身故，本公司按保险金额给付“身故保险金”，保险责任终止。

3. 生死两全保险

（1）生死两全保险的含义。

生死两全保险，又称生死合险、储蓄保险，是指被保险人在保险期限内身故，保险人给付身故保险金；被保险人在保险期满时仍然生存，保险人给付期满生存保险金。保险期间一般分为5年、10年、20年和30年等，保险期间越长，保险费越低。

定期保险与生存保险结合在一起，就构成了生死两全保险。生死两全保险的死亡给付对象是受益人；期满生存给付的对象是被保险人。生死两全保险同时具有保障和储蓄功能。在其他条件相同的情况下，生死两全保险的储蓄功能比终身人寿保险更为突出。

（2）生死两全保险的特点。

一是保险费率高。生死两全保险既提供死亡保障，又提供生存保障，生存或死亡两项保险责任一定会发生其中的一项，即每份保单一定会发生给付。因此，在相同的条件下，生死两全保险的保险费率要明显高于定期人寿保险和终身人寿保险的保险费率。

二是储蓄性。生死两全保险实际上是一种储蓄保险，其生存保险金可以用来保障被保险人的老年生活，其死亡保险金可以为被保险人的亲属提供经济上的帮助。

三是承保责任全面。生死两全保险是人身保险中承保责任最全面的一个险种，被保险人无论是生、是死都可以得到保险人的给付，因此可以将其作为养老保障的一种手段，同时还可以另作他用，如为子女积累教育金或婚嫁金，以备不时之需。

（3）生死两全保险的适合人群。

生死两全保险适合追求理财收益的人群。这里的“理财”，就是让投保人的钱在不缩水的情况下有小额的收益，但又不能等同于投资，因为投资则是收益高、风险大，而通过生死两全保险进行理财，基本上是无风险的。

生死两全保险对于不同的人群有着不同的意义。对于工薪阶层的普通人群来说，可以通过这种方式强制自己储蓄一部分的钱；而对于高收入人群来说，主要是通过这种方式抵御通货膨胀，防止自己的财富缩水，其也是一种合理规避遗产税的有用方法。

生死两全保险对于那些既想在保险期间内获得保障，又想在退休后取得可观收入的人群来说，具有较强的吸引力。

【政策指引】

中国银保监会[①]发布《关于开展人寿保险与长期护理保险责任转换业务试点的通知》

为推动保险行业发挥专业能力，丰富保险产品供给，加快发展商业长期护理保险，满足人民群众特别是失能老年人的长期护理保障需求，中国银保监会印发了《关于开展人寿保险与长期护理保险责任转换业务试点的通知》，决定自2023年5月1日起开展人寿保险与长期护理保险责任转换业务（以下简称“转换业务”）试点，试点期限暂定为两年。

转换业务是指人身保险公司根据投保人自愿提出的申请，将处于有效状态的人寿保险保单中的身故或满期给付等责任，通过科学合理的责任转换方法转换为护理给付责任，支持被保险人在因特定疾病或意外伤残等原因进入护理状态时提前获得保险金给付。

① 2023年3月，中共中央、国务院印发了《党和国家机构改革方案》，提出组建国家金融监督管理总局，不再保留中国银行保险监督管理委员会（简称银保监会）。本书中与此相关的表述遵从相关法律法规的原文。

具体来看，一是根据被保险人是否进入护理状态，分别设计保单贴现法和精算等价法，满足多样化的护理保障需求。二是选择个人普通型人寿保险开展试点，投保人和被保险人易于理解，护理给付金额方便计算。三是将特定疾病和意外伤残作为护理状态基本判定条件，既考虑到行业具有的统一标准，又能有效覆盖失能人群，易于操作。同时，鼓励人身保险公司结合自身的风险控制能力，对上述基础判定条件进行扩展。四是鼓励人身保险公司在开发普通型人寿保险新产品时，在保险条款中增加使用保单贴现法进行责任转换的内容，以提高长期护理保障供给能力。

（二）人身意外伤害保险

1. 人身意外伤害保险的含义

人身意外伤害保险，简称意外伤害保险或意外险，是指在保险期限内，当被保险人因遭受意外伤害造成死亡或残疾，或者因意外伤害导致医疗费用支出时，由保险人按合同规定向被保险人或受益人给付保险金的一种人身保险。由此，可以对人身意外伤害保险做出以下两点理解：

一是意外伤害保险是以人的生命和身体作为保险标的的，因此，其属于人身保险的范畴；

二是意外伤害保险的保险责任主要包括仅对被保险人因意外伤害造成的死亡或残疾提供保险金，或者因意外伤害导致被保险人发生医疗费用支出提供费用补偿。

2. 人身意外伤害保险的特点

人身意外伤害保险多为短期保险，保险期限通常为1年，也有几个月或更短的保险期限。例如，各种旅客的意外伤害保险，其保险期限为一次旅程；出差人员的平安保险，其保险期限为一个周期；游泳者的平安保险，其保险期限仅为一个场次。

人身意外伤害保险与人寿保险相比，低保费、高保障，不具备储蓄功能，保险期终止后如果没有发生保险事故，保险公司不退还保险费。

人身意外伤害保险的投保简单灵活，主要是经当事人双方签订协议书，保险金额也是经双方协商议定的（不超过最高限额），保险责任范围相对灵活，投保手续十分简便，当场付费签名即可生效，无须被保险人参加体检，只要有付费能力均可参加。

3. 不同群体对人身意外伤害保险的需求

从对人身意外伤害保险需求的程度来划分，可分为“非常需要”“需要”“有能力时可以买”“可买可不买”四种需求程度。本书将列举分析以下六类群体对人身意外伤害保险的需求程度：

（1）一家之主：非常需要。作为家庭的主要经济来源，一家之主发生意外后，家庭将因经济来源中断或减少而陷入危机。

（2）单亲父、母：非常需要。单亲父、母的收入是家中经济的主要来源，他（她）肩负着家庭的一切开销。

（3）经常外出者：非常需要。经常驾车出行的人、经常出差的人、经常外出旅游的人等，发生意外的可能性较大。

（4）蓝领一族：需要。蓝领一族的工作环境较恶劣，工作辛苦且危险性较高，较容易发生意外。

（5）单身者：有能力时可以买。单身者负担相对较轻，若是想提早为自己的未来进行风险预防，可以考虑在此时期购买，但不需要一次性购买得太多，可以先让自己拥有基本的保障，等到自己的家庭责任加重后，再逐渐增加个人的保障。

（6）学生一族：可买可不买。求学阶段的儿童与青少年，正值活泼好动的年纪，因此有可能遭受意外伤害。

【案例展示 4-1】

钓鱼不慎触电身亡，保险赔付 9 万元

2007 年 6 月 29 日是一个晴朗的日子，村民李某在忙完农活后相约了两个同村朋友到村子附近的河边去钓鱼。1 个多小时后，鱼线被紧紧拉住，李某非常兴奋地起杆收线。这时不幸发生了，李某的鱼线被高高收起后挂在了高压电线上，只听到李某说了一句“坏了，忘记高压电线了……”，随后便仰天倒地。同伴紧急呼叫了救护车，李某被送往县医院因抢救无效身亡。料理好丧事后，李某的家人偶然想起其生前曾在某保险公司购买过保险，于是他们找出保险单，并立即向该保险公司报案。

保险理赔人员当天赶到李某家中，经仔细查阅保险单，了解到李某在 2005 年购买了分红保险 2 万元，2006 年再次购买了定期寿险 7 万元，保险单均处于有效状态，可以确认李某触电身亡符合赔付保险金的范围。保险理赔人员将事故材料收集后详细指导了李某的家人办理索赔申请，并耐心地解释依据我国相关法律规定对李某身故保险金的分配方法，李某的父母和妻子都非常认可，同时完成了索赔申请手续。2007 年 7 月 5 日，保险理赔人员经过紧张的审核处理，在完成结案后通过银行转账将 90 339.20 元的保险金支付给了李某的家人，解了燃眉之急。

资料来源：华律网. 钓鱼不慎触电身亡 保险赔付9万元［EB/OL］.［2022-12-18］. https://www.66law.cn/laws/45324.aspx.

（三）健康保险

1. 健康保险的定义

健康保险，是指以被保险人在保险期限内因患病、生育所致医疗费用支出和收入损失为保险事故的人身保险。在商业保险中，保险人较少单独经营健康保险，而是常常将健康保险作为一种附加险，与人寿保险和人身意外伤害保险组合办理。健康保险所指的“疾病”，需要满足以下条件：

首先，疾病是明显的非外来原因造成的，是身体内在的生理病因所致的。对于明显的外来原因所致的被保险人的人身伤害，由人身意外伤害保险提供保障。而病菌病毒传染、气候变化、误食有毒食物等外来因素所致的疾病，由于其需要经过人体内部的反应才能产生，因此，此类疾病属于内在的生理原因引起的疾病范围。

其次，疾病是非先天性的原因所致的。人的身体由健康状态转变为不健康状态的过程就是人们常说的生病过程，此种不健康状态是健康保险中所说的疾病状态。如果在保险合同签订之前，被保险人由于先天性的原因而存在身体器官性能的缺陷，则其导致的疾病不属于由健康状态转变为不健康状态的疾病范畴，因为被保险人原本就是不健康状态。但是，对于遗传性疾病，其长期潜伏在人体内，在保险有效期内可能转化为病态，也可能不转化，因此，此类疾病在保险有效期内转化为病态的，仍列入疾病范围。

最后，疾病是非规律性的生理现象所致的。人的生命周期是规律性的，从婴儿到老人要经历规律性的成长与衰老过程。人的衰老所表现出来的视觉减退、记忆力下降等病态是必然的生理现象，因此，衰老本身不能作为健康保险所承保的疾病范围。但是，因衰老所诱发的其他疾病则具有偶然性，仍列入疾病范围。

2. 健康保险的类型

根据保险保障的内容不同，健康保险可分为医疗保险和收入补偿保险。

（1）医疗保险。医疗保险是指提供医疗费用保障的保险，保障的是被保险人因疾病或意外伤害需要治疗时支出医疗费用的补偿。费用包括医生的医疗费和手术费、药费、住院费、护理费、检查费以及医疗设施的使用费等，不同的健康保险所保障的费用，一般是其中一项或若干项的组合。医疗保险一般规定一个最高保险金额，保险人在此限额内支付被保险人所发生的费用，超出部分由被保险人自行承担。

（2）收入补偿保险。收入补偿保险，又称残疾收入补偿保险、收入损失保险等，是对被保险人因疾病或意外而导致残疾后不能正常工作而失去原来工资收入的补偿保险。在残疾收入补偿保险中，一种为健康保险，保障的是因疾病所致残疾导致的收入减少的保险；另一种为意外伤害保险，保障的是因意外伤害所致残疾导致的收入减少的保险。但在实际生活中，残疾的原因常常是身体内潜伏病症与外在突发伤害共同作用，因此需要根据近因原则确定责任归属。

四、财产保险

财产保险，是指投保人根据合同约定向保险人交付保险费，保险人按保险合同约定对所承保的财产及其有关利益因自然灾害或意外事故造成的损失承担赔偿责任的保险。财产保险包括以财产或利益为保险标的的各种保险，如农业保险、责任保险、保证保险、信用保险等。财产保险是以有形或无形的财产及其相关利益为保险标的的一类补偿性保险。

（一）财产保险的特点

1. 财产保险中保险标的的价值可以按照货币确定

无论财产保险的保险标的是物，是责任，还是期待的利益，都可以表现为一定的物质财产。它们的损失总是表现为保险利益所有者的价值损失，且该损失数额可以用货币来衡量。因此，在投保时，根据《中华人民共和国保险法》第39条的规定，保险标的的保险价值，可以由投保人和保险人约定并在合同中载明，也可以按照保险事故发生时保险标的的实际价值确定。财产保险中的货物运输保险和特殊商品保险均采用定值保险，其他保险则采用不定值保险。但是，必须注意的是，投保时应足额投保，否则不论是超额投保还是不足额投保，都不能得到充分保障。根据《中华人民共和国保险法》的规定，保险金额不得超过保险价值，超过保险价值的，超过部分无效；保险金额低于保险价值的，除合同另有约定外，保险人按照保险金额与保险价值的比例承担赔偿责任。

2. 财产保险运用补偿原则及其派生的分摊原则和代位原则

财产保险以损害补偿为基础。财产保险就是通过特殊的经济补偿方法，修补物质的损失部分，使物质恢复到原有水平，因此，财产保险合同又称补偿性合同。基于补偿原则，财产保险的被保险人不能因保险而获得额外利益。除了不得超额投保外，还不得投保保险金额总和超过保险价值的重复保险。根据《中华人民共和国保险法》第40条的规定，重复保险的保险金额总和超过保险价值的，各保险人赔偿金额的总和不得超过保险价值；除合同另有约定外，各保险人按照其保险金额与保险金额总和的比例承担赔偿责任。如果因第三者对保险标的的损害而造成保险事故的，被保险人享有向其追偿的权利，若保险人已赔付保险金，被保险人应将其追偿权利转由保险人代位行使，不得因此获得双重赔偿。《中华人民共和国保险法》第44条、第45条都是对代位原则的具体规定。因此，投保人在投保时不应重复投保，索赔时若已领取保险金，则应将向第三者责任方追偿的权利转给保险人，并协助保险人行使代位求偿权。

3. 财产保险合同的变更、解除有特殊的要求和限制

保险合同的主体变更，除货物运输保险合同和另有约定的合同无须保险人同意或批准外，其余变更事项均须保险人审批。虽然投保人可以解除保险合同，但是货物运输保险合同和运输工具航程保险合同的保险责任开始后，任何一方当事人均不可解除合同。当保险合同的内容（危险程度增加除外）发生变化，如保险标的的危险明显减少或保险标的的保险价值明显减少时，投保人可以要求保险人降低保险费，并按日退还相应的保险费。保险责任开始前，投保人应当向保险人支付保险费，投保人要求解除合同的，保险人应当退还保险费；保险责任开始后，投保人要求解除合同的，保险人可以收取自保险责任开始之日起至合同解除之日止期间的保险费，剩余部分退还投保人。以上特殊规定均可查阅《中华人民共和国保险法》第33条、第34条、第37条和第38条的相关规定。

4. 财产保险的投保人负有相应的特殊义务

财产保险的投保人除与人身保险的投保人同样负有如实告知、缴纳保险费、出险通知等义务外，还负有投保后的防灾防损义务、危险程度增加通知义务、出险后施救义务、向第三者责任方的协助追偿义务等。这些法定义务均可查阅《中华人民共和国保险法》第35条、第36条、第41条、第47条的相关规定。

5. 财产保险的赔偿处理方式有其特殊性

保险标的发生部分损失的，根据《中华人民共和国保险法》第42条的规定，在保险人赔偿后30天内，投保人可以终止合同，保险人一般也可以终止合同，但应当提前15天通知投保人，并将保险标的未受损失部分的保险费，扣除自保险责任开始之日起至终止合同之日止期间的应收部分后，退还投保人。保险标的发生全部损失的，根据《中华人民共和国保险法》第59条的规定，保险事故发生后，保险人已支付全部保险金额，且保险金额等于保险价值的，受损保险标的的全部权利归保险人所有；保险金额低于保险价值的，保险人按照保险金额与保险价值的比例取得受损保险标的的部分权利。

6. 财产保险的索赔期限与人寿保险不同

根据《中华人民共和国保险法》第26条的规定，人寿保险以外的其他保险（财产保险及短期人身险）的被保险人或受益人，对保险人请求赔偿或者给付保险金的权利，自其知道保险事故发生之日起2年不行使而消灭。

（二）财产保险的种类

在财产保险中，可保财产包括物质形态和非物质形态的财产及其相关利益。以物质形态的财产及其相关利益作为保险标的的，通常称为财产损失保险。例如，飞机、卫星、电厂、大型工程、汽车、船舶、厂房、设备以及家庭财产保险等。以非物质形态的财产及其相关利益作为保险标的的，通常是指各种责任保险、信用保险等。例如，公众责任保险、产品责任保险、雇主责任保险、职业责任保险、出口信用保险、投资风险保险等。但是，

并非所有的财产及其相关利益都可以作为财产保险的保险标的。根据相关法律规定，只有符合财产保险合同要求的财产及其相关利益，才能成为财产保险的保险标的。

1. 家庭财产保险

家庭财产保险，是指以城乡居民的家庭财产作为主要保险标的的保险。凡是城乡居民的家庭财产因遭受自然灾害或意外事故造成损失后，在保险责任范围内都能得到经济赔偿。

（1）家庭财产保险的保险责任。

自然灾害造成保险财产的损失，如雷击、冰雹、雪灾、洪水、海啸、破坏性地震、地面突然塌陷、崖崩、突发性滑坡、龙卷风、冰凌、泥石流；暴风或暴雨使房屋重要结构（外屋、屋顶、屋架）倒塌等。

意外事故造成保险财产的损失，如火灾、空中物体的坠落以及邻近建筑物和其他固定物体的倒塌等。

上述灾害事故发生后，为防止灾害损失扩大，积极抢救、施救、保护保险标的而支出的合理费用等。

（2）家庭财产保险的除外责任。

下列原因造成的损失，保险公司不承担赔偿责任：战争、军事行动或暴力行动；核辐射和污染；电机、电器等设备因使用过度、超电压、漏电、自身发热等原因造成的本身损毁；虫蛀、鼠咬、霉烂、变质、家禽的走失或死伤；时间流逝对财产带来的不可避免的自然损耗等。

被保险人及其家庭成员、服务人员、寄居人员的故意行为，或勾结纵容他人盗窃，或被外来人员顺手偷窃，或被窗外钩物行为所致的损失等。

其他不属于家庭财产保险单列明的保险责任内的损失和费用。

（3）家庭财产保险金额的确定。

由于家庭财产一般均无账目可查，并且财产的品种、质量、新旧程度等各不相同，只有投保人自己对家庭财产的情况比较了解，因此，投保家庭财产保险时，保险金额一般由投保人根据实际情况自行确定。保险金额应尽可能接近家庭财产的实际价值，估算得过高或过低都不可取。

对于由单位集体投保家庭财产保险的居民，可以根据团体家庭财产保险提供的保障，选择其未涉及的部分另外单独投保。比如，价值80万元的房屋，团险保额为20万元，那么个人就可以再购买60万元的保额，尽可能通过保险转移风险。

（4）家庭财产保险的赔偿方式。

家庭财产保险的赔偿方式有：当保险金额高于实际损失时，按实际损失赔偿；当保险金额低于实际损失时，按保险金额赔偿。

家庭财产保险的赔偿方式具体又分为两种方式：

一是单一总保险金额制，其要求实际赔款控制在保险额度内。例如，某人投保家庭财产保险，保额为3万元，发生保险责任范围内的保险事故后，保险人确认实际财产损失为3.6万元，高于保额，保险人支付3万元赔款后结案。

二是分项总保险金额制，其要求每一分项的实际赔款控制在各分项保额内，且实际赔款总额控制在总保险额度内。例如，某家庭财产保险单列明总保额为30 000元（其中家具10 000元、家用电器10 000元、衣物10 000元），发生保险责任范围内的保险事故后，确认保险财产的实际损失为家具13 000元、家用电器9 000元、衣物9 000元，总损失为31 000元。按照分项总保险金额制，保险人实际赔款为28 000元（其中家具10 000元、家用电器9 000元、衣物9 000元）。

（5）家庭财产保险的主要种类。

目前，我国各保险公司的家庭财产保险产品除了普通家庭财产保险外，还有家庭财产两全保险、家庭财产长效还本保险等，这些险种集保障性、储蓄性、投资性于一体，属于投资型财产保险，符合当前大多数居民既需要保险保障，又需要资金保值增值、风险较小的消费心理，满足了居民投保的新需求。

一是普通家庭财产保险。普通家庭财产保险的保险标的为室内财产，包括家用电器和文体娱乐用品、衣物和床上用品、家具及其他生活用品。而诸如金银、珠宝、钻石、字画、邮票、艺术品、古玩、货币、有价证券、票证、书籍、食品、烟酒、种植物等需要专业鉴定人员确定价值或难以估算价值的财产，不在保障范围之内。普通家庭财产保险的保险期限为1年，没有特殊原因，中途不得退保，保险期满后，所缴纳的保险费不得退还，期满续保需要重新办理手续。

二是家庭财产两全保险。家庭财产两全保险具有灾害补偿和储蓄的双重性质，其承保范围和保险责任与普通家庭财产保险相同，但具体赔付情况不同。投保时，投保人缴纳固定的保险储金，储金的利息转作保费，保险期满时，无论在保险期内是否发生赔偿，保险储金均返还投保人，这样家庭财产和保险储金即获得两全。在保险期限内，如果被保险人因故要求退保，可向保险公司提出申请，经保险公司同意后，交还保险单和保险储金收据，并取回扣除已保期限应交保险费后的余额。家庭财产两全保险的保险期限有2年、5年等不同期限，期满续保需要另办手续。在同一保险年度内，不论一次或多次出险，只要保险公司累计赔付没有达到保险金额，保险公司仍然承担余下保额的保险责任；反之，一旦赔款数额达到保险金额，该保险年度的保险责任即告终止。

三是家庭财产长效还本保险。家庭财产长效还本保险是对家庭财产两全保险的完善，其最大的特点是可续转，即只要被保险人不提出退保申请，保险责任就会长期延续下去。即使发生了保险事故，保险人向被保险人支付了全部保险金额的赔款，只要投保人不要求保险人退还储蓄金额，这笔储蓄金额将自动为投保人开立一份新的保险单。

四是家庭财产综合保险。家庭财产综合保险是近年来新推出的险种，它具有保障和投资理财的功能，其承保范围由房屋及其附属设备、室内装潢和室内财产三大部分组成，投保人可以自由选择其中的项目进行投保，其中，前两项的保险金额由投保人自行确定，室内财产以各项财产的实际价值确定。家庭财产综合保险的保险期限有1年、3年、5年三种。家庭财产综合保险有多种附加险，包括房屋及其附属设备盗抢险，家用电器用电安全保险，现金、首饰盗抢险，管道破裂及水渍保险，自行车盗窃保险，第三者责任保险等。

2. 汽车保险

汽车保险是机动车辆保险的简称，是指对机动车辆由于自然灾害或意外事故所造成的人身伤亡或财产损失负赔偿责任的一种商业保险。机动车辆包括汽车、电车、电瓶车、摩托车、拖拉机，以及各种专用机械车、特种车。

汽车保险为不定值保险，分为基本险和附加险，其中附加险不能独立投保。基本险包括车辆损失险和第三者责任险；附加险包括全车盗抢险、车上责任险、无过失责任险、玻璃单独破碎险、车辆停驶损失险、自燃损失险、新增设备损失险、不计免赔特约险等。

五、责任保险

责任保险，是指以被保险人发生事故的损害赔偿作为保险标的的保险，即代替被保险人承担对第三者的损害赔偿责任。责任保险一般是以各种附加险的形式与其他保险产品共同出售的，但是也存在一些可以单独办理的责任保险。责任保险的主要类别有职业责任保险、雇主责任保险、产品责任保险、个人责任保险等。

（一）职业责任保险

医疗责任保险，又称医生失职保险，其承保医务人员或其前任由于医疗责任事故而导致病人的死亡或伤残、病情加剧、痛苦增加等，受害者或其家属要求赔偿且依法应当由医疗方负责的经济赔偿责任。

医疗责任保险以医院或医务人员为投保对象，普遍采用以索赔为基础的承保方式。在西方国家，医疗责任保险是职业责任保险中最主要的业务来源。

近年来，医疗纠纷索赔现象日渐增多。医疗责任保险不仅可以弥补病人的损失，更为医院提供了保障。依法设立有固定场所的医疗机构，经国家有关部门认定合格的医务人员，均可通过购买医疗责任保险实现风险的转移。

律师责任保险承保被保险人或其前任作为律师在自己的能力范围内，在职业的服务中发生的一切疏忽行为、错误或遗漏过失行为所导致的法律赔偿责任，包括一切侮辱、诽谤以及赔偿被保险人在工作中发生的或造成的对第三者的人身伤害或财产损失的赔偿责任。

律师责任保险的承保基础可以以事故发生或索赔为依据确定，其通常采用主保单（如法律过失责任保险）和额外责任保险单（扩展限额）相结合的承保办法。此外，还有免赔额的规定，其除外责任一般包括被保险人的不诚实、欺诈犯罪、居心不良等行为责任。精神损害，也不属于保险责任。

董事责任保险是以董事、经理向公司或第三者（如股东、债权人等）承担民事赔偿责任作为保险标的的一种保险。

在现代市场经济条件下，董事、经理等经营者的风险、义务、责任日益加重。为了最大限度地激励优秀的经营者大胆从事工商业活动，为股东谋取更大的利益，西方国家的公司法往往规定董事责任保险制度，对董事、经理在经营中的某些过失责任运用保险机制分散其风险。

职业责任保险种类繁多，涉及许多行业的风险转移，除了上述几种类型外，还有注册会计师责任保险、美容师责任保险、物流责任保险等。

（二）雇主责任保险

雇主责任保险，又称劳工灾害赔偿保险，是指被保险人所雇用的员工在受雇过程中从事保险单所载明的与被保险人的业务有关的工作时，因遭受意外事故而受伤、残废或因患有与业务有关的职业性疾病所致伤残或死亡，被保险人根据法律或雇佣合同须负担医药费用及经济赔偿责任，包括应支出的诉讼费用，由保险人在规定的赔偿限额内负责赔偿的一种保险。

雇主责任保险的赔偿额度分为死亡和伤残两种情况。死亡按保单规定的最高赔偿额度办理。伤残又分为三种情况：永久丧失全部工作能力，按保单规定的最高赔偿额度办理；永久丧失部分工作能力，按受伤部位及程度，参照保单所规定的赔偿比例乘以保单所规定的赔偿额度确定；暂时丧失工作能力超过5天的，经医生证明，按被雇佣人员的工资给予赔偿。

雇主责任保险还规定了两项附加险：医疗费保险和第三者责任保险。

（三）产品责任保险

产品责任保险承保产品制造者、销售者、修理者等因其生产、销售、修理的产品存在缺陷而造成消费者在使用过程中发生事故，导致人身伤害、疾病、死亡或财产损失，依法应由被保险人承担的经济赔偿责任。

随着现代社会的发展，商品种类日益繁多，因产品质量问题引发的消费者人身或财产损失事件层出不穷，为了保障消费者的合法权益，各国相继制定了相关的产品责任法，增强了生产者和销售者的责任。美国是世界上关于产品责任保险制定最为完善的国家之一，我国的产品责任保险从20世纪80年代中期以来有所发展，目前尚未形成独立的业务体系，其发展前景相当广阔。

（四）个人责任保险

个人责任保险是公共责任保险的一种，主要承保私人住宅及个人在日常生活中所造成的损害赔偿责任，任何个人或家庭都可以将自己或自己的所有物（动物、静物），或者能够造成损害他人利益的责任风险，通过投保个人责任保险而转移给保险人。个人责任保险主要有住宅责任保险、综合个人保险和个人职业保险等。

六、信用保证保险

信用保证保险，是指以经济合同所制定的有形财产或预期应得的保险利益作为保险标的的保险。

（一）信用保险

信用保险是权利人向保险人投保债务人（义务人）的信用风险的保险业务。例如，货物出口方担心进口方拖欠货款而要求保险人为其提供保险，保证其在遇到特殊情况遭受经济损失时，由保险人赔偿。

（二）保证保险

保证保险是债务人（义务人）投保自己的信用的保险业务。例如，某工程承包合同规定，承包人应在签订合同后的1年零6个月内交工，业主（权利人）为能按时接收工程，要求承包人购买履约保证保险。假如在约定条件下承包人不能按时交付工程项目，而给权利人造成经济损失，则由保险人负责赔偿。

信用保证保险是一类新兴保险业务，相对于一般财产保险和人寿保险来说，其发展历史不长。信用保证保险同财产保险和责任保险一起，构成了整个财产保险体系。

七、投资理财型保险

投资理财型保险最大的特点是，既有保障功能又有理财功能，能够抵御通货膨胀。投资理财型保险主要包括分红保险、投资连结保险和万能人寿保险。从严格意义上讲，分红保险和万能人寿保险属于理财类产品，投资连结保险属于投资类产品。

（一）分红保险

分红保险，是指保险公司在每个会计年度结束后，将上一会计年度该类分红保险的实际经营成果优于定价假设的盈余，按一定的比例以现金红利或增值红利的方式分配给客户的一种人寿保险。

分红保险保单持有人在获取保险保障之外，还可以获取保险公司的分红，即与保险公司共享经营成果。在某些发达国家和地区，分红保险已经应用了200多年，其是抵御通货膨胀和利率风险的主力险种。在北美地区，80%以上的寿险产品具有分红功能；在德国，分红保险占该国人寿保险市场的85%；在中国香港，人寿保险市场份额的90%都是分红保险。

（二）投资连结保险

投资连结保险，是指保险公司对收进来的资本（保费），除了提供给客户保险额度外，还会进行投资标的的连结，让客户可以享受到投资利益。

投资连结保险的保单持有人在获取保险保障之外，还至少在一个投资账户内拥有一定的资产价值。投资连结保险的保险费在保险公司扣除死亡风险保险费后，剩余部分直接划转到客户的投资账户内，保险公司根据客户事先选择的投资方式和投资渠道进行投资。其中，投资部分的回报率是不固定的，保单价值将根据保险公司实际投资收益的情况确定。

（三）万能人寿保险

万能人寿保险，又称万用人寿保险，是指具有保险保障功能并设立有单独保单账户，且保单账户价值提供最低收益保证的人寿保险。保险公司按照当期给付的数额、当期的费用、当期保险单的现金价值等变量确定投资收益的分配，并向保单持有人书面报告。

万能人寿保险具有成本透明、可投资、弹性大的特征。万能人寿保险之所以“万能”，是因为投保人在投保后可以根据人生不同阶段的保障需求和财力状况调整保额、保费和缴费期，以确定保障与投资的最佳比例，让有限的资金发挥最大的作用。例如，保险期间投保人甚至可以暂时缓交、停交保险费，从而改变保险金额。

第三节　个人保险规划的制订

一、个人保险的基本原则

（一）量入为出原则

保险是一种契约行为，属于经济活动范畴。投保人购买保险，能够防范各种风险，但这是以支付一定的费用为代价的，即以保险费来获得保险保障。投保的险种越多、保险金额越高、保险期限越长，保障范围就越大，由此需要支付的保险费也就越多。投保时，客户要根据自己的经济实力量力而行。例如，20岁左右的年轻人，就不宜购买大额的保险。因为处于这个年龄段的年轻人，职业生涯刚刚开始，收入较不稳定，一旦经济收入状况出现波动，就很难继续缴纳高额的保险费，到时如果退保就会造成损失，而不退保又实在难以维持，处于两难境地。作为一个理智的投资者，应该根据自身的年龄、职业和收入等实际情况，适当购买人身保险。这样既能在经济上有能力长时期承担相应费用，又能得到应有的保障。

一般而言，每年所缴纳的保险费以个人或家庭每年可支配所得的10%为宜。人寿保险的储蓄功能，是准备子女教育基金、个人或家庭中长期储蓄、退休养老等最稳健的理财方式之一，此部分每年所缴纳的保险费，应不超过个人或家庭每年可支配所得减除应支付各项生活费用的余额。人寿保险的保险金额一般确定为一个人年收入的3倍左右，例如，一个人每月收入为5 000元，则保险金额确定为180 000元比较合适。而意外险的保险金额一般确定为一个人年收入的10倍左右。

（二）“四个先保”原则

一是遵循家庭无法承担的风险或者对家庭财务影响较大的风险先保的原则。风险管理的目的是，利用最小的经济成本获得最大的经济保障。家庭风险管理规划要求对家庭风险进行分析，找出可能对家庭造成严重影响的风险因素，优先制订合理的风险管理规划来规避风险。二是先大人后子女的原则。大人是家庭经济的支柱，应优先为大人投保高保障的寿险或健康保险，然后为子女投保教育和医疗险。三是先保障后储蓄的原则。优先选择纯保障型的险种，如疾病和意外等险种，再考虑利用寿险储蓄一笔急用的免税的现金。一般来说，人们选择保险主要就是选择保险保障产品，如果选择理财产品，则可以购买基金、国债、股票等。当然，保险公司的许多产品也会有理财功能，但都是以保险保障为主，以理财为辅。因此，在选择保险产品的过程中，投保人不能本末倒置，应该理性思考，做出合理的选择。四是先家庭支柱人员后其他人员的原则。家庭支柱人员一旦发生事故，会使家庭收入大幅度下降，从而使家庭生活水平急剧下降。

（三）合理搭配险种原则

投保人身保险时，投保人可以利用不同的险种形成保险组合，如购买一两个主险，再附加意外伤害保险、重大疾病保险，使被保险人得到全面保障。但是，在全面考虑所有需要投保的项目时，还需要进行综合安排，应避免重复投保，提高投保资金的利用效率。例如，如果因工作原因需要经常长途出差，那么投保人就应该购买一项专门的人身意外伤害保险，而不是每次出行都购买乘客人身意外保险，因为这样做不仅可以节省保费，还可以在其他情况下出现人身意外伤害时得到赔偿。也就是说，如果投保人准备购买多项保险，则应当尽量以综合的方式投保。因为综合投保方式可以避免各个单独保单之间可能出现的重复现象，从而节省保费，获得较大的费率优惠。

二、个人保险规划的制订步骤

（一）分析个人的风险和损失

确定和评估风险是风险管理过程中的重要一步。不少人会忽略这一点，主要是因为他们认为风险不会降临，而另一些人则是因为他们无法发现所面临的严重风险。在制订个人保险规划之前，首先要弄清个人所面临的风险及相应的损失类型。个人面临的风险主要有三种类型：人身风险、财产风险和责任风险。

1. 人身风险和损失

家庭是社会的基本单位，每个人在家庭中扮演着不同的角色，既包括家庭收入来源者，又包括纯粹的消费者或受抚养人。个人的人身损失风险主要表现在两个方面：一是收入的终止或减少。在一个家庭中，收入来源者的生命价值相对较高，其死亡、残疾、失业和退休都将导致家庭收入的终止或减少，从而对家庭生活造成重大的经济影响。二是额外费用的增加。任何家庭成员都可能因为死亡而发生丧葬费用，以及生病、受伤带来的医疗和护理等额外费用。

除了死亡风险外，个人还会面临健康、退休、失业等方面的风险。虽然纯粹的商业保险对退休和失业风险提供保障的险种较少，但是这些风险所带来的财务风险都可以通过购买人身保险的方式来进行合理的规划。首先是退休的财务风险。一般而言，退休意味着收入能力的减弱，其生命的经济价值已经非常有限，即死亡损失已经很小，但是退休后仍可能发生严重的财务风险，其主要原因是死亡时间的不确定性。随着科技的进步、生活水平的提高，人类的寿命期望不断提高。如果实际寿命远远高于预期寿命，则可能会因工作期间积累的退休资金不足而无法满足退休后个人和家庭的生活需要。因此，人们需要在事前有效地做出计划和安排。其次是健康风险。健康风险包括疾病和残疾风险，它们对个人产生的经济影响主要表现在收入损失和医疗费用增加两个方面。由于疾病风险的普遍性、多变性和社会性，任何个人都无法完全规避该类风险。如果患病者或残疾者是家庭的主要收入者，那么由此造成的家庭财务压力将远远高于死亡风险。最后是失业风险。家庭主要收入者的失业往往意味着收入能力的终止或暂时终止，这会影响家庭的经济安全，但其影响程度低于疾病和残疾风险。通常，社会保险为失业提供了一定的收入保障，可以缓解失业期间的财务困难，并有助于再就业。在保险市场中，商业性的失业保险是罕见的，因此，失业风险一般需要采取商业保险以外的风险处理技术。

2. 财产风险和损失

家庭财产面临着多种风险，这些风险可能导致的损失后果多种多样，但总体来说可以归纳为财产价值的直接损失和间接损失。当财产直接被损坏或损毁后，财产本身将遭受价值的减损，如水灾、地震等灾害造成的房屋倒塌、电器毁损等。此外，财产受损后，为了维持基本的生活需求，所有者还需要付出一些额外的支出，如房屋租金、电器修理和购置费用等，这些支出可以看作财产价值的间接损失。如果原有住宅的部分房间用于出租，则住房受损后，租金收入损失则是其带来的间接损失。

3. 责任风险和损失

责任风险是个人、家庭或机构造成另一个人、家庭或机构伤害时，对受害方的经济损失后果负有法律责任，其伤害包括身体伤害、财产损坏、精神折磨、声誉损失、侵犯隐私等多种形式。责任风险至少会给个人造成损害赔偿金和法律费用两类损失。损害赔偿金是指责任人对受害人的损失或伤害给予补偿的金额。在多数简单案例中，损害赔偿金的具体金额由双方当事人及其法律代表相互协商确定，但也有不少案件必须通过法院审理和判决来确定损害赔偿的具体金额。此外，责任损失还包括律师费用、调查费用、记录费用等诉讼辩护所需的法律费用。

（二）确定保险标的

确定保险标的是购买保险的先决条件。保险标的是指作为保险对象的财产及其相关利益，或者人的寿命和身体。投保人可以以其本人、与本人有着密切关系的人、他们所拥有的财产以及他们可能承担的民事责任作为保险标的。

保险利益是指投保人或被保险人对保险标的所具有的法律上承认的利益。法律一般规定，投保人对保险标的应当具有保险利益，如果投保人对保险标的不具有保险利益，则保险合同无效。投保人对保险标的具有保险利益要具备三个条件：①必须是合法利益。任何人通过贪污、盗窃、欺骗等手段取得的财产均无保险利益；只有法律认可的、受法律保护的利益才可能是保险利益。②必须是确定的利益。在客观实际中已经存在的利益和预期利益才可能是保险利益。已经存在的利益是指现实的利益；预期利益是指由现有利益产生的将来可以获得的利益，如出租房屋可以预期得到的租金收入就属于预期利益。③必须是可以用货币衡量的经济利益。例如，精神创伤属于主观利益，就不能作为保险合同的保险利益。确定保险利益后，便可以确定投保人转移风险的经济额度，保险利益也是保险人确定其承担最高责任限额的重要依据，还是投保人缴纳保险费的依据。

【知识拓展 4-5】

可保利益的由来

一般来说，各国的保险法律均规定，只有对保险标的具有可保利益，才能为其投保，否则，这种投保行为是无效的。可保利益的由来可以追溯到18世纪的英国。当时，被保险人并不是通过自己申请保险单，而是由第三人提出申请，被保险人只是保险对象。被保险人经常不知道谁获得了保险金，甚至不知道保险人是以被保险人的生命签发保单的。曾经有一段时期，“打赌某些社会名人能再活几天”成了一项热门的活动，很多人并不认识这些社会名人，但他们以这些社会名人的生命为保险标的获得了保单。这种打赌的恶意本质震惊了当时以保守著称的英国公民的认知，因为这种“恶性赌博”可能会诱使受益人去恶意伤害被保险人。1774年，英国下议院采取强制措施终止了这种“恶性赌博”行为。英国下议院颁布相关法律取消了所有投保人或受益人与被保险人没有利益关系或以赌博方式签发的寿险保单。因此，可保利益旨在防止人们以他人的生命进行赌博行为的发生。

资料来源：刘伟．个人理财［M］．3版．上海：上海财经大学出版社，2014.

（三）确定保险产品

保险险种的选择是个人保险规划的重要内容，对于不够熟悉保险的投保人来说，其是一项较为困难的选择。

选择合适险种的依据是个人面临的风险。不同的险种所处理的风险不同，所以，人们在进行个人保险规划时，必须清楚地分析和认识到个人所面临的风险类型。

人的一生中所处的时期不同，所面临的风险也不一样；所处的环境（如生活环境、工作环境等）不同，所面临的风险也不一样。因此，选择险种时，需要重点考虑的是个人所处的人生阶段与环境。

人生的每个阶段都面临着不同的风险。从保险规划的角度来说，可以将人生划分为成年之前、单身贵族、组建家庭、为人父母和退休养老五个阶段。

1. 成年之前

参考年龄段为0～17周岁。这是父母给孩子购买保险的阶段。一般来说，保险购买得越早，费率越低，孩子也能越早获得保障。但是，这个阶段一般不建议家长给孩子购买终身险，购买终身险应该是孩子成人后自己需要考虑的，父母针对孩子的成长过程主要应该考虑三个方面的需要，即意外、医疗和教育。如果在这一阶段考虑为孩子进行保险规划，还可依据孩子的年龄进行如下细分：

0～8周岁属于幼儿时期。由于学龄前儿童的身体抵抗能力较差，容易感染一些流行性疾病，因此建议以购买住院医疗补偿型的险种为主，以购买教育保险为辅。

9～17周岁属于青少年时期。青少年的身体抵抗能力明显增强，但比较多动，意外伤害风险加大，同时，教育费用大幅度提升，由于学生在校期间大多已经购买附加住院医疗的意外伤害保险，因此建议以购买教育保险为主。

2. 单身贵族

参考年龄段为18～27周岁。这段时期的年轻人收入较低且不稳定，但日常花销较大，保险的需求应以自身保障为主。由于年轻人喜欢户外运动、旅游，风险主要来自意外伤害，因此购买意外伤害保险是必不可少的，可以选择定期寿险附加意外伤害保险和意外伤害医疗保险的组合。在发生意外事故时，年轻人可以得到充分的赔偿用于治疗和渡过受伤后的难关；若发生身故，也可以为父母提供抚恤金用于晚年的生活费用。虽然年轻人的身体较为健康，发生疾病的概率相对较小，但是如果资金预算充裕，也可以购买重大疾病保险，在发生重大疾病时可分担一部分庞大的医疗费用。

3. 组建家庭

参考年龄段为28～35周岁。相爱的两个人结合，但风险不会因为爱情的美好而离开，所以，除了对自己的父母负责外，还多了一份责任，那就是对自己的爱人负责。由于家庭的负担变重，购买保险时应当考虑整个家庭的风险和责任，因此建议夫妻双方可以选择保障性高的终身寿险，再附加定期寿险、意外伤害保险、重大疾病险和医疗保险等。另外，可以购买适量的两全保险，以储备将来拥有孩子后的教育经费以及自身年老后的养老金。一般来说，夫妻双方的保险总额应当为家庭年收入的5～8倍，保费支出应当控制在家庭年收入的10%以内。因此，调整好储蓄型和保障型险种的比例非常重要，如果预算有限，这一时期保险规划的设计原则应以家庭收入贡献较大者为主。这一阶段可以适当选择适合长期投资、保费和保险金额灵活可变的万能寿险。

4. 为人父母

参考年龄段为36～45周岁。这是人生最辛苦的“上有老，下有小”的“夹心”阶段，考虑要面面俱到，所以，家庭投保的方式要以家庭保险套餐为主。针对该阶段三口之家、四口之家的特点，部分保险公司推出了适合全家投保的家庭保障计划。只要一人投保储蓄性较重的主险，其他家庭成员即可投保保障性较强的附加险，获得高额的保障，从而可以有效解决保费预算不足的问题。保险金额和保费比例都要优先为家庭经济支柱做好保险保障。另外，这一阶段的家庭设施越来越齐全，每年可以投保一份家庭财产险，以减少发生意外事故或失窃以后给家庭财产带来的损失。

5. 退休养老

参考年龄段为46～60周岁。这一阶段的主打险种为养老保险。随着人们平均寿命的延长，退休后的生活保障在迈向人口老龄化的今天显得十分重要。如何提前为自己安排好老年生活是关系未来生活保障的一件大事，也能在一定程度上减轻子女的经济负担。在这一阶段，原先抚养子女、赡养老人的负担逐渐减轻，收入水平也逐渐提升到最高点，但距离退休的日子也越来越近，因此为自己做好养老规划是必要的。在前几个年龄阶段延续下来的人身、意外、医疗保障等保险都比较充分的情况下，此阶段购买的保险要以年金型养老保险为主。在制订保险规划时，最好是将日后的交际费用与疾病医疗费用均列入计算范围。46周岁以后购买养老保险有了强迫储蓄的功能，为了维持契约的持续有效，人们会督促自己按时缴纳保费。而老年保险规划的另一个重点是税赋问题，按照国际惯例，保险金一般不作为遗产继承，不计入遗产总额扣税，所以，成功的保险规划也是留给子女最好的财富。

（四）确定保险金额和保险期限

在确定保险产品的种类之后，就需要确定保险金额。保险金额是指当保险合同约定的保险事故发生时，保险公司所赔付的最高金额。一般来说，保险金额的确定应该以财产的实际价值和人身的评估价值为依据。

财产的价值比较容易计算。对于一般财产，如家用电器，财产保险的保险金额由投保人根据可保财产的实际价值自行确定，也可以按照重置价值，即重新购买同样财产所需的价值确定。对于特殊财产，如古董、珍藏品等，则需要专家评估。购买财产保险时，一般投保人会选择足额投保，因为只有这样在发生意外灾难时，才能获得足额的赔偿。

人寿保险的保险金额较难确定。严格来说，人的价值是无法估量的。在保险行业，关于“人的价值”存在一些常用的评估方法，如生命价值法、财务需求法、资产保存法等。需要注意的是，随着投保人年龄的增长，其生命价值和家庭财务需求逐渐变小，因此需要重新评估其价值，保险金额也会面临调整。

在确定保险金额之后，就需要明确保险期限。保险期限的长短与保险金额、险种密切相关。对财产保险、意外伤害保险、健康保险等而言，一般多为中短期保险合同，如半年或者1年，但是在保险期满之后可以选择续保或者停止投保。对人寿保险而言，保险期限一般较长，如15年、25年甚至到被保险人死亡为止。在为个人制订保险计划时，应该将长短期险种结合起来综合考虑。对于投资类保险，最好选择较长的保险期限，这样才有可能获得比较满意的收益。

（五）确定保险公司

保险公司的选择直接关系到保险保障的收益能否顺利实现。保险公司的优劣可以从公司经营理念、财务实力、理赔记录、服务质量等方面加以考察。投保人可以通过以下途径获得保险公司的相关信息：

1. 从保险公司和销售人员披露的信息了解公司状况

通过保险公司的宣传资料、对外公布的财务报表等可以了解保险公司的经营理念、财务实力和服务质量等方面的信息。但是由于商业利益的驱使，这些信息容易片面地宣传保险公司好的一面，而隐藏其不利的一面。因此，投保人需要保持清醒的头脑，可以通过销售人员的言行举止、业务知识和资格证书等方面加以判断和选择。

2. 从相关监管机构获得信息

从相关监管机构获得的信息主要包括保险公司的统计信息、年度信息和监管与处罚信息等，这些信息具有权威性，也是判断保险公司理赔信息和服务质量的主要标准。例如，如果某保险公司在理赔时违反相关法律规定，受到监管部门的行政处罚，则投保人在选择该保险公司时要格外注意，以免在日后的理赔中发生争执，给自己带来不必要的麻烦。

3. 从其他渠道获得信息

从其他渠道获得的信息包括媒体报道、社会舆论等方面的信息，这些信息往往包含消费者对保险公司的评价，因此，此类信息更加具有针对性。投保人可以从报纸杂志了解保险公司的资本金、准备金及其资金运用情况。一般来说，保险公司的资本金越多，承保能力越强，偿付能力也就越强。此外，客户可以通过社会评价了解保险公司的服务质量，了解是否可以轻松获得理赔，了解是否可以轻松获得变更地址、领取保险金等服务。

（六）动态监测保险规划

随着人的生命周期的变化，个人和家庭所面临的风险也在发生改变。因此，当个人或家庭所处的环境发生变化时，应当重新考虑风险的管理和控制计划，相应地调整保险组合。一般而言，每年一次的审查是必要的。

【案例展示4-2】

三口之家的保险投资理财规划

刘女士今年30岁，普通工薪阶层，年收入约5万元，其丈夫的年收入约11万元。

家庭其他收入：房屋出租，租金每月1 500元。

每年固定支出：孩子大病及意外保险1 780元；孩子早教班学费2 300元。

每月固定支出：汽车油费600元左右，生活开销1 000元，衣服物品800元左右，赡养父母、人情往来1 200元。

家庭现有资产：银行固定存款5万元，理财资金6万元；一套两居室住房，市值60万元；私家车一辆，市值15万元；无其他负债。

财务状况分析如下：

刘女士的家庭资产负债率低于50%的临界水平，主要体现为无房贷、无车贷。若家庭储蓄率较高，可以适度增加负债，通过财务杠杆增加资产存量。家庭短期偿债能力较强，可以有足够的流动性资产支付消费性负债。

目前，刘女士的家庭财务变现能力不明，建议家庭可用的应急资金维持在现有每月开销的6倍左右，这样即使在没有收入来源的情况下，也可以支撑半年的生活开销。如果没有这样的资金安排，建议增加目前家庭留存的现金比例。

另外，刘女士的家庭保险保障不足，在风险发生时不能对其有效地防御或控制，建议在保费预算内增加保额。

目前，刘女士的家庭盈余能力指标是正常的，表明刘女士有较强的控制开支和增加资产的能力。刘女士的家庭每月能有1万元的结余资金，可以通过合理的投资来实现未来家庭的各项理财目标，积极开源，提高储蓄金额。

建议刘女士增加保障型资产的配置。所谓保障型资产，是指当个人遭遇不可预见的风险，如重大疾病、意外事故等情况时，该部分资产可以让家庭有能力继续保持之前的生活水平，不会对家庭的财务状况产生巨大影响。为了规避该类风险，市场上通常选用各类保险作为主要方式。根据刘女士的家庭情况，建议夫妇二人自身配置人身寿险、重大疾病保险和意外伤害保险，保费金额配置为年收益的10%。保障金额以子女成年之前所需要的教育和生活费用总和为宜。这样即便刘女士在工作中遇到意外而无法继续正常工作，该类保险也能保障子女的成长无忧。

资料来源：刘亮. 个人理财［M］. 北京：人民邮电出版社，2016.

【实训任务4-1】今年35岁的李先生是一个私营业主，从事家具生产，拥有价值200万元的生产设备和厂房，每年平均可以从中获得税后收入20万元。其妻子今年32岁，日常在家做家务和照顾3岁的儿子。家庭现有银行活期存款10万元，今年购买了一套价值100万元的住房，房款已经全部付清，还拥有价值15万元的汽车。家庭日常开支每月平均10 000元。李先生平日工作繁忙，没有时间理财，而他的妻子每天忙于家务和照看孩子，也无暇打理资产。由于家庭正处于起步期，李先生又是家庭的经济支柱，因此，他考虑购买一定的保险，以增加个人、家庭和企业的保障。

你会给李先生哪些方面的保险购买建议，以使他能够安心地发展自己的事业？

任务要求：

1.调查几家保险公司提供的各类保险产品，要求详细了解各类保险产品的特点，并对保险公司提供的保险产品进行对比，找出适合李先生的特色产品。

参考答案

2.选择人身保险的购买。

（1）选择适合李先生及其家庭成员的人寿保险产品。

（2）选择适合李先生及其家庭成员的意外伤害保险产品。

（3）选择适合李先生及其家庭成员的健康保险产品。

3.重点关注。

（1）比较各种保险产品的特点。

（2）考虑所购保险对李先生及其家庭的影响。

4.选择财产保险的购买。

（1）若李先生购买自住房的财产保险产品，其保障范围应包括哪些方面比较合适？

（2）李先生的企业是否需要购买财产保险产品？若需要，应购买何种财产保险产品？

【本章小结】

1.风险的构成要素包括风险因素、风险事故和风险损失。并非所有的纯粹风险都是可保风险，纯粹风险成为可保风险必须满足的条件包括：损失程度较高、损失发生的概率较小、损失具有确定的概率分布、存在大量具有同质风险的保险标的、损失的发生必须是意外的和非故意的、损失的确定性。

2.保险是指投保人根据保险合同的约定，向保险人支付保险费，保险人对于合同约定的可能发生的事故因其发生所造成的财产损失承担赔偿保险金责任，或者当被保险人死亡、伤残、疾病或者达到合同约定的年龄、期限时承担给付保险金责任的行为。保险具有经济补偿、资金融通和社会管理功能。保险根据不同的划分标准可分为不同的种类，其中常见的划分标准是根据保险标的的不同，可分为财产保险、人身保险、责任保险和信用保证保险。另外，还有投资理财型保险，其包括分红保险、投资连结保险和万能人寿保险。

3.个人保险规划的原则有量入为出原则、“四个先保”原则和合理搭配险种原则。个人保险规划的步骤包括：分析个人的风险和损失、确定保险标的、确定保险产品、确定保险金额和保险期限、确定保险公司、动态监测保险规划。

【复习与思考题】

一、单项选择题

1.下列各项中，最需要购买人寿保险的是（　　）。

A.退休工人老王　　B.大学生张三

C.单身、父母有经济能力的李四　　D.孩子上学、妻子无工作的赵明

2.以保险标的为分类标准，保险可分为（　　）。

A.商业保险和社会保险　　B.财产保险和人身保险

C.投机保险和纯粹保险　　D.寿险和非寿险

3.在评估一家保险公司的财务健全程度时，可使用的比较简单的方法是（　　）。

A.是否拥有较高的责任准备金

B.公司资产的多寡

C.参考专业评级机构对保险公司的评鉴

D.是否拥有较高额度的有效契约

4.保险的基本特征是（　　），它充分体现了“一人为众，众为一人”的思想。

A.科学性　　B.法律性　　C.经济性　　D.互助性

5.以下内容不属于生死两全保险特点的是（　　）。

A.保险费率低　　B.储蓄性　　C.保险费率高　　D.承担责任全面

二、简答题

1.简述保险的基本职能和派生职能。

2.简述终身人寿保险的特点。

3.定期人寿保险的适用人群有哪些？

三、案例分析题

陈先生一家三口，陈先生40周岁，其妻子38周岁，其儿子10周岁。陈先生拥有自己的公司，每年获得稳定收入100万元；投资基金100万元、股票10万元，每月定投基金1万元；银行存款220万元，作为公司的流动资金；拥有一套价值230万元的别墅和一套价值120万元的普通住房，普通住房的每年出租金额为4万元，无房贷；拥有一辆价值30万元的私家车，无车贷。陈先生一家三口每年出国旅游2次，旅游年均花费为10万元，家庭日常开支每月1万元，每年给双方父母赡养费共计4万元。

目前，陈先生有社保，无任何商业保险；其妻子无社保和任何商业保险；其儿子有学校的学平险，每年50元。

要求：根据陈先生的家庭经济情况制订一套合理的保险理财方案。

参考答案

第五章

股票投资规划

学习目标

1. 了解股票投资有关的概念和基础知识；
2. 掌握股票价值分析的主要概念；
3. 掌握股票投资价值分析的方法；
4. 熟悉股票投资分析的主要策略和技巧；
5. 树立专业胜任、严谨务实、理性投资的职业素养。

【引导案例】

2023年2月17日，中国证监会发布全面实行股票发行注册制相关制度规则，自公布之日起施行。证券交易所、全国股转公司、中国结算、中证金融、中国证券业协会配套制度规则同步发布实施。2023年4月10日，中国证监会主席易会满在沪深交易所主板注册制首批企业上市仪式上表示：这次上市仪式的举行，标志着股票发行注册制改革全面落地，这是我国资本市场改革发展又一个重要里程碑。让我们在习近平新时代中国特色社会主义思想指引下，深入贯彻党的二十大精神，共同推动注册制改革走稳走深走实，坚定不移走好中国特色现代资本市场发展之路，更好服务中国式现代化的大局。

本章将带领大家学习关于股票投资的基本知识和技巧，只有学习和积累丰富的投资知识，才能为股票市场上的“丰收”准备好肥沃的“土壤”。

第一节 股票概述

一、股票的概念、性质及特征

（一）股票的概念

股票是股份有限公司公开发行的、用以证明投资者的股东身份和权益，并据以获得股息和红利的凭证。股票一经发行，持有者即为发行股票的公司的股东，有权参与公司的决策，分享公司的利益，同时分担公司的责任和经营风险。股票一经认购，持有者不能以任何理由要求退还股本，只能通过证券市场将股票转让和出售。

股份制度的历史非常悠久，早在古罗马时期就存在股份制度。在古罗马时期，由包税人组织的股份委托公司被经济史专家认为是股份制度的前身。在封建制的中世纪时期，也曾出现过利用股份形式筹集资金的例子。在15世纪和16世纪时期，地中海沿岸城市的商业有了很大的发展，意大利的一些城市出现了采用入股集资的办法来兴办经营跨地区性的企业；当英国逐渐成为重要的贸易中心时，英国的重商主义者以入股的形式组织了许多贸易公司。例如，1553年，英国的莫斯科尔公司向社会公众发行股票240股，每股价格25英镑，总金额6 000英镑，是世界上最早的股份公司之一。莫斯科尔公司发行的股票可以互相转让，转让的价格随时间而不断变化，这样就形成了最初的股票市场。又如，1600年，在伊丽莎白一世的特许下，以桑德兰伯爵为首的一批冒险商人合股集资57 473英镑，成立了东印度公司。当时，在法国、荷兰、德国等国家也先后出现过一大批类似的公司。这些公司的特点是在发放股息和红利的同时，连同股本一起返还，原入股者再重新投资，每次入股的成员及其投资额均有所变化。

（二）股票的性质

1. 股票是一种有价证券

持有有价证券，一方面表示拥有一定价值量的财产，另一方面也表明有价证券持有者可以行使该证券所代表的权利。股票具有有价证券的特征：第一，虽然股票本身没有价值，但是股票是一种代表财产权的有价证券，包含股东依据其持有的股票要求股份公司按规定分配股息和红利的请求权；第二，股票与其代表的财产权有着不可分离的关系，二者合为一体。换言之，行使股票所代表的财产权，必须以持有股票为条件，股东权利的转让应与股票占有的转移同时进行，股票的转让就是股东权利的转让。

2. 股票是一种要式证券

要式证券需要记载一定的事项，其内容应全面真实，这些事项往往通过法律形式加以规定。股票应当具备《中华人民共和国公司法》规定的有关内容，如果缺少规定的要件，股票就无法律效力。

3. 股票是一种证权证券

证权证券是指证券是权利的一种物化的外在形式，它是权利的载体，而权利是已经存在的。股票代表的是股东的权利，它的发行是以股份的存在为条件的，股票只是将已经存在的股东权利表现为证券的形式，它的作用不是创造股东的权利，而是证明股东的权利。

4. 股票是一种资本证券

股份公司发行股票是一种吸引认购者投资以筹措公司自有资本的手段，对于认购股票的持有者来说，购买股票就是一种投资行为。但是，股票又不是一种现实的资本，而是一种虚拟的资本。股份公司通过发行股票筹措的资金，是公司用于营运的真实资本。

5. 股票是一种综合权利证券

股票持有者作为股份公司的股东，享有独立的股东权利。股东权利是一种综合权利，包括出席股东大会、投票表决、分配股息和红利等。

（三）股票的特征

1. 收益性

收益性是股票最基本的特征，是指持有股票可以为持有者带来收益的特性。持有股票的目的是获取收益。股票的收益主要有两类：一是股息和红利。认购股票后，持有者即对股份公司享有经济权益，可以从股份公司领取股息和分享红利。股息和红利的多少取决于股份公司的经营能力和盈利水平。二是资本利得。股票持有者可以持股票到市场上进行交易，当股票的市场价格高于买入价格时，卖出股票就可以赚取价差收益。这种价差收益被称为资本利得。

2. 风险性

风险性是指持有股票可能产生经济利益损失的特性。股票风险的内涵是预期收益的不确定性。股票可能给股票持有者带来收益，但这种收益是不确定的，股东能否获得预期的股息和红利，完全取决于股份公司的盈利情况，利大多分，利小少分，无利不分。当股份公司亏损时，股东要承担有限责任；当股份公司破产时，股东可能血本无归。股票的市场价格也会受股份公司的盈利水平、市场利率、宏观经济状况、政治局势等各种因素的影响而变化，如果股价下跌，股票持有者会因股票贬值而蒙受损失。

3. 流动性

流动性是指股票可以依法自由地进行交易的特征。虽然股票持有者不能直接从股份公司退股，但其可以在股票市场上通过卖出股票来变现，在收回投资（可能大于或小于原出资额）的同时，将股票所代表的股东身份及其各种权益让渡给受让者。因此，股票是流动性很强的证券。

4. 永久性

永久性是指股票所载有权利的有效性是始终不变的，因为其是一种无期限的法律凭证。股票的有效期与股份公司的存续期间相关联，二者是并存的关系。这种关系实质上反映了股东与股份公司之间稳定的经济关系。股票代表着股东的永久性投资，当然股票持有者可以出售股票而转让股东身份，而对股份公司而言，由于股东不会要求公司退股，因此通过发行股票筹集的资金，在公司存续期间是一笔稳定的自有资本。

5. 参与性

参与性是指股票持有者有权参与公司重大决策的特性。股票持有者作为股份公司的股东，有权出席股东大会，通过选举公司董事来实现其参与权。不过，股东参与公司重大决策的权利取决于其持有股票的数额，如果某股东持有的股票数额达到决策所需的有效票数时，就能实质性地影响公司的经营方针。

二、股票的分类

股份公司为了满足自身经营的需要，根据投资者的投资心理，会发行多种多样的股票，这些股票所代表的股东地位和股东权利各不相同。按照不同的标准，股票主要有以下基本类别：

（一）按照股东权利分类

按照股东权利分类，股票可分为普通股和优先股。

1. 普通股

普通股是随着企业利润变动而变动的一种股份，是股份公司资本构成中最普遍、最基本的股份，是股份公司资金的基础部分。普通股的基本特点是其投资收益（股息和分红）不是在购买时约定的，而是事后根据股份公司的经营业绩来确定的。公司经营业绩好，普通股收益就高；反之，公司经营业绩差，普通股收益就低。普通股是股份公司资本构成中最重要、最基本的股份，也是风险最大的股份，但其又是股票中最基本、最常见的一种股份。

2. 优先股

优先股是“普通股”的对称，是股份公司发行的在分配红利和剩余财产时相比普通股具有优先权的股份。优先股股东一般不能在中途向公司要求退股（少数可赎回的优先股除外）。

优先股的主要特征有两个：一是优先股通常预先确定股息收益率。由于优先股的股息收益率事先固定，因此，优先股的股息一般不会根据股份公司的经营情况而增减。虽然一般情况下优先股不能参与公司的分红，但是优先股可以先于普通股获得股息。对于股份公司来说，由于股息是固定的，因此不会影响到股份公司的利润分配。二是优先股的股东权利范围较小。优先股股东一般没有选举权和被选举权，对股份公司的重大经营无投票权。

【政策指引】

优先股试点管理办法（节选）

第一章　总　　则

第三条　上市公司可以发行优先股，非上市公众公司可以向特定对象发行优先股。

第六条　试点期间不允许发行在股息分配和剩余财产分配上具有不同优先顺序的优先股，但允许发行在其他条款上具有不同设置的优先股。

同一公司既发行强制分红优先股，又发行不含强制分红条款优先股的，不属于发行在股息分配上具有不同优先顺序的优先股。

第七条　相同条款的优先股应当具有同等权利。同次发行的相同条款优先股，每股发行的条件、价格和票面股息率应当相同；任何单位或者个人认购的股份，每股应当支付相同价额。

第三章　上市公司发行优先股

第四节　发行程序

第三十五条　上市公司申请发行优先股，董事会应当按照中国证监会有关信息披露规定，公开披露本次优先股发行预案，并依法就以下事项作出决议，提请股东大会批准。

（一）本次优先股的发行方案。

（二）向特定对象发行优先股且发行对象确定的，上市公司与相应发行对象签订的附条件生效的优先股认购合同。认购合同应当载明发行对象拟认购优先股的数量、认购价格或定价原则、票面股息率或其确定原则，以及其他必要条款。认购合同应当约定发行对象不得以竞价方式参与认购，且本次发行一经上市公司董事会、股东大会批准并经中国证监会注册，该合同即应生效。

（三）向特定对象发行优先股且发行对象尚未确定的，决议应包括发行对象的范围和资格、定价原则、发行数量或数量区间。

上市公司的控股股东、实际控制人或其控制的关联人参与认购本次向特定对象发行优先股的，按照前款第（二）项执行。

政策出台背景及利好信息

资料来源：《优先股试点管理办法》（中国证券监督管理委员会令第209号，2023年2月17日）.

（二）按照是否记载股东姓名分类

按照是否记载股东姓名分类，股票可分为记名股票和无记名股票。

1. 记名股票

所谓记名股票，是指将股东姓名记载于股票票面和股东名册的股票。一般来说，如果股票是归某人单独所有，则应记载持有者的姓名；如果股票是由国家授权投资的机构或者法人所持有，则应记载国家授权投资的机构或者法人的名称；持有者变更姓名或名称的，应当办理变更手续。《中华人民共和国公司法》规定，股份有限公司向发起人、法人、国家授权投资的机构发行的股票，为记名股票，并应当记载该发起人、机构或者法人的名称，不得另立户名或者以代表人姓名记名。对社会公众发行的股票，可以为记名股票，也可以为无记名股票。发行记名股票的，应当置备股东名册，记载以下事项：股东的姓名或者名称及住所、各股东所持股份数量、各股东所持股票的编号、各股东取得股份的日期。

2. 无记名股票

所谓无记名股票，是指在股票票面和股东名册上不记载股东姓名的股票，又称不记名股票。不记名股票发行时一般留有存根联，其内容由两部分组成：一部分是股票的主体，记载了有关公司的事项，如公司名称、股票所代表的股数等；另一部分是股息，用于进行股息结算和行使增资权利。《中华人民共和国公司法》规定，股份有限公司对社会公众发行的股票，可以为记名股票，也可以为无记名股票。发行无记名股票的，公司应当记载其股票数量、编号和发行日期。

（三）按照是否在股票票面上标明金额分类

按照是否在股票票面上标明金额分类，股票可分为有面额股票和无面额股票。

1. 有面额股票

所谓有面额股票，是指在股票票面上记载一定金额的股票，这一金额又称票面金额、票面价值或股票面值。股票票面金额的计算方法是用资本总额除以股份数，而实际上很多国家是通过法规予以直接规定的，且一般限定这类股票的最低票面金额。另外，同次发行的股票，每股票面金额都是相等的。票面金额一般是以国家的主币为单位。大多数国家的股票都是有面额的。

2. 无面额股票

所谓无面额股票，是指在股票票面上不记载股票面额，只注明其在公司总股本中所占比例的股票，又称比例股票或份额股票。无面额股票的价值是不确定的，随着公司资产的变化而相应变化，公司资产增加，每股价值上升；反之，每股价值下降。目前，很多国家（包括中国）的公司法规定，不允许发行这种股票。

（四）按照股票的上市地点和所面对的投资者分类

按照股票的上市地点和所面对的投资者分类，股票可分为A股、B股、H股、N股、S股等。

1. A股

A股，即人民币普通股票，是由我国境内公司发行，供境内机构、组织或个人（不含港澳台投资者）以人民币认购和交易的普通股股票。

2. B股

B股，即人民币特种股票，是以人民币标明面值、以外币认购和买卖，在我国上海和深圳两个证券交易所上市交易的股票。它的早期投资人为境外投资者及我国港澳台投资者。其中，上海证券交易所以美元结算，而深圳证券交易所以港币结算。自2001年6月1日以后，沪深B股市场已经向境内投资者开放。

3. H股

H股是指在中国内地注册，在中国香港上市的外资股。比如，中国建设银行在中国内地注册，在中国香港上市，因此称其为H股上市公司。

4. N股

N股是指在中国大陆注册，在美国纽约上市的外资股。比如，中国人寿股份有限公司在中国大陆注册，在美国纽约证券交易所上市，因此称其为N股上市公司。

5. S股

S股是指在中国内地注册，在新加坡上市的外资股。比如，广州越秀、中国航油、亚洲创建、中远投资等都是在中国内地注册，在新加坡上市，因此称其为S股上市公司。

（五）按照风险和收益标准分类

按照风险和收益标准分类，股票可分为蓝筹股、绩优股和垃圾股。

1. 蓝筹股

在国外股票市场上，投资者将那些在其所属行业内占支配性地位、业绩优良、成交活跃、股利优厚的大公司的股票，称为蓝筹股。

2. 绩优股

在我国，衡量绩优股的指标是每股税后利润和净资产收益率。一般而言，每股税后利润在全体上市公司中处于中上等水平，公司上市后净资产收益率连续3年显著超过10%的股票就是绩优股。

3. 垃圾股

这类股票或者由于行业前景不好，或者由于经营管理不善而出现困难，甚至亏损，其股价走低、交易不活跃。但是，如果垃圾股经过成功的资产重组或提高经营管理水平，股价则可能大幅度上升。垃圾股具有很高的风险，但也有可能带来高额的回报。

（六）按照受经济周期的影响不同分类

按照受经济周期的影响不同分类，股票可分为周期型股票、防守型股票和成长型股票。

1. 周期型股票

周期型股票的回报率与经济周期具有较强的正相关关系。当经济处于繁荣时期，这类股票的表现将超过市场平均水平；当经济处于萧条时期，这类股票的表现将低于市场平均水平。典型的周期型股票有：航空、港口、房地产行业的股票。

2. 防守型股票

防守型股票与经济周期的相关性较弱。这类股票的风险要小于周期型股票，其预期回报率也较低，容易受稳健型投资者的青睐。典型的防守型股票有：饮料、食品等生活必需品生产行业的股票。

3. 成长型股票

成长型股票与经济周期的相关性也较弱。这类股票多出现在高新科技或新型商业模式等创造新需求的领域，股票的业绩和股价的高增长可以长期保持。典型的成长型股票有：计算机、基因工程等行业的股票。这类股票是很多追求高风险、高回报投资者所偏爱的类型。

三、股票投资的收益与风险

(一) 股票投资的收益

投资者投资股票获得盈利的主要途径就是股息、红利的分派和低吸高抛所获得的资本利得。

投资者对股票价值的评估就是对公司未来盈利能力的一种预期。如果股票价格高于公司未来真实的盈利水平，那么投资者就有亏损的风险；相反地，如果股票价格处于被低估的状态，那么投资者未来会有丰厚的回报。因此，对公司未来盈利能力的预期是造成投资者盈亏的根本原因。

出于对上市公司价值判断的不同，以及对其未来可能实现的现金流预期的不同，股票价格存在波动，这种波动有可能在众多操作行为的推动下，演变成一种趋势。把握趋势，高抛低吸，则成为投资者实现买卖差价，获得盈利的直接来源；与此同时，一旦判断失误，也会形成最直观的投资风险。

(二) 股票投资的风险

股市永远风云变幻，有涨就有跌，有赢家也有输家。自古至今，收益与风险就是一对“孪生兄弟”，高收益必然伴随着高风险。在进入股市准备享受投资收益的同时，有必要问问自己，有没有考虑到风险因素，有没有做好“股海泛舟，激浪搏杀”的物质和精神准备。任何一个准备或已经参与证券市场的投资者，在具体的投资品种面前，在即将做出操作选择之际，都应认清、正视收益与风险的辩证关系，从而树立风险防范意识。

1. 系统性风险

成熟的股市是“国民经济的晴雨表”。宏观经济形势的好坏、财政政策和货币政策的调整、政局的变化、汇率的波动、资金供求关系的变动等，都会引起股票市场的波动。对于证券投资者来说，这种风险是无法消除的，投资者无法通过多样化的投资组合进行证券保值。系统性风险的构成主要包括以下四类：

(1) 政策风险。政府的经济政策和管理措施可能会造成证券收益的损失，这在新兴股市表现得尤为突出。经济政策和产业政策的变化、税率的改变等，都可能影响到公司利润、债券收益的变化，而证券交易政策的变化，可以直接影响到证券的价格。因此，每一项经济政策、法规的出台或调整对证券市场都会有一定程度的影响，从而引起市场整体的波动。

(2) 利率风险。一方面，上市公司经营运作的资金也有利息成本，利率的变化意味着成本的变化，加息则代表公司利润的削减，相关证券的价值反映内在价值，必然会伴随其下跌；另一方面，流入证券市场的资金在收益率方面往往有一定的标准和预期，一般而言，资金是有成本的，同期利率往往是参照标准，当利率提升时，在证券市场上寻求回报的资金会要求获得高过利率的收益率水平，如果难以达到，资金将会流出证券市场而转向收益率高的领域，这种反向变动的趋势在债券市场上尤为突出。

(3) 购买力风险。在现实生活中，由于物价上涨，同样金额的资金未必能买到过去同样的商品。这种物价的变化导致了资金实际购买力的不确定性，被称为购买力风险，又称为通货膨胀风险。同样地，在证券市场上，由于投资证券的回报是以货币的形式来支付的，在通货膨胀时期，货币的购买力下降，即投资的实际收益下降，将会给投资者带来损失的可能。

（4）市场风险。市场风险是证券投资活动中最普遍、最常见的风险。当整个证券市场连续过度地上涨，股价早已远离合理价值区间之后，股价上涨主要依靠的是资金简单的流入堆砌，即所谓的“投机搏杀”，趋势投机代替了价值投资，但泡沫总有破灭的一天，当后继投资者不再认同没有价值支撑的股价时，市场由高位回落便成为自然，这种转折趋势一旦形成，往往会造成单边没有承接力的连续下跌。这在过去世界各国的股灾中已被证明，这也是市场参与者无法回避和必然接受的风险。

2. 非系统性风险

单只股票的价格同上市公司的经营业绩和重大事件密切相关。公司的经营管理、财务状况、市场销售、重大投资等因素的变化都会影响公司的股价走势。这种风险主要会影响某一种证券，与市场上的其他证券没有直接联系，投资者可以通过分散投资的方法来抵消非系统性风险。非系统性风险主要包括以下四类：

（1）经营风险。证券市场交易中股票的价格，从根本上来说是用来反映上市公司内在价值的，其价值的大小由上市公司的经营业绩决定。然而，上市公司本身的经营是有风险的，经营上潜藏着不景气，甚至失败、倒闭的风险，从而造成投资者收益的损失或本金的增加。

（2）财务风险。财务风险是指公司因筹措资金而产生的风险，即公司可能丧失偿债能力的风险。公司财务结构的不合理，往往会给公司造成财务风险。形成财务风险的因素主要有资产负债比率、资产与负债的期限、债务结构等因素。在投资股票时，投资者应注意对公司财务报表的分析。

（3）信用风险。信用风险，也称违约风险，是指不能按时向证券持有者支付本息而给投资者造成损失的可能性。其主要针对债券投资品种，对于股票，只有在公司破产的情况下才会出现。

（4）道德风险。道德风险是指上市公司管理者的道德风险。上市公司的股东和管理者之间是一种委托-代理关系。由于管理者和股东追求的目标不同，尤其在双方信息不对称的情况下，管理者的行为可能会对股东利益造成损害。

第二节 股票价值分析

一、股票价值的类型

与股票价值有关的概念很多，它们在不同场合有不同含义，需要加以区分。

（一）股票的面值

股票的面值，是指股份公司在所发行的股票上标明的票面金额，以元为单位，其作用是用来表明每股股票所包含的资本数额。股票的面值一般印在股票的正面且基本都是整数，如佰元、拾元、壹元等。在我国，上海证券交易所和深圳证券交易所流通的股票，其面值都统定为壹元，即每股1元。股票票面价值的最初目的是保证股票持有者在退股之时能够收回票面所标明的资产。随着股票的发展，购买股票后将不能再退股，所以，现在股票面值的作用：一是表明股票的认购者在股份公司投资中所占的比例，作为确认股东权利的根据，如某上市公司的总股本为1 000万元，持有1股股票就表示在该股份公司所占的股份为千万分之一；二是在首次发行股票时，将股票的面值作为发行定价的一个依据，如在我国，股票发行价应大于或等于其面值，而不得低于其面值发行。

（二）股票的净值

股票的净值，又称股票的账面价值或者每股净资产，指的是利用会计的方法计算出来的每股股票所包含的资产净值。其计算方法是将公司的注册资本加上各种公积金、累积盈余，即通常所说的股东权益，再将净资产除以总股本就是每股的净值。股票的账面价值是股份公司剔除了一切债务后的净资产。股票的账面价值越高，股东实际所拥有的财产就越多；反之，股票的账面价值越低，股东实际所拥有的财产就越少。

虽然股票的账面价值只是一个会计概念，但是其对于投资者进行投资分析具有重要的参考作用，也是形成股票价格的直接依据。在股票市场中，股民除了要关注股份公司的经营状况和盈利水平外，还需特别注意股票的净资产含量。净资产含量越高，股份公司所拥有的本金就越多，抗拒各种风险的能力也就越强，在盈利水平相同的前提下，股票的收益越高，股票就越有投资价值。因此，账面价值是股票投资价值分析的重要指标，在计算股份公司的净资产收益率时，其也起到了至关重要的作用。

（三）股票的清算价值

股票的清算价值，是指股份公司破产或倒闭后进行清算之时每股股票所代表的实际价值。从理论上讲，股票的每股清算价值应当与股票的账面价值一致，但股份公司在破产清算时，其财产价值是以实际的销售价格来计算的；而在进行财产处置时，其售价均低于实际价值。因此，股票的清算价值就与股票的净值不相一致，一般都要小于股票的净值。股票的清算价值只有在股份公司因破产或其他原因丧失法人资格而进行清算时，才被作为确定股票价格的依据，而在股票发行和流通过程中并没有实际意义。

（四）股票的市场价值

股票的市场价值，又称股票的市值，是指股票在交易过程中交易双方达成的成交价。股票的市值直接反映出股票市场的行情，是股民买卖股票的依据。由于受众多因素的影响，股票的市场价值处于经常性的变化之中。股票的市场价值与股票价格是紧密关联的，股票价格是股票的市场价值的集中表现，前者随着后者的变化而产生相应的波动。在股票市场中，股民是根据股票的市场价值（股票行市）的变化来分析、判断和确定股票价格的，所以，通常所说的股票价格也就是股票的市场价值。

（五）股票的内在价值

股票的内在价值，是指在某一时刻股票的真正价值，也是股票的投资价值。计算股票的内在价值需要采用折现法，由于上市公司的寿命期、每股税后利润及社会平均投资收益率等都是未知数，因此，股票的内在价值较难计算，各种价值模型计算出来的“内在价值”只是股票真实的内在价值的估计值，在实际应用中，一般都是取预测值。经济形势的变化、宏观经济政策的调整、供求关系的变化等都会影响股票未来的收益，引起内在价值的变化。股票的市场价格总是围绕着其内在价值波动的。研究和发现股票的内在价值，并将内在价值与市场价格相比较，进而决定投资策略是证券分析师的主要任务。

二、股票价值的评估方法

对股票价值进行评估就是利用各种方法评估股票的内在价值，这些方法可分为绝对价值评估法和相对价值评估法两类。

（一）绝对价值评估法

绝对价值评估法，或称收益贴现模型，是按照未来现金流的贴现对公司的内在价值进行评估的方法，具体又分为股利贴现模型（DDM）、公司自由现金流（FCFF）模型、股权自由现金流（FCFE）模型、经济附加值（EVA）模型等。

1. 股票内在价值法的现金流贴现原理

股票内在价值法是直接从公司股权价值的内在驱动因素出发对股票进行价值评估，它是按照现金流贴现对公司内在价值进行评估。由于不同资本提供者要求现金流索取权的次序有所不同，公司未来现金流的分配也就存在差异。按照公司金融理论，对企业现金流进行分配的第一个环节是投资，支付的这部分现金流为营运资本。接下来企业现金流的分配，是为所有资本提供者提供报酬。由于企业资本提供者的属性不同，现金流索取权的先后顺序也存在差异，企业首先向债权人支付负债利息，然后才能向公司股东进行红利分配。但由于企业为了未来发展而需要进行再投资，因此，其分配给普通股股东的红利往往是再投资和留存收益之后的现金流。

2. 股利贴现模型（DDM）

假定股利是投资者在正常条件下投资股票所直接获得的唯一现金流，则可以建立估价模型对普通股进行估值，这就是著名的股利贴现模型。这一模型最早是由威廉姆斯（Williams）和戈登（Gordon）提出的，其实质是将收入资本化法运用到权益证券的价值分析中，这在概念上与债券估值方法没有本质性的差别。

该模型的股票现值表达为未来所有股利的贴现值，其计算公式为：

$$D = \frac{D_1}{(1+r)} + \frac{D_2}{(1+r)^2} + \cdots + \frac{D_t}{(1+r)^t} = \sum_{t=1}^{\infty}\frac{D_t}{(1+r)^t}$$

式中：D表示普通股的内在价值；D_t表示普通股第t期支付的股息或红利；r表示贴现率，又称资本化率。贴现率是预期现金流量风险的函数。风险越大，现金流的贴现率越大；风险越小，则资产的贴现率越小。

根据对股利增长率的不同假定，股利贴现模型可分为零增长模型、不变增长模型、三阶段增长模型和多元增长模型。

3. 公司自由现金流（FCFF）模型

按照公司自由现金流模型，公司价值等于公司预期现金流量按照公司资本成本进行折现，将预期的未来自由现金流利用加权平均资本成本（WACC）折现到当前价值来计算，然后减去债券的价值进而得到股票的价值。其计算公式为：

$$V = \sum_{t=1}^{n}\frac{FCFF_t}{(1+WACC)^t}$$

式中：$FCFF_t$表示公司t期的自由现金流；WACC表示加权平均资本成本，即债务资本价值与股本价值之和。

由于公司自由现金流是公司支付了所有营运费用，进行了必要的固定资产与营运资产投资后，可以向所有投资者分派的税后现金流，因此，该指标体现了公司所有权利要求者（包括普通股股东、优先股股东和债权人）的现金流总和。其计算公式为：

FCFF=EBIT×（1-税率）+折旧-资本性支出-营运资本追加额

式中：EBIT为息税前利润。

4. 股权自由现金流（FCFE）模型

股权自由现金流是在公司用于投资、营运资金和债务融资成本之后可以被股东所利用的现金流，它是公司支付所有营运费用、再投资支出以及所得税和净债务（利息、本金支出减去发行新债务的净额）后可分配给公司股东的剩余现金流。其计算公式为：

FCFE=净收益+折旧-资本性支出-营运资本追加额-债务本金偿还+新发行债务

FCFE 模型的基本原理，是将预期的未来股权活动现金流利用相应的股权要求回报率折现到当前价值来计算公司的股票价值。其计算公式为：

$$V = \sum_{t=1}^{n} \frac{FCFE_t}{(1 + K_e)^t}$$

式中：V 表示公司价值；$FCFE_t$ 表示股权 t 期的现金流；K_e 表示根据 CAPM（资本资产定价模型）计算的股权成本。

5. 经济附加值（EVA）模型

经济附加值（Economic Value Added，EVA）指标源于企业经营绩效考核的目的，其最早是由思腾思特（Stern Stewart）咨询公司提出并推广的，并被许多世界著名的大公司（如可口可乐公司）所采用。20世纪90年代中期以后，EVA模型逐渐获得了广泛应用，成为传统业绩衡量指标体系的重要补充。《财富》杂志称EVA为“当今最炙手可热的财务理念”。EVA模型在西方企业界也引起了很大反响，以至于“只要一家公司宣布要采用EVA模型，我们就将看到它的股价在仅仅一个星期的时间里增长30%”。EVA模型成了价值创造的“魔方”。

经济附加值等于公司税后净营业利润减去全部资本成本（股本成本与债务成本）后的净值。其计算公式为：

EVA=NOPAT-资本成本

式中：EVA 表示经济附加值；NOPAT 表示税后净营业利润，又称息前税后利润，是指息税前利润 EBIT 扣除经营所得税；资本成本等于 WACC 乘以实际资本投入总额，WACC 表示加权平均资本成本。

上式也可表示为：

EVA=（ROIC-WACC）×实际资本投入总额

式中：ROIC 表示资本收益率，即投资资本回报率，为息前税后利润除以实际投入资本。

如果计算出的EVA为正值，说明企业在经营过程中创造了财富；否则，就是在毁灭财富。经济附加值模型之所以被称为“当今投资银行进行股票估值的重要工具”，在很大程度上是因为应用市盈率指标进行定价估值过于简单，容易产生误解，缺乏现金流概念，对于亏损企业很难运用。经济附加值指标克服了传统业绩衡量指标的缺陷（股东价值与市场价值不一致的问题），比较准确地反映了上市公司在一定时期内为股东创造的价值。

（二）相对价值评估法

相对价值评估法则是应用一些相对比率，将目标公司与具有相同或相近行业特征、财务特征、股本规模或经营管理风格的上市公司进行比较，以评估公司的股票价值。而这些相对比率是影响股票价值和内在价值的重要变量，主要是利用某上市公司的市盈率、市净率、市现率、市销率等指标与其竞争者进行对比，以决定该上市公司的价值。

1. 市盈率模型

对盈余进行估值的重要指标是市盈率。对普通股而言，投资者应得到的回报是公司的净收益。因此，股票估值的一种方法就是确定投资者愿意为每一单位的预期收益（通常以1年的预期收益表示）支付的金额。例如，如果投资者愿意支付15倍的预期收益，那么他们将估计每股收益为0.5元的股票在下一年的价值为7.5元。这样，投资者就可以计算出当前的收益倍数（Earnings Multiplier），即市盈率（Price Earnings Ratio，P/E）。

市盈率指标表示股票价格和每股收益的比率，该指标揭示了盈余和股价之间的关系。其计算公式为：

$$\text{市盈率}=\frac{\text{每股市价}}{\text{每股收益(年化)}}$$

市盈率是投资回报的一种度量标准，即股票投资者根据当前或预测的收益水平收回其投资所需要的年数；而市盈率的倒数就是收益率，即E/P。如果股票市值代表了当前普通股股东对未来的预测，且如果当前盈余是未来盈余的指示器，则该比率就表明了1元盈余所代表的市盈率的现值。

当前市盈率的高低，表明投资者对该股票未来价值的核心观点。投资者必须将市盈率与整体市场、该公司所属行业以及其他类似公司股票的市盈率进行比较，以决定是否认同当前的市盈率水平。也就是说，根据市盈率偏高或偏低，来判断该股票价格是被高估还是被低估。

【案例展示5-1】

某上市公司A股的市盈率

通过查询某上市公司A股的年报与半年报可知，2×22年年报的每股收益为2.54元，2×23年半年报的每股收益为0.83元，以此预期2×23年的每股收益为1.66元（0.83×2）。该上市公司股票在2×23年9月5日的收盘价为23.41元/股。

根据上述数据，按照市盈率的计算公式可得：

$$\text{当前市盈率（2×22年）}=\frac{23.41}{2.54}=9.22\text{（倍）}$$

$$\text{预期市盈率（2×23年）}=\frac{23.41}{1.66}=14.10\text{（倍）}$$

2×23年9月5日，通过市盈率判断该股票是“被高估”，还是“被低估”。

解析：

一是进行“纵比”。通过查询相关资料可知，该上市公司A股历史上市盈率的最低水平是5.21倍，最高水平是201.02倍，平均水平是23.64倍。如果仅仅考虑当前市盈率的因素，那么经过比较可知，该股票“被低估”，建议买入。

二是进行“横比”。通过查询相关资料可知，2×23年9月5日该行业上市公司整体平均的预期市盈率是42.27倍。如果仅仅考虑预期市盈率的因素，那么经过比较可知，该股票“被低估”，建议买入。

资料来源：根据某上市公司2×23年半年报、2×22年年报的相关数据整理而得.

2. 市净率模型

账面价值（Book Value）是公司净资产的会计指标。法玛（Fama）和弗伦奇

(French）及其以后学者的研究表明，市价和账面价值的比率是衡量公司价值的重要指标，即市净率（Price-to-Book Ratio，P/B)。其计算公式为：

$$市净率=\frac{每股市价}{每股净资产}$$

相较于市盈率，市净率在使用过程中有其特有的优点：第一，每股净资产通常是一个累积的正值，因此，市净率也适用于经营暂时陷入困难的以及有破产风险的公司；第二，统计学证明，每股净资产数值普遍比每股收益稳定得多；第三，对于资产中包含大量现金的公司，市净率是更为理想的比较估值指标。这样，市净率尤其适用于公司股本的市场价值完全取决于有形账面价值的行业，如银行、房地产等。而对于没有明显固定成本的服务性公司，其账面价值的意义不大。

同时，市净率在使用过程中也存在着一定的局限性。由于会计计量的局限性，一些对公司非常重要的资产并没有确认入账，如商誉、人力资源等；当公司在资产负债表上存在显著的差异时，作为一个相对值，市净率可能对信息使用者有误导作用。

【案例展示5-2】

某上市公司A股的市净率

通过查询某上市公司A股的年报可知，2×22年的每股净资产为12.02元。该上市公司股票在2×23年9月5日的收盘价为23.41元/股。

根据上述数据，按照市净率的计算公式可得：

$$市净率=\frac{23.41}{12.02}=1.95（倍）$$

该计算结果表明，2×23年9月5日，如果投资者愿意付出1.95元的价格，那么其可以购买到该上市公司1元的净资产。

2×23年9月5日，通过市净率判断该股票是“被高估”，还是“被低估”。

解析：

一是进行“纵比”。通过查询相关资料可知，该上市公司A股历史上市净率的最低水平是0.87倍，最高水平是18.18倍，平均水平是2.98倍。如果仅仅考虑市净率的因素，那么经过比较可知，该股票的市场价格“被低估”，建议买入。

二是进行“横比”。通过查询相关资料可知，2×23年9月5日该行业上市公司整体平均的市净率是2.16倍。如果仅仅考虑市净率的因素，那么经过比较可知，该股票的市场价格“被低估”，建议买入。

资料来源：根据某上市公司2×23年半年报、2×22年年报的相关数据整理而得.

3. 市现率模型

由于公司的盈利水平容易被操纵而现金流的价值通常不易被操纵，市现率（市价与现金流的比率）越来越多地被投资者所采用。同时，根据信用评价“现金为王”的法则，现金流的价值在基本估值中也是非常关键的。市现率（P/CF）的计算公式为：

$$市现率=\frac{每股市价}{每股现金流}$$

影响这一比率的因素与影响市盈率的因素相同，即这些变量应该是所采用的现金流变量的预期增长率和由于现金流的不确定性或波动性所带来的股票风险。具体用来计算的现金流通常是扣除利息、税款、折旧及摊销前的收益（EBITDA），但是具体采用何种现金流会随着公司和行业性质的不同以及哪种现金流（如营运现金流或自由现金流）对行业绩效的方便计量而变化。同时，合适的市现率也会受到公司资本结构的影响。

4. 市销率模型

市销率，也称价格营收比，是股票市价与销售收入的比率。该指标反映的是单位销售收入反映的股价水平，其计算公式为：

$$市销率=\frac{每股市价}{每股销售额}$$

市销率指标的引入主要是为了克服市盈率等指标的局限性，在评估股票价值时，需要对公司的收入质量进行评价。由于主营业务收入对于公司未来发展的评价起着决定性的作用，因此，市销率有助于考察公司收益基础的稳定性和可靠性，有效把握其收益的质量水平。一般而言，价值导向型的基金经理所选择的股票范围都是“$\frac{每股价格}{每股销售收入}<1$”的股票。当然，对不同行业而言，其市销率的评价标准是不同的。例如，在软件行业，由于其利润率相对较高，其市销率可高达2倍以上；而在食品零售行业，其市销率仅为0.5倍左右。

【案例展示5-3】

某上市公司A股的市销率

通过查询某上市公司A股的年报可知，2×22年的销售收入为2 429亿元，2×22年年末的股票总数为110亿股，则对应的每股销售收入大约为22.08元。该上市公司股票在2×23年9月5日的收盘价为23.41元/股。

根据上述数据，按照市销率的计算公式可得：

$$市销率=\frac{23.41}{22.08}=1.06（倍）$$

利用市销率进行相对估值，仅仅考虑了公司的营业收入，而并没有涉及营业成本以及其他的相关税费。对正处于快速发展期且销售收入增长较快的公司而言，发展成熟、销售收入增速平稳的公司不太适合采用市销率作为比率指标进行估值。

2×23年9月5日，通过市销率判断该股票是“被高估”，还是“被低估”。

解析：

一是进行“纵比”。通过查询相关资料可知，该上市公司A股历史上市销率的最低水平是0.59倍，最高水平是14.96倍，平均水平是2.41倍。如果仅仅考虑市销率的因素，那么经过比较可知，该股票的市场价格“被低估”，建议买入。

二是进行“横比”。通过查询相关资料可知，2×23年9月5日该行业上市公司整体平均的市销率是1.20倍。如果仅仅考虑市销率的因素，那么经过比较可知，该股票的市场价格“被低估”，建议买入。

资料来源：根据某上市公司2×23年半年报、2×22年年报的相关数据整理而得.

5. 企业价值倍数

企业价值倍数（EV/EBITDA）是一种被广泛使用的公司估值指标，它反映了投资资本的市场价值和未来1年的企业收益之间的比例关系。其中，企业价值（Enterprise Value，EV）的计算公式为：

EV=公司市值+净负债

扣除利息、税款、折旧及摊销前的收益（EBITDA）用以计算公司的经营业绩，其计算公式为：

EBITDA=净利润+所得税+利息+折旧+摊销

或者为：

EBITDA=EBIT+折旧+摊销

EBIT=净销售额-经营费用

企业价值倍数和市盈率等相对估值指标的用法一样。企业价值倍数利用企业价值，即投入企业的所有资本的市场价值代替市盈率模型中的股价，利用EBITDA代替市盈率模型中的每股净利润。企业价值倍数相较于行业平均水平或历史水平，较高则说明高估，较低则说明低估，不同的行业或板块有着不同的估值（倍数）水平。

市盈率和企业价值倍数反映的都是市场价值和收益指标之间的比例关系，不过市盈率是从股东角度出发的，而企业价值倍数则是从全体投资者角度出发的。在企业价值倍数方法中，要最终得到对股票市值的估计，还必须减去债权的价值。在缺乏债券市场的情况下，可以使用债务的账面价值来近似估计。同时，企业价值倍数相较于市盈率有着明显的优势。首先，由于不受所得税税率的影响，不同国家和不同市场的上市公司的估值更具有可比性；其次，由于不受资本结构差异的影响，公司对资本结构的改变不会影响估值，同样有利于比较不同公司的估值水平；最后，排除了折旧、摊销等这些非现金成本的影响（现金流比账面利润更重要），可以更加准确地反映公司价值。但是，企业价值倍数更适用于单一业务或子公司较少的公司的估值，如果业务量或子公司数量众多，需要进行复杂的调整，则有可能会降低其准确性。

【实训任务5-1】通过查询某上市公司A股的年报与半年报可知，2×22年的每股收益为3.50元，每股净资产为19元，销售收入为3 578亿元，年末股票总数为150亿股，对应的每股销售收入约为23.85元。2×23年半年报显示的每股收益为1.20元，以此预期2×23年的每股收益为2.40元（1.20×2）。该上市公司股票在2×23年9月9日的收盘价为27.40元/股。

参考答案

根据以上数据，分别计算该上市公司2×23年9月9日的市盈率、市净率和市销率。

第三节　股票投资策略分析

一、股票投资策略概述

投资策略是指投资者根据自身的风险偏好、预期收益与实际需求等一系列相关因素，按照所掌握的信息、理论与技巧将资产在不同投资品种与标的之间进行“买卖选择”与“配置组合”。

在选择投资策略时，投资者应该清醒地认识到，没有“最好”与“一定”能够盈利的股票投资策略，每种投资策略均存在各自的优势、劣势以及适用范围，不同投资者需要根据自身的实际情况与外界的其他因素“综合”选择适合的股票投资策略，并且根据相关因素的变化而进行适时的调整。

在实践中，投资者使用的股票投资策略通常包括以下五种类型：

一是以“基本面分析”为基础的价值型投资策略、成长型投资策略等；二是以“技术分析”为基础的趋势交易策略、背离交易策略与突破交易策略等；三是以“行为金融学”为基础的动量交易策略、反向交易策略等；四是以“套利”为基础的相对价值套利策略、市场中性套利策略等；五是以“指数化投资”为基础的完全复制策略、分层抽样策略、指数优化策略与指数增强策略等。

本书中主要介绍价值型投资策略、成长型投资策略、指数型投资策略及技术分析策略。

二、价值型投资策略

（一）基本理念与策略精髓

价值型投资策略的基本理念是股票的价格波动很大，而其内在价值稳定且可测量，短期内证券市场价格会经常偏离其内在价值。但市场存在自我纠偏的机制，从长期来看，市场价格与其内在价值趋同。价值型投资策略来源于格雷厄姆与多德提出的价值投资理念。而价值投资理念的内涵和外延随着时代的发展不断被扩充，其基本理念也可以应用于价值型投资：（1）安全边际能够带来足够的缓冲，即价值远超过价格；（2）价值投资需要对基本面进行认真分析与研究；（3）价值投资分析框架更侧重于显而易见的定量分析；（4）从企业的价值回归中获得稳定的收益，更侧重于长期低风险、高收益的投资；（5）需要有专业的企业调研与估值技能，以及全面的敏感度分析能力。

该策略的精髓是：当市场价格明显低于其内在价值时，买进股票；当市场价格明显高于其内在价值时，卖出股票。市场价格与其内在价值的差额越大，安全边际越大，投资风险越小，预期收益越高。

（二）分析框架

依据价值型投资策略的基本理念，在选择最终投资标的时，需要对所选投资对象进行全面细致的分析。首先，所选择的上市公司的质量应该优良，经营与财务状况良好；然后，在此基础上对公司价值进行评估。因此，价值型投资策略的分析框架可以大致分为公司质量筛选、基本面分析和价值评估三个部分。

1. 公司质量筛选

为缩小投资标的的选择范围，投资者应该优先选择经营稳健、质地优良的上市公司，在此过程中投资者可以使用一些评价标准，如流动性、市值规模、盈利能力等，以完成初步的筛选工作。

（1）流动性。在对上市公司的内在价值进行判断时，需要考虑流动性对内在价值的影响。具体而言，该影响主要是指流动性对折现率的影响。当市场具有较高的流动性时，用于对未来现金流折现的折现率会降低，进而采用DCF方法得出的内在价值较高；相反地，当市场具有较低的流动性时，折现率会升高，进而使得内在价值降低。因此，在对个股进行估值时，应当首先考虑估值时点的市场流动性程度，可以用来考察的指标有市场利率水平、货币政策和货币供应量等。

（2）市值规模。市值规模也是计量上市公司资产规模的一个重要指标，市值的增长也可以用来衡量公司的经营状况。对于中小市值的上市公司，其经营状况的波动性相比较而言更大，而大市值的上市公司则多为成熟企业，其公司经营状况更为优良、稳健。

（3）盈利能力。盈利能力是指一个企业赚取利润的能力，即企业的资本增值能力，一般来说，其是指在一定时期内企业能够获得收益的水平。分析盈利能力的指标可以参考营业利润率、主营业务净利润率、成本费用利润率、普通股每股收益、资本保值增值率、总资产报酬率、净资产收益率和资本收益率等。在实际分析中，常常采用的指标有每股净资产、每股收益、市盈率、每股股利等。

投资者在使用以上评价标准时，应当注意利用市场公开信息对公司进行诊断，剔除那些价格被操纵、有频繁运作迹象的公司，以及那些业务结构不合理、经营风险和财务风险过高的公司。

2. 基本面分析

基本面分析是对影响证券投资的经济因素、政治因素、上市公司的经营业绩及财务状况等要素进行分析，以判定证券的内在投资价值，衡量其价格是否合理。

基本面分析的假设前提是股票的价值决定价格和股票的价格围绕价值波动，其优点是能够揭示证券的内在价值，能够比较全面地把握证券价格的基本走势。该方法主要适用于周期相对较长的证券价格预测、相对成熟的证券市场。基本面分析的缺点主要是对基本面数据质量的依赖性较强，对短期价格走势的预测能力较弱、预测精确度不高。

基本面分析的研究方法主要包括：

（1）“自上而下”法。

“自上而下”法是一种从宏观到行业再到公司的三步分析法。具体来说，首先进行宏观经济分析与预测；然后寻找未来能够代表宏观经济发展方向的朝阳行业；最后在朝阳行业中筛选出最具有发展潜力的股份公司。

（2）“自下而上”法。

“自下而上”法是努力去寻找最好的股份公司，确定其股票最佳的购买价格，而无论公司处于什么行业、宏观经济发展如何。该方法直接从个股入手，通过对个股的价值进行分析与研究，从而为选股提供依据。

3. 价值评估

价值评估的内容与方法在本章第二节中已有详细的论述，这里不再赘述。

三、成长型投资策略

（一）基本理念

成长型投资策略的基本理念是在市场中筛选出预期利润或收入具有高增长潜力的成长型上市公司，且公司当前股价尚未充分反映公司的成长性，从而在未来具有较大的上升空间，投资者投资此类上市公司可获得可观的收益。成长型投资策略注重公司股票业绩的增长潜力，因此在分析公司股票时，侧重于分析公司的特质，着眼于公司未来的发展前景。

（二）选股方法

成长型投资策略的选股方法主要是基于合理价格的成长型选股模型。该模型是指在合理的价格之上投资成长型股票，追求成长与价值的平衡，精选出的股票具有清晰、可持续的成长潜力，同时市场价格被相对低估。其核心理念是：寻找到当前股价并没有充分反映出业绩的成长性预期，若不然，即使未来业绩的成长性非常突出，也不代表在未来会有股价的成长空间。

成长型投资策略的基本分析框架包括可靠的成长性（定量分析）、成长的可持续性（定性分析）和相对价值评估（定量分析）三个部分。

1. 可靠的成长性（定量分析）

（1）首先，对于那些具有持续、稳定的业绩增长历史的上市公司，要研究判断其预期盈利增长能力是否能够继续维持，如果其增长能力是可持续的，那么可以优先考虑；其次，对于那些正处于成长阶段但还没有稳定盈利的行业或公司，选择的标准是其营业收入能否在未来保持较高增长，并且能够将成本控制在合理范围之内；最后，对于那些正处于周期性调整的行业，则需率先考虑市场份额能够保持不断增长的上市公司。

（2）在分析上市公司的成长性时，业绩增长质量也是重点分析的要素之一。在这一方面可以用到的定量分析指标有净资产收益率（ROE）和现金流指标等；而在定性分析方面，需要综合考察的因素有公司的核心竞争能力、内部管理机制和外部经营环境等。

总而言之，只有那些具有明确业绩增长预期，且业绩增长质量较高，未来的业绩增长具有可持续性的上市公司，才符合初选标准。

在分析公司的成长性时，需要注意的是，投资者应该更侧重于分析企业在未来一定时期内经营能力的发展，而不是过于看重企业现在和过去的财务表现。这是因为，即使一家公司目前的盈利状况良好，但是如果成长性较差，其未来股价的升值空间也较小，因而对于投资者来说也很难具有吸引力。

在实际分析上市公司的成长性时，经常使用的财务指标有主营业务收入增长率、利润增长率、总资产增长率、ROE 增长率等。

2. 成长的可持续性（定性分析）

在实际经营中，很多公司通过增加营业外收入或其他会计处理方法，使得公司的财务数据表现出高成长性，这很容易误导普通投资者，因而需要对公司成长的质量进行分析挖掘，寻找具有成长稳定性与持续性的上市公司。在实际分析中，投资者可以从技术创新能力、商业模式优势、资源储备优势、市场竞争力优势、风险抵御能力、法人治理结构等角度研判上市公司成长的质量和持续性。

（1）技术创新能力。通过对上市公司的产品自主创新情况、主要产品更新周期、专有技术和专利、对引进技术的吸收和改进能力等指标进行考察和分析，进而对公司的技术创新能力进行判断。

（2）商业模式优势。商业模式和经营理念决定了公司在其所属行业中发展的潜力和方向。分析上市公司是否具有领先的商业模式和经营理念，以及该公司是否能够有效配置各种生产要素，形成一个完整的、高效率的、具有独特核心竞争力的运行系统。同时，上市公司应该具有良好的市场营销手段，能够有效地向客户传达产品信息，紧密控制和不断监控营销渠道与营销成本。

（3）资源储备优势。通过对公司规模、政策扶持程度、经营成本、国内外同行比较和垄断性等指标进行考察和分析，进而判断公司的资源优势是否能够支持其持续成长。分析上市公司所拥有的资源储备情况、资源可持续开发情况以及资源储备水平在同行业中的地位。

（4）市场竞争力优势。市场竞争力优势的分析范畴是上市公司是否在经营许可、品牌、资源、技术和成本控制等方面具有竞争对手在中长期内难以超越的显著优势，是否拥有出色的销售机制、体系及团队。具体而言，与所有的竞争对手相比，公司的产品或者服务成本能够控制在最低水平，并且具有继续保持最低成本的能力。

（5）风险抵御能力。分析上市公司的财务状况是否稳健，是否能够抵御财务风险；分析上市公司的产品是否能够满足市场需求，是否能够抵御市场风险；分析上市公司的管理团队是否具有较强的管理能力，是否能够抵御经营风险。在分析风险抵御能力时，公司要有很强的客户认知，能够迅速、敏锐地识别出客户需求与兴趣的变化，并且能够对这些变化做出及时、适当的反应。这种能力更多地表现在公司能否连续不断地推出新产品，推动产品的更新换代。

除了以上几个方面，投资者还要仔细分析上市公司的运营环境（如宏观政策、行业政策或公司行为）是否存在发生重大变化的可能性，并且还要分析该重大变化是否会给上市公司带来有利的发展机遇和成长动力。

3. 相对价值评估（定量分析）

在成长型投资策略中，需要评估公司当前的股价是否已经反映了公司未来的成长性。如果公司当前的股价已经非常高，则存在高估的可能性，那么该公司股票未来继续上涨的可能性就会很低，因而可以将其在投资范围内剔除。在评估的过程中，一般较为常用的方法是利用比率指标进行研判。投资者具体可以使用的比率指标包括市盈率、市净率等。

这里需要特别强调的是，在价值型投资策略中，利用市盈率与市净率来判断股票“在当前”是否被相对低估；而在成长型投资策略中，利用市盈率与市净率来判断股票“在未来”是否具有潜在成长性。

四、指数型投资策略

（一）基本含义

指数型投资策略是指通过购买部分或全部的某指数所包含的股票来构建指数基金的投资组合，其目的是使该投资组合的变动趋势与该指数相一致，以取得与指数大致相同的收益率，属于消极型投资策略之一。

该策略可以达到预期的绩效，但往往放弃了获得更高收益的机会，或者不能满足投资者对现金流的需求。

（二）主要类型

指数型投资策略主要有以下三种类型：

1. 完全复制

根据标的指数成分股及其权重来配置、调整投资组合，以完全复制跟踪指数走势为最终目的。理论上，指数基金的投资策略可以使用最简单的完全复制技术，将指数基金组合中的股票及其投资比例与基准指数保持完全一致。但在实际操作中，完全复制策略不可能获得与基准指数相同的收益率，而且通常低于基准指数的收益率，收益率差距取决于交易成本的大小。

2. 分层抽样

从基准指数的样本股中选取一定数量的股票，使得抽样选取的样本组合的风险暴露处于与基准指数相同或相近的水平。

指数优化是指运用数学方法构建和管理股票型指数投资组合的策略。指数优化策略使用二次规划方法求解，使得基金组合跟踪误差最小化的投资方案。这种最优化方法在不考虑交易成本的基础上，通过最小化指数基金的跟踪误差达到指数复制的最佳效果。

3. 指数增强

指数增强包括行业增强和个股增强。

（1）行业增强。在以指数化投资为轴心的基础上，进行适度的行业权重调整，同时控制因增强型投资而导致的投资组合相对指数标准结构的偏离和交易成本的增加，以便对积极型投资行为予以约束。

（2）个股增强。通过数量分析模型预测股票在未来一段时间内的超额收益率，以此为依据增加预期超额收益率较高股票的权重，降低预期超额收益率较低股票的权重。

五、技术分析策略

（一）概念与内涵

技术分析策略是证券投资分析的主要方法之一，是指以市场行为为研究对象，以判断市场趋势并跟随趋势的周期性变化进行股票及一切金融衍生品交易决策的方法的总和。技术分析与基本面分析的研究重点不同，技术分析直接从市场着手，以证券价格的动态和规律性为对象，利用图表或技术指标，研究市场过去及现在的交易行为与反应，以推测股票在短期内价格的变动趋势，从而把握具体的买卖时机。

技术分析仅仅是一种股票分析方法，是一种以“个人的主观判断与偏好”为基础，“仁者见仁，智者见智”的分析方法，其主要用来判断买卖股票的“时点”，大多应用在短期交易中。

（二）三大假设

技术分析策略有以下三个基本假设：

1. 市场行为涵盖一切信息

影响股票价格的每一种因素都在市场行为中得到充分反映，任何一种对股票价格有影响的因素最终都必然体现在股票价格的变动上，不论是内在的还是外在的，不论是基础层面的还是宏观政策层面的，或者是心理层面的。

技术分析通过分析股票市场行为预测未来，只注重对影响股票价格的因素、对股票市场行为的影响效果的分析，而不关心影响股票价格因素的具体内容是什么。

2. 股票价格沿着趋势变动

价格以一定的趋势演进，而这一趋势将一直延续下去，直到发生新的情况从而改变供求平衡，并且这一改变通常会由市场行为本身体现出来。

“市场”一词意味着股票价格在总体上以趋势演进，而其中最重要的是主要趋势，即基本趋势。该趋势通常是大规模的上下运动，一般持续几年或更长的时间，并导致股价增值或贬值20%以上。在其演进过程中，穿插着与其方向相反的次等趋势，即当基本趋势暂时推进过头时所发生的回撤或调整。次等趋势通常持续3周时间到数月不等。最终，次等趋势由小趋势或者每一个简短的波动组成，这些小趋势一般短于6天，很少能够持续3周。

3. 历史会重演

这是从人们的心理因素方面进行的考虑。人类的天性相当固定，而且在类似的情况下会产生既定的反应，因此，研究过去市场转折点所呈现的现象，可以帮助我们判断主要的行情转折点。

（三）主要理论

技术分析策略的主要理论包括道氏理论、波浪理论和K线理论。

1. 道氏理论

道氏理论是所有市场技术研究的鼻祖。这一理论的提出者查尔斯·亨利·道声称，该理论并不是用于预测股市的，甚至不是用于指导投资者的，而是一种反映市场总体趋势的晴雨表。

道氏理论有三个核心思想：

（1）三重运动原理。道氏理论认为，市场的走势分为三种：主要运动、次要运动和短期波动。市场的主要运动方向是可以预测的，即道氏理论对大趋势的研判有着重要意义，但因为次要运动与短期波动具有一定的随机性，所以，道氏理论无法准确地对这两种运动趋势做出研判。

（2）相互验证原理。道氏理论指出，可以通过理论与实践相互验证不断发展的原理来验证市场与预测之间的关系，即利用市场的实际表现来验证预测的正确性。该理论特别指出，各种行业类型的平均价格必须相互验证，以此判断是否会有大规模熊市或牛市出现的可能；成交量必须验证趋势，即当价格沿着主要运动趋势运行时，成交量应当逐渐增加。当反转信号被确认之后，才能做出一个趋势已经结束的判断。

（3）投机原理。投机原理是指投机者的行为会对市场的走势产生影响，即投机的预期会波及市场的表现，市场的运动包含了对市场的预期，正因为这样才能够预测市场存在的合理性。

道氏理论还包括五个定理：

（1）三种趋势。道氏理论认为，股票市场具有三种趋势：长期趋势、中期趋势和短期趋势。长期趋势通常是指那些持续1年甚至1年以上的趋势，其看起来如同海潮。中期趋势通常是指那些能够持续3周到3个月不等的趋势，其看起来如同浪涛。短期趋势通常是指那些持续时间不超过3周的趋势，其看起来如同波纹。

（2）主要走势。主要走势代表股价整体的运行方向。

（3）主要的空头市场。主要的空头市场是指长期股价整体运行向下，其间包含一些重要的次级波动。空头市场主要包括三个主要阶段：第一阶段，市场参与者不再继续追加过高价格的股票；第二阶段，市场基本面出现恶化，卖方力量增强；第三阶段，恐慌性抛压，不论股票是否被高估，大部分人都急于兑现手中的股票。

（4）主要的多头市场。主要的多头市场是指股价长期保持向上趋势，其间包含一些次级波动。多头市场也有三个阶段：第一阶段，人们对于市场的信心逐渐恢复；第二阶段，基本面利好，刺激股价不断攀升；第三阶段，投机气氛浓厚，投机性交易量逐渐放大。

（5）次级折返走势。次级折返走势是指包含在主要运行趋势之中，但与主要趋势方向相反的中期运行趋势，该趋势通常可以持续数星期甚至数月。

2. 波浪理论

波浪理论是最常用的趋势分析工具之一，是技术分析大师拉尔夫·纳尔逊·艾略特发明的一种分析工具。与其他追随趋势的技术方法不同，波浪理论可以在趋势确立之时预测趋势何时结束。群体心理是该理论的重要依据，而冷淡的交易市场难以发挥其作用。

波浪理论是指股票价格的波动具有相当程度的规律性，与大自然潮汐中的波浪一样，一浪跟着一浪，周而复始，以一种“可识别的模式”前进和反转，这些模式在形态上不断重复。

3. K线理论

K线源于日本的德川幕府时代，被当时日本米市的商人用来记录米市的行情与价格波动，后因其细腻独到的标画方式而被引入股市及期货市场。

K线就是用图形来描绘股票（或者其他资产）价格在一段时间内开盘价、收盘价、最高价与最低价的涨跌变化情况，其刻画的时间段可以根据分析需要任意选取，可以是每分钟、每小时、每日、每周与每年等。K线由实体、上影线和下影线组成。其中，实体是指K线中间的一条粗线；上影线是指实体上方的一条细线；下影线是指实体下方的一条细线。

K线按照收盘价与开盘价之间的关系，可分为阳线与阴线。阳线是指当收盘价高于开盘价时，股价上升趋势所描绘的K线。阴线是指当收盘价低于开盘价时，股价下降趋势所描绘的K线。

（四）技术分析方法

技术分析方法主要有切线理论、形态分析、均线分析和指标分析四种。

1. 切线理论

切线理论认为，投资最重要的就是顺势而为。趋势可以划分为短期、中期与长期，通过描绘一些实用、简单的工具线，可以把握股票价格的变化趋势。“一条直线闯股市”就是对该理论的重要性和实用性的高度概括。

切线理论的主要工具线包括：支撑线与压力线、趋势线与轨道线、黄金分割线与百分比线。

2. 形态分析

形态分析是直接对股票价格的历史K线进行研究来预判股价未来发展方向与变动趋势的一种分析方法，是技术分析的基础方法。

在形态分析中，常用的基本形态主要有两种：反转形态与整理形态。

（1）反转形态。反转形态表明在经过一段时间蓄势后，影响股价走势的新力量逐渐超过了控制股价原有走势的旧力量，从而推动股价改变原有的运动趋势，向着相反的方向发展。

（2）整理形态。整理形态表明股价仍会延续原有走势的运动趋势发展，影响股价走势的力量还是控制股价原有走势的旧力量，因此股价不会发生方向性的改变。

3. 均线分析

移动平均线（MA）是以道琼斯的“平均成本概念”为理论基础，采用统计学中的“移动平均”原理，将一段时期内的股票价格平均值连成曲线，用来显示股价的历史波动情况，代表了一定时期内的市场平均成本变化。

均线分析就是利用移动平均线追踪股票市场的变化趋势，以识别和捕捉旧趋势已经终结或反转、新趋势正在萌生的关键时机。移动平均线主要包括简单算术均线、指数平滑均线和加权均线。

例如，250天指数移动平均线被视为股市牛市与熊市的“分界线”，即将过去1年（前250个交易日）的指数收市平均数作为一个中长线的参考指标，如果指数向下跌破250天平均线，有些投资者便会认为股市从牛市步入熊市；如果指数向上突破250天平均线，股市便从熊市步入牛市。

4. 指标分析

技术指标在股票中泛指一切通过数学公式计算得出的股票数据集合。而指标分析就是依据一定的数理统计方法，运用一些复杂公式计算出相关的技术指标，来判断股价变动趋势的量化分析方法。著名的技术指标包括MACD指标（异同移动平均线指标）、BOLL指标（布林线指标）、KDJ指标（随机指标）等。

【行业动态】

中国证监会召开专家学者和投资者座谈会

中国证监会召开专家学者和投资者座谈会强调，专家学者、投资管理机构、投资者都是资本市场改革发展的见证者、参与者、推动者，要充分发挥各自优势，积极主动作为，共同促进资本市场高质量发展。一是要立足我国个人投资者数量众多这一最大的国情市情，及时倾听广大投资者的心声，及时回应投资者的关切，不断完善投资者合法权益保护的长效机制。二是要围绕建设中国特色现代资本市场这一重大理论和实践课题，在资本市场更好服务高水平科技自立自强、中国特色估值体系建设、塑造良好投资文化等方面加强研究，及时就市场关切的重点热点问题解疑释惑，共同营造良好的资本市场舆论环境。三是要准确把握资本市场长期向好的发展态势，牢固树立长期投资、价值投资理念，行业机构要敢于、善于逆周期布局，加强专业能力建设，以长期稳定的投资回报赢得广大投资者的信任。

资料来源：中国证监会．证监会召开专家学者和投资者座谈会［EB/OL］．［2023-09-08］．http://www.csrc.gov.cn/csrc/c100028/c7431017/content.shtml.

【本章小结】

1.股票是股份有限公司公开发行的、用以证明投资者的股东身份和权益，并据以获得股息和红利的凭证。股票具有收益性、风险性、流动性、永久性、参与性。按照不同的标准，股票可以分为多种类别。普通股是随着企业利润变动而变动的一种股份，是股份公司资本构成中最普遍、最基本的股份。

2.股票的面值，是指股份公司在所发行的股票上标明的票面金额。股票的净值，又称账面价值或每股净资产，指的是利用会计的方法计算出来的每股股票所包含的资产净值。股票的市场价值，又称股票的市值，是指股票在交易过程中交易双方达成的成交价。股票的内在价值，是指在某一时刻股票的真正价值，也是股票的投资价值。

3.绝对价值评估法或称收益贴现模型，是按照未来现金流的贴现对公司的内在价值进行评估的方法，具体又分为股利贴现模型（DDM）、公司自由现金流（FCFF）模型、股权自由现金流（FCFE）模型、经济附加值（EVA）模型等。相对价值评估法是利用一家上市公司的市盈率、市净率、市现率、市销率等指标与其竞争者进行对比，以决定该上市公司价值的方法。

4.投资策略是指投资者根据自身的风险偏好、预期收益与实际需求等一系列相关因素，按照所掌握的信息、理论与技巧将资产在不同投资品种与标的之间进行“买卖选择”

与“配置组合”。

5.价值型投资策略的基本理念是股票的价格波动很大，而其内在价值稳定且可测量，短期内证券市场价格会经常偏离其内在价值。成长型投资策略的基本理念是在市场中筛选出预期利润或收入具有高增长潜力的成长型上市公司，且公司当前股价尚未充分反映公司的成长性，从而在未来具有较大的上升空间，投资者投资此类上市公司可获得可观的收益。指数型投资策略是指通过购买部分或全部的某指数所包含的股票来构建指数基金的投资组合，其目的是使该投资组合的变动趋势与该指数相一致，以取得与指数大致相同的收益率，属于消极型投资策略之一。

6.技术分析策略有三个基本假设：市场行为涵盖一切信息、股票价格沿着趋势变动、历史会重演。技术分析策略的主要理论包括道氏理论、波浪理论和K线理论。道氏理论有三个核心思想，即三重运动原理、相互验证原则、投机原理。

【复习与思考题】

一、单项选择题

1.按照股东权利分类，股票可分为（　　）。

A.记名股票和无记名股票　　B.蓝筹股、绩优股和垃圾股

C.普通股和优先股　　D.有面额股票和无面额股票

2.某一时刻股票的真正价值，也是股票的投资价值，是指股票的（　　）。

A.市场价值　　B.内在价值　　C.股票的净值　　D.股票的面值

3.下列各项中，不属于股票的相对价值评估法的是（　　）。

A.市盈率　　B.市售率

C.市净率　　D.股权自由现金流模型

4.（　　）是以人民币标明面值、以外币认购和买卖，在上海和深圳两个证券交易所上市交易的股票。

A.A股　　B.N股　　C.B股　　D.H股

5.下列各项中，不属于指数型投资策略的是（　　）。

A.完全复制　　B.分层抽样　　C.指数增强　　D.重点复制

二、简答题

1.简述股票的性质与特征。

2.简述优先股的主要特征。

3.简述道氏理论的核心思想。

三、案例分析题

小李得知自己最喜爱的姨妈突然去世后十分伤心，而更让她惊讶的是，自己竟然被指定为唯一继承人。小李的姨妈在遗嘱中写道，“这笔钱能让你拥有一个自己的商店”。小李可以获得价值约50 000美元的遗产。小李和姨妈经常光顾一家商店，小李的梦想就是自己拥有这样一家店铺。她打算先用这笔钱投资，等到将来有足够的钱再买下一间店铺，但是她对股票投资或投资策略一无所知。

在同小李讨论了有关理财规划的多个问题以后，获得了以下信息：首先，这50 000美元是小李为实现开店的目标当前仅有的积蓄；其次，小李是一个十分谨慎的投资者，她害

怕将自己的钱一次性投入市场，因为她听到了多个理财分析人士对市场未来前景的不同判断。利用你所掌握的普通股分类与投资策略的知识，帮助小李解决这一投资问题。

要求：哪些类型的股票或股票组合比较符合小李的要求？根据小李的风险承受能力、投资期限和投资目标，分析回答这个问题。

参考答案

第六章

债券投资规划

学习目标

1. 掌握债券的有关概念及性质；
2. 熟悉债券的分类；
3. 了解债券价值的计算方法；
4. 掌握债券投资组合的策略；
5. 树立专业胜任、严谨务实、理性投资的职业素养。

【引导案例】

作为我国债券市场融资端开放的重要一环，即将满18岁的“熊猫债”在2023年实现了跨越式成长，迎来了诸多新变化与新突破。中国银行间市场交易商协会最新发布的数据显示，2023年1至8月，中国银行间市场交易商协会“熊猫债”发行规模1 010亿元，同比增长55%，首次实现年内发行破千亿元大关。与此同时，在可持续发展目标引领下，贴合国内实际，熊猫债在可持续发展领域的创新实践不断涌现。2023年以来，首批可持续发展挂钩债券（SLB）熊猫债完成发行，绿色熊猫债、碳中和熊猫债、可持续发展熊猫债持续发行。

那么，作为金融市场直接融资最重要的金融产品之一，债券具有哪些特征与类型？债券该如何进行估值？债券的价值与价格之间有什么关系？本章我们将详细介绍这些问题。

第一节 债券概述

一、债券的概念、性质及特征

（一）债券的概念

债券是社会经济主体，如政府、企业等为筹措资金而向投资者出具和承诺按约定的时间和方式支付利息和偿还本金的债权债务凭证。由于债券的利息通常是事先确定的，因此，债券又被称为固定利息证券。

债券市场作为证券市场的一个重要组成部分，是随着社会经济的发展而逐渐发展起来的。债券市场的主要部分是公债或政府债券，而且各国的债券市场几乎无一例外都是从发行政府债券开始逐渐形成和发展起来的。马克思在《资本论》中指出：公共信用制度，即国债制度，在中世纪的热那亚和威尼斯就已产生，到工场手工业时期流行于整个欧洲。

债券所规定的借贷双方的权利和义务的关系，包括以下四个方面的含义：

一是发行者是借入资金的经济主体；二是投资者是出借资金的经济主体；三是发行者需要在一定时期内付息还本；四是债券反映了发行者和投资者之间的债权、债务关系，债券是这一关系的法律凭证。

（二）债券的性质

1. 债券属于有价证券

首先，债券反映和代表了一定的价值。债券本身有一定的面值，通常其是债券投资者投入资金的量化表现。另外，持有债券可按期取得利息，利息也是债券投资者收益的价值表现。其次，债券与其代表的权利联系在一起，拥有债券就拥有了债券所代表的权利，转让债券也就是将债券所代表的权利一并转移。

2. 债券是一种虚拟资本

尽管债券具有面值，代表了一定的财产价值，但其仅是一种虚拟资本，而非真实资本。因为债券的本质是证明债权、债务关系的证书，在债权、债务关系建立时，所投入的资金已被债务人占用，债券是实际运用的真实资本的证书。债券的流动并不意味着其所代表的实际资本也同样流动，债券独立于实际资本之外。

3. 债券是债权的表现

债券代表了债券投资者的权利，这种权利不是直接支配财产权，也不是以资产所有权表现，而是一种债权。债券的持有者是债权人，债权人不同于公司股东，其是公司的外部利益相关者。

（三）债券的特征

债券作为一种资本证券，与股票一样，债券也是一种虚拟资本。一般来说，债券具有以下特征：

1. 偿还性

偿还性是指债券有规定的偿还期限，债务人必须按期向债权人支付利息和偿还本金。债券的偿还性使资金筹措者不能无限期地占用债券购买者的资金，换言之，他们之间的借贷经济关系将随偿还期结束、还本付息手续完毕而不复存在。这一特征与股票的永久性有很大的区别。历史上，债券的偿还性也有例外，曾有国家发行过无期公债或永久性公债。这种公债无固定偿还期，持券者不能要求政府清偿，只能按期取息。当然，这只能视为特例，不能因此而否定债券具有偿还性的一般特性。

2. 流动性

流动性是指债券持有者可按需要和市场的实际状况灵活地转让债券，以提前收回本金和实现投资收益。首先，流动性取决于市场为转让所提供的便利程度；其次，流动性取决于债券在迅速转变为货币时，是否在以货币计算的价值上蒙受损失。

3. 安全性

安全性是指债券持有者的收益相对稳定，不随发行者经营收益的变动而变动，并且可按期收回本金。一般来说，具有高度流动性的债券也是较安全的，因为其不仅可以迅速地转换为货币，而且可以按一个较稳定的价格转换。债券不能收回投资的风险主要有以下两种情况：

（1）信用风险。债务人不履行债务，即债务人不能按约定足额支付利息或偿还本金。不同的债务人不履行债务的风险程度是不一样的，一般情况下，政府债券不履行债务的风险最低。

（2）市场风险。流通市场风险，即债券在市场上转让时因价格下跌而承受损失。许多因素会影响债券的转让价格，其中较重要的因素是市场利率水平。

4. 收益性

收益性是指债券能为投资者带来一定的收入，即债券投资的报酬。在实际经济活动中，债券收益可以表现为三种形式：一是利息收入，即债权人在持有债券期间按约定的条件分期、分次取得利息或者到期一次取得利息；二是资本损益，即债权人到期收回的本金与买入债券或者中途卖出债券与买入债券之间的价差收入；三是再投资收益，即投资债券所获现金流量再投资的利息收入，受市场收益率变化的影响。

5. 债权人的广泛性

债券发行形成的是一定的债务关系。从这个意义上说，它也是一种信用方式。但是，与银行借款等信用方式不同的是，债券持有者在数量上是很多的，即每种债券都是面向广泛的投资者发行的。对于发行者来说，债券发行可以形成大量的债权人，而其他信用方式形成的债权人往往较少。债权人的广泛性，使得筹资者可以在更大的范围和空间吸收社会闲散资金。从宏观角度上说，债券发行作为筹资范围极广泛的方式而被普遍采用，也可以起到更充分地动员社会资金的作用。

二、债券的票面要素

债券作为证明债权、债务关系的凭证，一般以有一定格式的票面形式来表现。通常，债券的票面上有四个基本要素：

（一）票面价值

债券的票面价值是债券票面标明的货币价值，是债券发行人承诺在债券到期日偿还给债券持有人的金额。在债券的票面价值中，首先要规定票面价值的币种，即以何种货币作为债券价值的计量标准。确定币种主要应考虑债券的发行对象。一般来说，在本国发行的债券，通常以本国货币作为面值的计量单位；在国际金融市场上筹资，则通常以债券发行地所在国家的货币或国际通用货币作为计量标准。此外，在确定币种时，还应考虑债券发行者本身对币种的需求。

币种确定后，则要规定债券的票面金额。不同的票面金额，可以对债券的发行成本、发行数额和持有者的分布产生不同的影响。如果票面金额较小，则会促进小额投资者购买债券，但可能会增加发行费用，加重发行工作量；如果票面金额较大，则会吸引大额投资者持有债券，从而降低发行费用，减轻发行工作量，但可能会减少债券的发行量。

（二）到期期限

债券的到期期限是债券从发行之日起至偿清本息之日止的时间，也是债券发行人承诺履行合同义务的全部时间。各种债券有不同的偿还期限，短则几个月，长则几十年。发行人在确定债券的到期期限时，需要考虑多种因素的影响，主要有：

1. 资金使用方向

债务人借入资金可能是为了弥补临时性资金周转的短缺，也可能是为了满足对长期资金的需求。在前者的情况下可以发行短期债券，在后者的情况下可以发行中长期债券。这样安排的好处是既能保证发行人的资金需要，又不因占用资金时间过长而增加利息负担。

2. 市场利率变化

债券偿还期限的确定，应当根据对市场利率的预期相应地选择有助于减少发行者筹资成本的期限。一般来说，当未来市场利率趋于下降时，应选择发行期限较短的债券，这样可以避免市场利率下跌后仍需支付较高的利息；当未来市场利率趋于上升时，应选择发行期限较长的债券，这样能够在市场利率趋高的情况下保持较低的利息负担。

3. 债券的变现能力

这一因素与债券流通市场的发育程度有关。如果流通市场发达，债券容易变现，长期债券较能被投资者所接受；如果流通市场不发达，在投资者急需资金时，长期债券不易变现，因而不如短期债券。

（三）票面利率

债券的票面利率，也称名义利率，是债券年利息与债券票面价值的比率，通常年利率用百分数表示。利率是债券票面要素中不可缺少的内容。在实际经济活动中，债券利率有多种形式，如单利、复利和贴现利率等。债券利率也受多种因素的影响，主要有：

1. 借贷资金市场利率水平

市场利率较高时，债券的票面利率也会相应较高，否则，投资者会选择其他金融资产投资而舍弃债券；反之，市场利率较低时，债券的票面利率也会相应较低。

2. 筹资者的资信

如果债券发行人的资信状况好，债券信用等级高，投资者的风险就小，债券的票面利率可以定得比其他条件相同的债券低一些；如果债券发行人的资信状况差，债券信用等级低，投资者的风险就大，债券的票面利率就需要定得高一些。此时的利率差异反映了信用风险的大小，高利率是对高风险的补偿。

3. 债券期限长短

一般来说，期限较长的债券，其流动性较差，风险相对较大，票面利率应该定得高一些；而期限较短的债券，其流动性较强，风险相对较小，票面利率就可以定得低一些。但是，债券的票面利率与期限的关系较为复杂，它们还受其他因素的影响，所以，有时也会出现短期债券票面利率高而长期债券票面利率低的现象。

（四）发行者名称

这一要素指明了该债券的债务主体，既明确了债券发行人应当履行对债权人偿还本息的义务，也为债权人到期追索本金和利息提供了依据。

需要说明的是，虽然以上四个要素是债券票面的基本要素，但是，它们并非一定要在债券的票面上印制出来。在许多情况下，债券发行者是以公布条例或公告的形式向社会公开宣布某债券的期限与利率的，只要发行者具备良好的信誉，投资者也会认可接受。

三、债券的分类

债券的种类很多，在债券的发展过程中，曾经出现过很多不同品种的债券，各种债券共同构成了一个完整的债券体系。债券可以依据不同的标准进行分类。

（一）按照发行主体分类

按照发行主体分类，债券可分为政府债券、金融债券、公司债券。

1. 政府债券

政府债券是政府为筹集资金而向投资者出具并承诺在一定时期内支付利息和偿还本金的债务凭证。我国的政府债券包括国债和地方政府债券。其中，国债是财政部代表中央政府发行的债券。地方政府债券包括由中央财政代理发行和地方政府自主发行的由地方政府负责偿还的债券。

2. 金融债券

金融债券是由银行和其他金融机构经特别批准而发行的债券。金融债券包括政策性金融债、商业银行债券、特种金融债券、非银行金融机构债券、证券公司债、证券公司短期融资券等。政策性金融债的发行人是政策性金融机构，如国家开发银行、中国农业发展银行、中国进出口银行等。商业银行债券的发行人是商业银行。特种金融债券是指经中国人民银行批准，由部分金融机构发行的，所筹集的资金专门用于偿还不规范证券回购债务的有价证券。非银行金融机构债券由非银行金融机构发行。证券公司债和证券公司短期融资券由证券公司发行。

3. 公司债券

公司债券是公司依照法定程序发行、约定在一定期限还本付息的有价证券。公司债券的发行主体是股份公司，但有的国家也允许非股份制企业发行债券。所以，在归类时可将公司债券和企业债券合称为公司（企业）债券。

（二）按照偿还期限分类

按照偿还期限分类，债券可分为短期债券、中期债券和长期债券。

对于具体年限的划分，不同的国家又有不同的标准。一般而言，短期债券的偿还期在1年以下，如美国短期国债的期限通常为3个月或6个月；中期债券的偿还期一般为1～10年；长期债券的偿还期一般为10年以上。

（三）按照债券持有人收益方式分类

按照债券持有人收益方式分类，债券可分为固定利率债券、浮动利率债券、零息债券。

1. 固定利率债券

固定利率债券是由政府和企业发行的主要债券种类，有固定的到期日，并在偿还期内有固定的票面利率和不变的面值。即使市场利率或者发行人的信用等级改变，债券发行人需要偿付的利息也不会改变。通常，固定利率债券在偿还期内定期支付利息，并在到期日支付面值。例如，债券“01国债”是2001年6月6日为起息日的附息固定利率债券，15年期，每半年支付一次利息，债券面值为100元，票面利率为4.69%。因此，2001—2015年间，该国债持有人每年在付息日6月6日和12月6日可收到利息2.345元，在2016年6月6日可收到利息和本金共计102.345元。

2. 浮动利率债券

浮动利率债券和固定利率债券的主要不同是，其票面利率不是固定不变的，而是与一个基准利率挂钩，在此基础上加上利差（可正可负），以反映不同债券发行人的信用。

浮动利率债券的利息在每个支付期都会根据基准利率的变化而重新设置。每期期末支付的利息额，是在本支付期期初基准利率的基础上设定的。也就是说，每个利息支付日的利息，是由上一支付日的基准利率和利差共同决定的。

3. 零息债券

零息债券和固定利率债券一样，都有一定的偿还期限，但在偿还期限内不支付利息，而是在到期日一次性支付利息和本金，一般为债券面值。因此，零息债券以低于面值的价格发行，到期日支付的面值和发行时价格的差额，即为投资者的收益。许多偿还期限为1年或1年以下的债券，以零息债券的方式发行，如美国国库券；而一些偿还期限在1年以上的零息企业债券，由于利息和本金在到期日一次性支付，其风险较大，除非有较高的预期收益率，否则，投资者通常不愿意购买，发行人的借款成本也会上升。

（四）按照计息与付息方式分类

按照计息与付息方式分类，债券可分为息票债券和贴现债券。

息票债券是指债券发行时规定在债券存续期内，以约定的时间和利率按期向债券持有人支付利息的中长期债券。债券持有人于息票到期日，凭债券附带的息票领取最后一期的利息并同时领取债券的本金。与此相对应，贴现债券则是无息票债券或零息债券，这种债券在发行时不规定利率，券面也不附息票，发行人以低于债券面额的价格出售债券，即折价发行，债券到期时发行人按债券面额兑付。

四、债券与股票的比较

（一）债券与股票的相同点

1. 债券与股票都属于有价证券

债券和股票作为有价证券体系中的一员，均是虚拟资本，它们本身无价值，但又都是真实资本的代表。持有债券或股票，都有可能获取一定的收益，并能行使各自的权利进行流通转让。债券和股票都在证券市场上交易，是各国证券市场的两大支柱类交易工具。

2. 债券与股票都是筹措资金的手段

债券和股票都是有关经济主体为筹资需要而发行的有价证券。经济主体在社会经济活动中必然会产生对资金的需求，从资金融通的角度来看，债券和股票都是筹资手段。同向银行贷款的间接融资相比，发行债券和股票所筹资金的数额大、时间长、成本低，且不受贷款银行的条件限制。

3. 债券与股票的收益率相互影响

从单个债券和股票来看，它们的收益率经常会产生差异，而且有时差距会很大。但是，总体而言，如果市场是有效的，债券的平均收益率和股票的平均收益率会大体保持相对稳定的关系，其差异反映了二者风险程度的差别。这是因为，在市场规律的作用下，证券市场上一种融资手段收益率的变动，会引起另一种融资手段收益率发生同向变动。

（二）债券与股票的区别

1. 权利不同

债券是债权凭证，债券持有者与债券发行人之间的经济关系是债权、债务关系，债券持有者只可按期获取利息及到期收回本金，而无权参与公司的经营决策。股票则不同，股票是所有权凭证，股票所有者是发行股票公司的股东，股东一般拥有表决权，可以通过参加股东大会选举董事，参与公司重大事项的审议和表决，行使对公司的经营决策权和监督权。

2. 目的不同

债券发行是公司追加资金的需要，属于公司的负债，而不是资本金。股票发行则是股份公司创立和增加资本的需要，筹措的资金列入公司资本。而且债券发行的经济主体有很多，如中央政府、地方政府、金融机构等一般都可以发行债券，但是股票发行的经济主体只有股份公司。

3. 期限不同

债券一般有规定的偿还期限，期满时，债务人必须按时归还本金，因此，债券是一种有期证券。股票通常是无须偿还的，一旦投资入股，股东便不能从股份公司抽回本金，因此，股票是一种无期证券，或称为永久证券。但是，股票持有者可以通过市场转让来收回投资资金。

4. 收益不同

股票收益是不稳定的，因此，股票投资者通过公司盈利分配获得投资回报并不可靠，回报水准也难以预测。但正是由于股票收益的不稳定，只要公司经营业绩突出，投资者在投资股票时，有可能获得投资任何债券均无法比拟的高额利润。同时，由于股票受多种因素的影响，价格波动频繁且幅度较大，因此，在市场上进行股票买卖，赚取差价利润的机会也较多。相比之下，债券收益则较有保障，收益水平稳定且可以较为准确地把握。同时，由于债券的利息收益是固定的，其价格波动幅度较小，因此，债券收益的实现虽然也可以通过市场买卖达成，但更多的还是表现为发行者支付的利息。

5. 风险不同

股票风险较大，债券风险相对较小。这是因为：第一，债券利息是公司的固定支出，属于费用范围；股票的股息、红利都是公司利润的一部分，公司只有在盈利的情况下，才能支付股票的股息、红利，而且支付顺序在债券利息支付和纳税之后。第二，倘若公司破产，清理资产有余额偿还时，债券偿付在前，股票偿付在后。第三，在二级市场上，债券因其利率固定、期限固定，市场价格也较稳定；而股票无固定期限和利率，受各种宏观因素和微观因素的影响，市场价格波动频繁，涨跌幅度较大。

第二节　债券价值分析

一、债券的价值

根据贴现现金流估值法，任何资产的内在价值等于投资者对持有该资产预期的未来现金流的现值。

（一）零息债券价值

零息债券是一种以低于面值的贴现方式发行，不支付利息，到期按债券面值偿还的债券。债券发行价格与面值之间的差额，就是投资者的利息收入。由于面值是投资者未来唯一的现金流，因此，贴现债券的内在价值由以下公式决定：

$$V = M\frac{1}{(1+r)^t}$$

式中：V表示贴现债券的内在价值；M表示面值；r表示市场利率；t表示债券到期时间。

由于多数零息债券的期限小于1年，因此，上述公式可以简单调整为：

$$V = M(1-\frac{t}{360}r)$$

【案例展示6-1】

某种贴现式国债面额为100元，贴现率为3.82%，到期时间为90天，则该国债的内在价值为：

V=100×（1−90÷360×3.82%）=99.045（元）

【实训任务6-1】某种贴现式国债面额为100元，贴现率为4.5%，到期时间为240天，则该国债的内在价值是多少？

参考答案

（二）固定利率债券价值

固定利率债券是一种按照票面金额计算利息，票面上附有（也可不附有）作为定期支付利息凭证的期票的债券。投资者不仅可以在债券期满时收回本金（面值），而且可以定期获得固定的利息收入。所以，投资者未来的现金流包括本金和利息两个部分。其内在价值公式为：

$$V = \frac{C}{1+r} + \frac{C}{(1+r)^2} + \frac{C}{(1+r)^3} + \cdots + \frac{C}{(1+r)^n} + \frac{M}{(1+r)^n}$$

式中：V表示贴现债券的内在价值；C表示每期支付的利息；M表示面值；r表示市场利率；n表示债券到期时间。

【案例展示6-2】

某种附息国债面额为100元，票面利率为5.21%，市场利率为4.89%，期限为3年，每年付息1次，则该国债的内在价值为：

$$V = \frac{5.21}{1+4.89\%} + \frac{5.21}{(1+4.89\%)^2} + \frac{5.21}{(1+4.89\%)^3} + \frac{100}{(1+4.89\%)^3} = 100.873\text{（元）}$$

（三）统一公债价值

统一公债是一种没有到期日的特殊债券。最典型的统一公债是英格兰银行在18世纪发行的英国统一公债，英格兰银行保证向该公债的投资者永久支付利息。直到如今，在英国伦敦的证券市场上仍然可以买卖这种公债。历史上，美国政府为巴拿马运河融资时也发行过类似的公债，但是由于附有赎回条款，其已退出流通领域。在现代企业中，优先股的股东可以无限期地获得固定股息，因此，优先股也相当于一种统一公债。统一公债的内在价值的计算公式为：

$$V = \frac{C}{1+r} + \frac{C}{(1+r)^2} + \frac{C}{(1+r)^3} + \cdots + \frac{C}{(1+r)^n} = \frac{C}{r}$$

二、债券的收益

债券的收益来自利息收益、资本利得、再投资收益三个方面。

（一）利息收益

债券的利息收益取决于债券的票面利率和付息方式。债券的票面利率是指1年的利息占票面金额的比率。票面利率的高低直接影响着债券发行人的筹资成本和投资者的投资收益，一般是由债券发行人根据债券本身的性质和对市场条件的分析决定的。一旦债券的票面利率确定后，在债券的有效期限内，无论市场发生什么变化，发行人都必须按确定的票面利率向债券持有人支付利息。付息方式既影响债券发行人的筹资成本，也影响投资者的投资收益。一般将债券利息的支付方式分为一次性付息和分期付息两类。对于投资者来说，在票面利率相同的条件下，分期付息可以获取利息的再投资收益，或享有每年获得现金利息便于支配的流动性好处。

（二）资本利得

债券的资本利得是指债券买入价与卖出价或买入价与到期偿还额之间的差额。同股票的资本利得一样，债券的资本利得可正可负：当卖出价或到期偿还额大于买入价时，资本利得为正，此时称其为资本收益；当卖出价或到期偿还额小于买入价时，资本利得为负，此时称其为资本损失。投资者可以在债券到期时将持有的债券兑现，或者利用债券市场价格的变动低买高卖，从中取得资本收益，当然也有可能遭受资本损失。

（三）再投资收益

债券的再投资收益是将投资债券所获得的现金流量再投资的利息收入。对附息债券而言，投资期间的现金流是定期支付的利息，再投资收益是将定期所获得的利息进行再投资而得到的利息收入。对于投资附息债券的投资者来说，只有将债券持有至到期日，并且各期利息都能按照到期收益率进行再投资，才能实现投资债券时预期的收益率；反之，如果未来的再投资收益率低于购买债券时预期的到期收益率，则投资者将面临再投资风险。

决定再投资收益的主要因素是债券的偿还期限、息票收入和市场利率的变化。在给定债券息票利率和到期收益率的情况下，债券的期限越长，再投资收益对债券总收益的影响就越大，再投资风险也越大。在给定偿还期限和到期收益率的情况下，债券的息票利率越高，再投资收益对债券总收益的影响就越大。当市场利率变化时，再投资收益率可能大于或小于到期收益率，使投资总收益发生相应变化。但是，对无息票债券而言，由于投资期间并无利息收入，因而也不存在再投资风险，持有无息票债券直至到期所获得的收益就等于预期的到期收益。

三、当期收益率、到期收益率与持有期收益率

（一）当期收益率

当期收益率，又称当前收益率，是债券的年利息收入与当前的债券市场价格的比率。其计算公式为：

$$I = \frac{C}{P}$$

式中：I表示当期收益率；C表示年息票利息；P表示债券市场价格。

从上式可见，当期收益率没有考虑债券投资所获得的资本利得或损失，只是债券某一期间所获得的现金收入相较于债券价格的比率。

（二）到期收益率

到期收益率，又称内部收益率，是可以使投资购买债券所获得的未来现金流的现值等于债券当前市价的贴现率。它相当于投资者按照当前市场价格购买并且一直持有至到期可获得的年平均收益率。其中，到期收益率隐含两个重要假设：一是投资者持有至到期；二是利息再投资收益率不变。到期收益率一般用y表示，债券市场价格和到期收益率的关系式为：

$$P=\sum_{t=1}^{n}\frac{C}{(1+y)^t}+M\left(\frac{1}{1+y}\right)^n$$

式中：P表示债券市场价格；C表示每期支付的利息；n表示时期数；M表示债券面值。

【案例展示6-3】

某种票面金额为100元的2年期债券，第1年支付利息6元，第2年支付利息6元，当前市场价格为95元，则该债券的到期收益率和当前市场价格之间的关系可表达为：

$$95=\frac{6}{1+y}+\frac{106}{(1+y)^2}$$

求解得：

$$y=8.836\%$$

【实训任务6-2】某种票面金额为100元的3年期债券，第1年支付利息7元，第2年支付利息7元，第3年支付利息7元，当前市场价格为94元，求该债券的到期收益率是多少？

参考答案

（三）持有期收益率

持有期收益率是指买入债券后持有一段时间，又在债券到期前将其出售而得到的收益，包括持有债券期间的利息收入和资本损益与买入债券的实际价格之间的比率。其计算公式为：

$$S=\frac{C+\frac{P_1-P_0}{n}}{P_0}$$

式中：S表示持有期收益率；P_0表示 债券买入价格；P_1表示债券卖出价格；n表示持有年数；C表示年息票利息。

【案例展示6-4】

某人于2×18年1月1日以120元的价格购买了面值为100元、利率为10%、每年1月1日支付一次利息的2×17年发行的10年期国库券，并持有到2×23年1月1日以140元的价格卖出，则该国库券的持有期收益率为：

$$S=\frac{10+\frac{140-120}{5}}{120}$$

求解得：

$$S=11.667\%$$

（四）债券当期收益率与到期收益率之间的关系

债券市场价格越接近债券面值，期限越长，则当期收益率就越接近到期收益率。债券市场价格越偏离债券面值，期限越短，则当期收益率就越偏离到期收益率。但是，不论当期收益率与到期收益率近似程度如何，当期收益率的变动总是预示着到期收益率的同向变动。

四、债券的久期

利率变化是影响债券价格的主要因素之一，久期是衡量债券价格随利率变化特性的一个重要指标。

到期期限是度量债券寿命的传统指标，但其仅仅考虑了到期日本金的偿还，并不是衡量债券寿命的充分性指标，因此有必要引入一个新的指标来度量债券寿命的现金流模式(数量和时间)。1938年，麦考利（Macaulay）为评估债券的平均还款期限，引入了久期的概念。

麦考利久期（Macaulay Duration），又称存续期，指的是债券的平均到期时间，它是从现值的角度度量债券现金流的加权平均年限，即债券投资者收回其全部本金和利息的平均时间。其具体计算公式为：

$$D_{mac}=\frac{\sum_{i=1}^{T}\frac{c_t}{(1+y)^t}t}{P}=\sum_{i=1}^{T}\left[\frac{\frac{c_t}{(1+y)^t}}{P}t\right]=\sum_{i=1}^{T}\left[\frac{PV(c_t)}{P}t\right]$$

式中：D_{mac}表示麦考利久期；PV（c_t）表示在时间t可收到现金流的现值，计算时所用的贴现率为市场上风险相同的债券的到期收益率；P表示当前债券的市场价格；T表示债券到期所剩余的付息次数（包括偿付本金）；y表示未来所有现金流的贴现率，即收益率。

上面介绍的是单个债券久期的计算，对于债券组合的久期计算，可以利用组合中所有债券久期的加权平均来计算，权重即为各个债券在组合中的比重。

对于在到期日所有本息一次付清的零息债券，麦考利久期等于期限。

经过数学推导，债券价格变化与收益率的关系可以表示为：

$$\frac{\Delta P}{P}=-D_{mac}\frac{\Delta y}{1+y}$$

麦考利久期除以（1+y），即为修正久期（D_{mod}），其表达式为：

$$D_{mod}=\frac{D_{mac}}{1+y}$$

修正久期衡量的是，在市场利率变动时，债券价格变动的百分比。由上述两个公式可以推导出：

$$\frac{\Delta P}{P}=-D_{mod}\Delta y$$

【案例展示6-5】

某种息票率为6%的3年期债券，市场价格为97.344元，到期收益率为7%，久期为2.83年。如果该债券的到期收益率增加至7.1%，那么其价格将如何变化？

$$D_{mod}=\frac{D_{mac}}{1+y}=\frac{2.83}{1+0.07}=2.64\text{（年）}$$

$$\Delta P=-PD_{mod}\Delta y=-97.344\times 2.64\times 0.001=-0.257\text{（元）}$$

即利率上升0.1个百分点，债券的价格将下降0.257元。

【实训任务6-3】某种息票率为5%的5年期债券，市场价格为97.344元，到期收益率为7%，久期为4.53年。如果该债券的到期收益率增加至7.3%，那么其价格将如何变化？

参考答案

五、影响债券投资收益的因素

（一）债券的票面利率

债券的票面利率越高，债券的利息收入就越高，债券收益也就越高。债券的票面利率取决于债券发行的市场利率、债券期限、发行者信用水平、债券的流动性水平等因素。在债券发行时，市场利率越高，票面利率就越高；债券期限越长，票面利率就越高；发行者信用水平越高，票面利率就越低；债券的流动性水平越高，票面利率就越低。

（二）市场利率与债券价格

由债券收益率的计算公式可知，市场利率的变动与债券价格的变动呈反向关系，即当市场利率升高时，债券价格下降；当市场利率降低时，债券价格上升。市场利率的变动引起债券价格的变动，从而给债券的买卖带来差价。市场利率升高，债券买卖差价为正数，债券的投资收益增加；市场利率降低，债券买卖差价为负数，债券的投资收益减少。随着市场利率的升降，投资者如果能够适时地买进卖出债券，就可获取更大的债券投资收益。当然，如果投资者债券买卖的时机不当，也会使得债券的投资收益减少。债券收益率与债券面值和票面利率相联系，当债券价格高于其面值时，债券收益率低于票面利率；反之，则高于票面利率。

（三）债券的投资成本

债券的投资成本大致有购买成本、交易成本和税收成本三个部分。购买成本是投资人买入债券所支付的金额（购买债券的数量与债券价格的乘积，即本金）；交易成本包括经纪人佣金、成交手续费和过户手续费等。目前，国债的利息收入是免税的，但企业债券的利息收入仍需要缴税，机构投资人还需要缴纳增值税，税收也是影响债券实际投资收益的重要因素。债券的投资成本越高，其投资收益也就越低。因此，债券投资成本是投资者在比较选择债券时必须考虑的因素，也是在计算债券的实际收益率时必须扣除的。

（四）计息方式

不同的计息方式会使投资者获得利息的时间不同，在其他因素相同的情况下，固定利率债券比零息债券的到期收益率要高。

（五）再投资收益率

由于计算到期收益率时假定利息可以以相同于到期收益率的水平再投资，但在市场利率波动的情况下，再投资收益率可能无法保持不变，因此会影响到投资者实际的持有到期收益率。

（六）市场供求、货币政策和财政政策

市场供求、货币政策和财政政策会对债券价格产生影响，从而影响到投资者购买债券的成本，因此，市场供求、货币政策和财政政策也是投资者考虑投资收益时不可忽略的因素。

【行业动态】

提升资本市场服务国家战略质效 引导资源向关键领域集聚

2023年以来，中国证监会按照统一公司债和企业债、促进协同发展的思路，全面深化债券市场功能。企业债发行审核职责划转后，中国证监会上半年核发了三批企业债注册批文，拟募资额总计超过1 000亿元，债券主要投向交通运输、安置房建设、农村产业融合发展、5G智慧城市和生态环境综合治理等产业领域，助力建设现代化产业体系。

下一阶段，伴随着公司债和企业债协同发展，企业债项目审核注册将走向常态化。同时，随着科创债做优做强，发行规模有望稳步提升，发行主体更加多元化，投资者参与度将随之提升，进一步支持科技创新和高水平科技自立自强。

提升服务国家战略质效，资本市场需要紧紧围绕服务实体经济高质量发展的根本方向，加大产品创新和制度供给。

中国证监会相关负责人曾多次表态，将研究资本市场差异化的制度安排，健全多层次资本市场体系，加大股债融资、并购重组、REITs等产品创新和制度供给，强化大宗商品期货价格影响力，助力打造战略性新兴产业集群，支持传统产业转型升级。

资料来源：梁银妍，汤立斌．提升资本市场服务国家战略质效　引导资源向关键领域集聚［EB/OL］．［2023-08-01］．https://www.sac.net.cn/tzzzj/zxsd/xscyw/202308/t20230801_60966.html.

第三节　债券投资策略分析

一、债券投资原则

投资债券既要获得收益，又要控制风险，因此，根据债券的收益性、安全性、流动性的特点，债券投资的原则主要有：

（一）收益性原则

不同种类债券的收益是不同的，投资者应当根据自己的实际情况选择。例如，国债是以政府的税收作担保，具有充分、安全的偿付保证，一般认为是没有风险的投资；而企业债券则存在能否按时偿付本息的风险，作为对这种风险的报酬补偿，企业债券的收益性必然要比政府债券高。当然，实际收益情况还要考虑税收成本。

（二）安全性原则

投资债券相对于其他投资工具要安全得多，但这仅仅是相对的，其安全性问题依然存在。因为经济环境、经营状况、债券发行人的资信等级等并不是一成不变的，所以，投资债券还应考虑不同债券投资的安全性。例如，就政府债券和企业债券而言，政府债券的安全性是绝对高的，企业债券则会面临违约的风险，尤其是企业经营不善，甚至倒闭时，偿还全部本息的可能性不大，因此，企业债券的安全性不如政府债券。对于抵押债券和无抵押债券来说，有抵押品作偿债的最后担保，其安全性就相对要高一些。

（三）流动性原则

债券的流动性越强，意味着能够以较快的速度将债券兑换成货币，同时，债券价值在兑换成货币后不会因过高的费用而遭受损失；否则，意味着债券的流动性较差。影响债券流动性的主要因素是债券的期限，期限越长，流动性越弱；反之，期限越短，流动性越强。另外，不同类型债券的流动性也不相同。例如，国债、金融债券，在发行后就可以上市转让，因此其流动性较强；企业债券的流动性则相对较差。目前，我国的企业债券从发行后，再到证券交易所申请上市，上市前后债券的流动性差别很大，上市后债券的流动性还受到该债券发行主体资信情况的影响。

在债券投资的具体操作中，投资者应当考虑影响债券收益的各种因素，在债券种类、债券期限、债券收益率（不同券种）和投资组合方面做出适合自身情况的选择。

二、债券投资策略

（一）消极投资组合策略

消极的债券组合管理者通常将市场价格看作均衡交易价格，因此，他们并不试图寻找被低估的品种，而仅关注债券组合的风险控制。在债券投资组合管理的过程中，通常使用两种消极的管理策略：一是指数策略，其目的是使所管理的资产组合尽量接近于某个债券市场指数的表现；二是免疫策略，这是被许多债券投资者广泛采用的策略，其目的是使所管理的资产组合免于市场利率波动的风险。

指数策略和免疫策略都假定市场价格是公平的均衡交易价格，它们的区别在于处理利率暴露风险的方式不同。债券指数资产组合的风险报酬结构与所追踪的债券市场指数的风险报酬结构近似；而免疫策略则试图建立一个几乎是零风险的债券资产组合，在这个组合中，市场利率的变动对债券组合的表现几乎毫无影响。

1. 指数化投资策略

指数化投资策略是指债券管理者构造一个债券资产组合模仿市场上存在的某种债券指数的业绩，由此使该债券资产组合的风险回报与其相联系的债券市场指数的风险回报状况相当。

指数化投资策略的目标是使债券投资组合达到与某个特定指数相同的收益，它以市场充分有效的假设为基础，属于消极型债券投资策略。虽然这种策略可以达到预期的绩效，但是往往放弃了获得更高收益的机会或者不能满足投资者对现金流的需求。指数化债券投资组合分割市场情况见表6-1。

表6-1　**指数化债券投资组合分割市场情况**

发行主体 到期期限	政府债券（%）	金融债券（%）	公司债券（%）	国际债券（%）
1～5年	7	3	—	—
6～10年	—	10	—	10
11～15年	13	2	15	10
16～20年	—	10	10	—
20年以上	5	—	—	5

首先，将债券市场的债券按不同的标准进行分类，在表6-1中按到期期限（五个阶段）和发行主体（四类）进行分类。

其次，在市场上选择一种指数，在该指数所包含的债券范围内计算每一单元格中债券市值占全部债券市值的比重（以百分比的形式填入相应的单元格中）。

最后，指数化债券管理者不再以市场的指数为标准进行复制处理，而是建立一个债券资产组合，该组合中的债券所占比重与每一单元格中的债券所占比重保持一致即可。

2. 满足单一负债要求的投资组合免疫策略

在投资者买入特定债券之后，如果市场利率下降，将导致债券价格上升，但同时再投资收益率下降；而当市场利率上升时，债券价格将下降，但同时再投资收益率上升。因此，债券价格波动风险与再投资风险之间存在替代关系。投资者为了保证能够实现目标收益，应当买入这样一种债券：当市场利率下降时，债券价格上升带来的收益在抵销再投资收益下降导致的损失之后还有盈余；当市场利率上升时，债券再投资收益的增加在抵销债券价格下降导致的损失之后还有盈余。这样，不论市场利率如何变化，都能够保证债券组合的收益不低于目标收益。

为了使债券组合最大限度地避免市场利率变化的影响，债券组合应当满足以下两个条件：一是债券组合的久期等于负债的久期；二是债券组合的现金流的现值与未来负债的现值相等。在以上两个条件与其他方面的需求确定的情况下，求得规避风险最小化的债券组合。

【案例展示6-6】

2×18年11月30日，小陈从银行取出160万元，委托某精英投资顾问代替他规划个人理财，小陈希望能够投资债券，且必须在3年后收回200万元作为结婚基金。该精英投资顾问帮助小陈选出了两种可以达成其目标的债券，甲、乙债券的相关数据见表6-2。

表6-2 **甲、乙债券的相关数据**

债券	息票利率（%）	到期日	面额（万元）	价格（元）	到期收益率（%）	存续期（年）
甲	6	2×20-11-30	10	96.433	8	1.9424
乙	8	2×23-11-30	10	100	8	4.3121

由此可以看出，甲、乙债券的到期收益率均为8%，如果3年内利率不变，则到期时一定能够收回200万元。但实际利率有可能发生变化，因此，每年收回的利息都会面临再投资风险。因为甲债券距离到期日只有2年，所以，到期时必须将收回的本金再投资1年，从而使本金的部分产生再投资风险。而乙债券的到期日超过3年，本金的部分不会有再投资风险，但3年后必须将债券在市场上出售，因此面临价格变动的风险。尽管两种债券的到期收益率符合小陈的要求，但实际上却不一定能够达成预期的目标。为此，可以采取以下的免疫策略，使投资组合的有续期间等于3年：

$W_1+W_2=1$

$W_1\times1.9424+W_2\times4.3121=3$

其中，W_1和W_2分别代表投资组合中甲、乙债券的投资比例，解方程可得：$W_1=0.5537$，$W_2=0.4463$，即小陈需要将资金的55.37%（885 920元）投资于甲债券，而剩余的44.63%（714 080元）则投资于乙债券。

3. 多重负债下的组合免疫策略

多重负债下的组合免疫策略要求投资组合可以偿付不止一种预定的未来债务，而不论利率如何变化。与满足单一时期现金流所采取的规避策略基本相似，多重负债下的组合免疫策略需要满足以下条件：

（1）债券组合的久期与负债的久期相等；

（2）组合内各种债券的久期分布必须比负债的久期分布更广；

（3）债券组合的现金流的现值必须与负债的现值相等。

在上述三个条件均满足的情况下，采用数学规划的方法求得规避风险最小化的债券组合。

4. 多重负债下的现金流匹配策略

多重负债下的现金流匹配策略是指按偿还期限从长到短的顺序，挑选一系列的债券，使现金流与各个时期现金流的需求相等。这种策略没有任何免疫期限的限制，也不承担任何市场利率的风险，但成本往往较高。

【实训任务6-4】 最简单的方法就是购买零息债券为预期的现金支出提供适当的资金。例如，某资产管理者需要在3年后偿还10 000元的债务，他可以现在购买面值为10 000元的3年期零息债券，就可以完全锁定利率风险。因为无论未来3年内利率如何变动，该资产管理者都能够保证到期的现金支付。

参考答案

如果该资产管理者所面临的负债是多期的，在这种情况下，他可以同时选择零息债券和附息债券，以使每期的现金流相匹配。

假设你是保德信保险公司的资产管理部负责人。保德信保险公司未来3年内的现金流支出情况以及三种债券的现金流模式见表6-3。

表6-3　**保德信保险公司未来3年内现金流支出情况及三种债券现金流模式**

项目	第1年年末	第2年年末	第3年年末
现金流支出（万元）	1 000	1 000	1 000
3年期附息债券（万元）	50	50	500
2年期附息债券（万元）	100	300	
零息债券（万元）	200		

为了满足保德信保险公司未来3年内现金流支出的需要，你决定利用3年期附息债券、2年期附息债券和零息债券实施多期现金流匹配策略。请问：目前你需要投资于上述三种债券的投资数量各是多少？

与多重负债下的组合免疫策略相比，多重负债下的现金流匹配策略没有存续期的要求，但是在利率没有变动时，仍然需要对投资组合进行调整。同时，两种策略的实施成本也有高低差异。多重负债下的现金流匹配策略为了达到现金流与债务的配比而必须投入高于必要资金量的资金，这一部分超额资金将以保守的再投资利率进行再投资；而在多重负债下的组合免疫策略中，所有的再投资收益率都假设固定在较高的目标收益率上。因此，资产管理者需要在多重负债下的现金流匹配策略中无法和债务匹配的风险与在多重负债下的组合免疫策略中可能较低的成本之间进行权衡。

（二）积极投资组合策略

1. 水平分析

水平分析是一种基于对未来利率水平预期的债券组合管理策略，其主要的一种形式被称为利率预期策略。在这种策略下，债券投资者基于对未来利率水平的预期来调整债券资产组合，以使其保持对利率变动的敏感性。由于久期是衡量利率变动敏感性的重要指标，这意味着如果预期利率上升，则应当缩短债券组合的久期；如果预期利率下降，则应当增加债券组合的久期。例如，如果投资者预测到利率将要下跌，则会卖出手中的6年期的政府债券，同时买入13年期的政府债券。这时，投资者将债券换成了久期更长的债券，其会因债券价格上涨而获得更多的收益。

对于以债券指数作为评价基准的资产管理者来说，当预期利率下降时，将增加投资组合的存续期与基准指数的存续期之间的相关程度；反之，当预期利率上升时，将缩短投资组合的存续期。如果投资者对投资组合的存续期与基准指数的存续期之间的差距不做任何规定，那么资产管理者就产生了对利率变动进行有益预期的内在动力。按照对利率的预期调整投资组合的存续期，将有可能给资产管理者带来出色的表现，但也有可能造成更大的损失。为了可能获得的超额收益，资产管理者有动力对债券利率进行有利于自身的预期，即使这种预期在某些时候是错误的。

在利率预期策略下，其关键点是能否准确地预测未来的利率水平。部分学术文献指出，利率难以被准确预测，并进一步推断出，在利率预期策略下，经风险调整后的超额收益是难以持续的。

2. 债券互换

债券互换就是同时买入和卖出具有相近特性的两个以上的债券品种，从而获取收益级差的行为。不同债券品种在利息、违约风险、期限（久期）、流动性、税收特性、可回购条款等方面的差别，决定了债券互换的可行性和潜在获利的可能性。例如，当债券投资者观察AAA级和A级的债券收益时，如果发现二者的利差从大约75个基点的历史平均值扩大到100个基点，而投资者判断这种对平均值的偏离是暂时的，那么投资者就应买入A级债券并卖出AAA级债券，直到两种债券的利差返回到75个基点的历史平均值。在进行积极债券组合管理时，使用债券互换有多种目的，但其主要目的是通过债券互换来提高组合的收益率。

一般而言，只有存在较高的收益级差和较短的过渡期时，债券投资者才会进行互换操作。过渡期是指债券价格从偏离值返回到历史平均值的时间。收益级差越大，过渡期越短，投资者从债券互换中获得的收益率就越高。

3. 应急免疫

应急免疫是利伯维茨和温伯格于1982年提出的一种债券组合投资策略。下面举例加以说明，假定当前利率为10%，投资者债券组合的当前价值为100万元。投资者可以通过常规的利率免疫策略锁定收益率，以在2年后使债券组合升值为121万元。然而，投资者要在承担有限风险的条件下采用更积极的投资策略，希望能够获得超过121万元的收益，但同时要保证债券组合2年后的价值不低于110万元。由于在当前利率下，只需要有90.9万元就可以在2年后将其增值到110万元，因此，投资者开始时可以承受一定的风险损失，而不必立即采用利率免疫策略。其关键点是计算在当前利率水平和特定期限下需要锁定多少投资进行利率免疫策略，才能保证2年后的最低组合价值为110万元。用T表示剩余时间，用r表示任一特定时间的市场利率，那么必须保证在特定时点上投资者持有$\frac{110}{(1+r)^{T}}$资产规模，这个值就是紧急免疫的触发点。如果资产组合规模始终在这个值之上，那么投资者会采取积极的投资策略而不会采用利率免疫策略，到期时的资产组合价值一定会多于110万元。一旦资产组合规模降到触发点，积极的管理就会停止，资产组合价值将平滑地升到110万元的最终值。

4. 骑乘收益率曲线

骑乘收益率曲线，被视为水平分析的一种特殊形式。债券的收益率曲线随时间变化而变化，因此，投资者能够以债券的收益率曲线形状变动的预期为依据来建立和调整组合头寸。

经验显示，收益率曲线的变化方式有平行移动和非平行移动两种。非平行移动又分为两种情况：收益率曲线的斜度变化和收益率曲线的谷峰变动。一般认为，较平缓的收益率曲线说明长期债券与短期债券之间的收益差额趋于递减；而较陡峭的收益率曲线预示长期债券与短期债券之间的收益差额是递增的。

常用的收益率曲线追踪策略包括子弹式策略、两极策略和梯式策略三种。但是，这种投资策略也会导致风险的提高，投资者必须权衡更高的预期收益与更高的价格波动风险，以调整其债券投资组合。

（三）混合投资组合策略

在现实环境中，市场的有效性是很难判断的，因此，根据市场状况选择介于积极和消极投资组合策略之间的混合投资组合策略，将更加符合投资者的需求。或有免疫策略是混合投资组合策略的典型代表，在这种方式下，经理人将采取积极的操作，如果债券的表现不好，则在投资组合价值下降到一定程度时，改用免疫策略以保障投资者的报酬下限；相反，则继续维持积极的操作，以追求更高的回报。

三、债券投资风险分析

债券是发行人通过债券的销售以支持公司经济的借贷渠道之一，等同于投资人借钱给发行人，而债券发行商则在债券有效期内给予投资人特定的利息作为回报，并于债券到期日给予投资人本金。虽然债券的投资风险比股票低，但是其存在的风险也不容忽视。

（一）信用及偿还风险

信用及偿还风险一般是指发行商不能履行支付债券本金及特定利息的可能性。如果投资对象是政府发行的债券，那么投资者不会面临信用及偿还风险；如果投资对象是公司债券或其他债券，投资者则会面临信用及偿还风险。因此，投资者在做任何投资之前，应清楚了解发债公司的稳健性及其信用评级等，其中信用评级是相关机构对发行公司的信誉、经济状况、盈利能力、偿还能力等情况做出的评估。

信用评级较高的公司，其信誉也会相对较高，但是这类公司所提供的利息较一些低信用评级公司的利息要低。其主要是因为投资者较为信任高信用评级的公司，这类公司的失信可能性比较低，所以，低信用评级的公司会以较高的利率来吸引投资者。当然，如果发行人无力偿还本金，投资者所要面临的风险也相对提高。因此，信用评级是一项不可缺少的考虑因素。

（二）利率风险

利率风险是指由于利率变动而使投资者遭受损失的风险。利率是影响债券价格的重要因素之一，当利率上升时，债券的价格就会相应地降低，因为债券投资者会拿出更多的资金放入银行；反之，当利率下降时，债券的价格就会相应地提升。一般来说，债券期限越长，其面临的利率风险就越大。

（三）通货膨胀风险

通货膨胀风险是指由于通货膨胀而使货币实际购买力下降的风险。在通货膨胀的背景下，货币的购买力是持续下降的，债券作为一种通货资产，债券发行者在协议中承诺兑付给债券持有者的利息或本金的偿还，都是事先议定的固定金额，不会因通货膨胀而有所增加。由于通货膨胀，债券持有者从债券投资中所获得的投资金额的实际购买力逐渐降低，甚至可能出现低于初始投资金额的实际购买力。投资者的实际收益应是票面利率扣除通货膨胀率的剩余部分。通货膨胀风险是债券投资所面临的最为常见的，也是在现实中必然存在的一种风险。

（四）流动性风险

流动性风险是指债券投资者在短期内无法以合理的价格出售所持有的债券而面临的风险。例如，当投资者面对一个更好的投资机会时，除持有的债券资产以外，没有其他流动性更强的资产，这时，投资者唯一的办法就是出售所持有的债券，但其会面临短期内找不到出价合理的买方的可能，除非低价出售。因此，投资者将面临低价出售债券或者丧失好的投资机会的损失。

（五）再投资风险

债券投资的收益包括债券的既定利息、债券买卖过程中的差价获利、临时的现金流（如定期收到的利息和到期偿还的本金）进行再投资所获取的利息三个部分。再投资风险实际上是针对第三种收益来说的。投资者为了获得与初次购买债券时相同的收益率，这些临时的现金流就必须按照等于初次买入债券时的收益率进行再投资，否则，就会出现再投资损失。

（六）经营风险

经营风险是导致信用风险的最直接因素，是指因债券发行主体的管理与决策人员在其经营管理过程中发生的失误，导致发行人资产减少而使债券投资者遭受损失的风险。其主要表现为：一是债券到期时无力支付利息及偿还本金而发生的违约风险；二是因企业亏损、信用下降而发生的债券价格下跌的风险。

（七）税收风险

税收风险主要表现为：一是投资免税的政府债券面临税收费率下调的风险。税收费率越高，说明免税的价值越大，如果税收费率下调，免税的实际价值就会相应减少，债券的价格就会随之下降。二是投资免税债券面临取消免税优惠的风险。例如，美国市政当局于1980年6月发售的债券，发行时当局宣布该债券享有免纳联邦收入税的待遇，但到了同年11月，美国税收机构裁定这些债券不能享有免税的待遇。

（八）政策风险

政策风险是指由于国家政策变化导致债券价格发生波动而产生的风险。例如，1992年发行某国库券，其发行1年以后，相关部门宣布实行加息和保值贴补政策，导致该债券价格暴涨；然而，其发行后的第3年，相关部门宣布暂停国债期货交易，使债券市场价格暴跌，该债券价格跌幅较大。

四、债券投资风险的防范措施

随着我国资本市场的快速发展，债券投资风险的种类越来越多，投资者应当充分利用各种方法、手段识别风险，制定相应的风险管理策略，并运用多种技巧规避风险、转移风险，以减少预期损失，力求实现收益最大化。

（一）切实做好投前调查

投资者应通过各种途径充分了解和掌握相关信息，尽量避免信息的不对称性。在宏观方面，投资者应准确分析各种政治、经济、社会因素的变动情况，了解国内整体经济运行的周期性特点、各种宏观经济政策，尤其是财政政策和货币政策的变动趋势等。在微观方面，投资者应对影响拟投资债券价格及风险的因素进行具体分析，如对于企业债券，最重要的是了解企业的信用等级状况、经营管理水平、各项财务指标、产品的市盈率以及未来的发展前景等。此外，投资者还要详细了解债券市场的各种信息，如债券市场的交易规则、市场规模、投资者的组成和市场运作的特点等。

（二）制定周全的投资策略

首先，合理搭配债券投资期限。投资者应对不同期限的债券进行投资，即购买短期、中期、长期债券相互搭配组合，保证资产的流动性。

其次，进行结构性投资，即投资种类分散化、投资期限短期化。投资种类分散化是指将资金分别投资于国债、企业债券、金融债券等多种债券，因为各种债券的风险和收益不同，若将资金集中投资于某一种债券，可能会产生种种不利后果。投资期限短期化是指投资者将大部分资金投资于短期债券，既可保持资产的流动性，又能取得高于银行存款的收益。近些年，我国经济发展较快、通货膨胀率较高，长期投资的不确定性因素较多，不利于资产的保值和增值。

（三）掌握一定的投资方法和技巧

首先，利用国债期货交易进行套期保值。国债期货交易是指投资者在金融市场上买入或卖出国债现货的同时，相应地进行一笔同类型债券的远期交易，然后灵活地运用空头和多头交易技巧，在适当的时候对两笔交易进行对冲，用期货交易的盈亏抵补或部分抵补相关期限内现货买卖的盈亏，从而达到规避或减少国债投资利率风险的目的。

其次，提升对投资收益估算的准确性。例如，投资者有一笔可供5年期限投资的资金，其面临甲、乙两种债券的投资选择，其中，甲债券年利率为10%，期限为1年；乙债券年利率为12%，期限为5年。从表面上看，乙债券年利率比甲债券年利率高出2个百分点，收益率更高，但是，事实上并不一定如此。乙债券总收益率为60%，若考虑复利因素，对于甲债券每年均按10%的利率计算，连续投资5年的总收益率为61.05%，该实际收益率不仅高于乙债券，而且保持了较强的流动性。当然，投资甲债券优于乙债券的结论也不是绝对的。甲债券优于乙债券须具备一定的条件，因为债券发行具有时间间隔，其要求每次所投债券到期时必须正好有相同条件的债券于同日发行进行接续，但是以上条件很难顺利实现。

（四）制定有针对性的风险防范措施

对信用风险、经营风险的防范，最直接的办法便是放弃购买质量差的债券的机会。选择债券时，应仔细了解公司的经营状况、以往的债券支付情况等，避免投资经营状况不佳或信誉不好的公司债券；持有债券期间，应持续关注公司的经营状况；应充分借助外部机构，如信用评级机构对债券的评价，全面了解所投债券发行主体的相关情况。

对利率风险、流动性风险、再投资风险的防范，主要采取分散债券的投资期限的方法，实现长期、短期债券的搭配。一旦利率上升，短期债券变现后便可迅速进入到高收益的投资中；一旦利率下降，长期债券则能保持较高的收益。

规避通货膨胀风险的最好方法就是进行结构性投资。投资对象的多元化，使通货膨胀所带来的购买力下降的风险可以由某些收益较高的投资所弥补。例如，将一部分资金投资于收益相对较低的国债、金融债券，将另一部分资金投资于收益较高的股票、期货等。

对政策风险的防范，应准确掌握国内外各项经济政策的变动情况，尤其是财政政策和货币政策的变动趋势，了解国内外整体经济运行的周期性特点，关注银行利率变动趋势及影响利率变动的各种因素。对所获知的政策变动进行相应分析，以便给自身的投资提供正确的导向，有效规避政策风险。

任何投资都是有风险的，每个投资者都应正确评估债券的投资风险，并结合自身的承受能力，在收益与风险之间做好权衡。

【知识拓展6-1】

投资债券不应无视兑付风险

一般而言，投资债券的风险小于股票，但并不等于没有风险。随着各种债券的相继上市，投资者的队伍也在不断壮大，但不少投资者对债券兑付风险缺乏充分的认识，有的甚至完全忽视兑付风险的存在，而简单地执行“买入-持有”策略。因此，投资者有必要了解哪些因素会影响到债券的兑付风险，以及如何采取有针对性的防范措施。

债券兑付风险的影响因素有：

（1）债券信用评级状况。债券信用评级是由信用评级机构对债券发行主体如期、足额偿还债务本息能力与意愿的相对风险进行的以客观、独立、公正为基本出发点的专家评价。债券信用评级是反映债务预期损失的一个指标，为投资者提供了一个判断风险的参考值。一般而言，债券信用评级受债券发行主体信用评级、债券利率水平及其偿付方式等多种因素的影响，债券信用评级越高，债券发生兑付风险的可能性就越小。

（2）财务状况。财务状况是指债券发行主体的资产负债结构及其流动性状况，从财务角度来反映债券发行主体到期偿还债券本息的能力。在资产负债结构方面，一般可关注公司的资产负债率指标，其反映了资产最终对债权人利益的保障程度，资产负债率越低，债券发行主体的兑付风险越小。在流动性方面，一般则关注公司的流动比率、速动比率、流动资产周转率等指标，其反映了债券发行主体的短期偿债能力，债券发行主体的流动性越好，对投资者越有利。

（3）经营状况。经营状况是指债券发行主体运用资金获取收益的能力。债券本息的偿付来源于债券发行主体通过使用债券募集资金实现的收益，因此，债券的兑付风险从根本上取决于企业的经营状况。企业经营状况的好坏受其所在行业、自身管理能力和创新能力以及人才储备等因素的影响，企业经营状况越好，债券兑付风险发生的概率就越低。

（4）担保情况。债券发行主体在自身资信状况不好或为追求债券更高的信用评级的情况下，会寻找相关机构如金融机构、担保公司或大股东等为其债券本息的兑付提供连带责任担保。因此，债券是否存在担保及其担保主体的资信状况，是判断其兑付风险的重要影响因素。一般而言，存在担保的债券，其兑付风险小于没有担保的债券；存在金融机构担保的债券，其兑付风险小于普通企业担保的债券。当然，就担保本身而言，还要分析具体的担保条款，如担保范围、担保方式、担保期限等。

（5）偿债保障措施。偿债保障措施是债券发行人为避免兑付风险的发生，根据自身经营特点和债券兑付期限建立的偿债准备机制。常见的偿债保障措施有设立偿债准备金及专项偿债账户制度。此外，还有在出现兑付危机时的特殊规定，如发行人将不向股东分配利润；发行人将暂缓重大对外投资、收购兼并等资本性支出项目的实施；发行人将调减或停发董事和高级管理人员的工资和奖金；发行人中的主要责任人不得调离等。很明显，有明确偿债保障措施的债券，其兑付风险也相对较小。

【本章小结】

1.债券是社会经济主体，如政府、企业等为筹措资金而向投资者出具和承诺按约定的时间和方式支付利息和偿还本金的一种债权债务凭证。债券的票面要素主要有票面价值、到期期限、票面利率和发行者名称。债券具有的特征是偿还性、流动性、安全性、收益性和债权人的广泛性。按照不同的标准分类，债券可分为不同的类型。

2.根据贴现现金流估值法，任何资产的内在价值等于投资者对持有该资产预期的未来现金流的现值。按照不同债券的价值划分，可分为零息债券价值、固定利率债券价值、统一公债价值。

债券的投资收益来自利息收益、资本利得、再投资收益三个方面。衡量债券收益率的指标主要有当期收益率、到期收益率与持有期收益率。债券当期收益率与到期收益率之间存在相关关系。利率变化是影响债券价格的主要因素之一，久期是衡量债券价格随利率变化特性的一个重要指标。麦考利久期（Macaulay Duration），又称存续期，指的是债券的平均到期时间，它是从现值的角度度量债券现金流的加权平均年限，即债券投资者收回其全部本金和利息的平均时间。影响债券投资收益的因素较多，主要有债券的票面利率、市场利率与债券价格、债券的投资成本、计息方式、再投资收益率，以及市场供求、货币政策和财政政策等。

3.债券投资应当遵循收益性原则、安全性原则、流动性原则。债券投资策略分为消极投资组合策略、积极投资组合策略和混合投资组合策略。消极投资组合策略包括指数化投资策略、满足单一负债要求的投资组合免疫策略、多重负债下的组合免疫策略、多重负债下的现金流匹配策略。积极投资组合策略包括水平分析、债券互换、应急免疫、骑乘收益率曲线。

【复习与思考题】

一、单项选择题

1.债券的市场价格和市场利率的关系是（　　）。

A.正向变化　　B.反向变化

C.无关系　　D.因宏观经济状况而定

2.债券是一种有价证券，是社会各类经济主体为筹集资金而向债券投资者出具的、承诺按一定利率定期支付利息的、到期偿还本金的（　　）凭证。

A.债权债务　　B.所有权　　C.使用权　　D.转让权

3.下列各项中，不属于积极投资组合策略的是（　　）。

A.水平分析　　B.债券互换　　C.应急免疫　　D.指数化投资策略

4.下列说法中，错误的是（　　）。

A.市场利率越高，票面利率就越高

B.市场利率越高，票面利率就越低

C.市场利率与债券价格呈负相关

D.债券信用等级越高，票面利率就越低

5.债券到期不能还本付息，属于债券的（　　）。

A.利率风险　　B.信用风险　　C.汇率风险　　D.流动性风险

二、简答题

1.债券投资收益的来源有哪些？

2.多重负债下的组合免疫策略要求投资组合满足什么条件？

3.债券的积极投资组合策略有哪些？

三、案例分析题

C公司主营业务为生产和销售单晶硅和多晶硅太阳能电池组件，注册地为S市，实际控制人为N。C公司于2×10年11月1日在证券交易所上市。2×12年3月，C公司发行了价值10亿元、存续期5年、附第3年年末发行人上调票面利率选择权及投资者回售选择权的公司债（以下简称"11C债"），发行利率为8.98%，每年的3月1日为债券付息日。2×14年3月1日，C公司发布公告称，无法按期全额支付第二期债券利息，其已构成实质性违约，引发了国内外市场、媒体的高度关注，打破了刚性兑付的预期。

C公司风险事件的成因分析如下：

1. 2×11年下半年至2×13年，全球光伏行业步入急速下行的状态，作为"两头"（设备、原料和市场）在外的我国光伏企业更是内忧外患，从曾经的辉煌跌入低谷。从外因来看，美国市场的"双反"已对我国光伏企业形成巨大的冲击，欧洲市场此前的"双反"调查及萎靡经济下的薄弱需求更是给我国光伏企业致命一击。从内因来看，国内光伏产业盲目扩张，产能过剩也是一个重要的因素。

2.公司转型过于激进，未充分考虑流动性风险。2×11年下半年，C公司率先尝试全面向电站投资建设转型：一方面，自身大量进行电站项目投资；另一方面，组件销售也全面直接面向电站投资商。虽然该转型可以提高C公司的组件获利水平，但也将C公司的资金周转风险推向了极致。

3.欧债危机使公司资金陷入全面困境。C公司未预测到欧债危机及欧洲经济衰退导致当地银行对电站建设贷款收紧银根，贷款比例缩减、放款速度拖延。在欧洲银行不断紧缩银根的趋势下，客户付款周期一拖再拖，进一步加剧了C公司资金链紧张的状况。

4.国内银行抽贷，导致资金链断裂。国内光伏行业陷入困境后，银行将光伏行业列入重点关注行业，紧缩银根，并加大贷款催收力度，C公司的融资渠道受到了极大的限制。

要求：针对此次风险事件，谈一谈你对个人进行债券投资规划的启示。

参考答案

第七章

证券投资基金投资规划

学习目标

1. 了解投资基金的有关概念和基础知识；
2. 掌握开放式基金与封闭式基金的区别；
3. 熟悉基金的投资价值分析方法；
4. 了解基金投资分析的主要策略和技巧；
5. 树立专业胜任、严谨务实、理性投资的职业素养。

【引导案例】

作为资本市场的重要参与者，证券投资基金坚持金融服务实体经济的宗旨，从服务国家战略、助力经济转型、践行普惠金融、履行社会责任等多方面积极发挥专业机构投资者作用，通过优化产品布局，推出了包括公募REITs、科创50ETF、芯片ETF、新能源ETF、北交所主题基金在内的多种创新型产品，有效拓展了服务实体经济的范围，精准引导资本向国家战略科技创新行业聚焦，持续支持科创企业发展壮大。此外，公募基金通过发行以国企、央企改革为主题的基金产品，支持国有企业盘活存量资产，提升资金运营效率，激发改革创新活力。

本章我们将对证券投资基金的相关内容进行学习。

第一节 证券投资基金概述

一、证券投资基金的概念

证券投资基金，是指通过发售基金份额，将众多不特定投资者的资金汇集起来，形成独立财产，委托基金管理人进行投资管理、基金托管人进行财产托管，由基金投资人共享投资收益、共担投资风险的集合投资方式。基金管理机构和托管机构分别作为基金管理人和基金托管人，一般按照基金的资产规模获得一定比例的管理费收入和托管费收入。

二、证券投资基金的当事人

我国的证券投资基金依据基金合同设立，基金份额持有人、基金管理人与基金托管人是基金合同的当事人，简称基金当事人。

1. 基金份额持有人

基金份额持有人，即基金投资者，是基金的出资人、基金资产的所有者和基金投资回报的受益人。按照《中华人民共和国证券投资基金法》（以下简称《证券投资基金法》）的规定，基金份额持有人享有以下权利：分享基金财产收益；参与分配清算后的剩余基金财产；依法转让或者申请赎回其持有的基金份额；按照规定要求召开基金份额持有人大会；对基金份额持有人大会审议事项行使表决权；查阅或者复制公开披露的基金信息资料；对基金管理人、基金托管人、基金销售机构损害其合法权益的行为依法提出诉讼；基金合同约定的其他权利。

2. 基金管理人

基金管理人是基金产品的募集者和管理者，其最主要职责就是按照基金合同的约定，负责基金资产的投资运作，在有效控制风险的基础上为基金投资者争取最大的投资收益。基金管理人在基金运作中具有核心作用，基金产品的设计、基金份额的销售与注册登记、基金资产的管理等重要职能多半由基金管理人或基金管理人选定的其他服务机构承担。在我国，基金管理人只能由依法设立的基金管理公司担任。

3. 基金托管人

为了保证基金资产的安全，《证券投资基金法》规定，基金资产必须由独立于基金管理人的基金托管人保管，从而使基金托管人成为基金的当事人之一。基金托管人的职责主要体现在基金资产保管、基金资金清算、会计复核以及对基金投资运作的监督等方面。在我国，基金托管人只能由依法设立并取得基金托管资格的商业银行或其他金融机构担任。

三、证券投资基金的特点

1. 集合理财、专业管理

基金将众多投资者的资金集中起来，委托基金管理人进行共同投资，表现出一种集合理财的特点。通过汇集众多投资者的资金，积少成多，有利于发挥资金的规模优势，降低投资成本。基金由基金管理人进行投资管理和运作。基金管理人一般拥有大量的专业投资研究人员团队和强大的信息网络，能够更好地对证券市场进行全方位的动态跟踪与深入分析。将资金交给基金管理人进行管理，使中小投资者也能享受到专业化的投资管理服务。

2. 组合投资、分散风险

为降低投资风险，一些国家的法律法规规定基金除另有规定外，一般需要以组合投资的方式进行基金的投资运作，从而使组合投资、分散风险成为基金的一大特色。中小投资者由于资金量小，一般无法通过购买数量众多的股票分散投资风险。基金通常会购买几十种甚至上百种股票，投资者购买基金就相当于用很少的资金购买了一篮子股票。在多数情况下，某些股票价格下跌造成的损失可以用其他股票价格上涨产生的盈利来弥补，因而可以充分享受到组合投资、分散风险的好处。

3. 利益共享、风险共担

证券投资基金实行利益共享、风险共担的原则。基金投资者是基金的所有者。基金投资收益在扣除由基金承担的费用后的盈余全部归基金投资者所有，基金投资者一般会按照所持有的基金份额比例进行分配。为基金提供服务的基金托管人、基金管理人一般按照基金合同的规定从基金资产中收取一定比例的托管费、管理费，并不参与基金收益的分配。

4. 严格监管、信息透明

为切实保护投资者的利益，增强投资者对基金投资的信心，各国（地区）基金监管机构都对证券投资基金业实行严格的监管，对各种有损于投资者利益的行为进行严厉的打击，并强制基金进行及时、准确、充分的信息披露。在这种情况下，严格监管、信息透明也就成为证券投资基金的另一个显著特点。

5. 独立托管、保障安全

基金管理人负责基金的投资操作，自身并不参与基金财产的保管，基金财产的保管由独立于基金管理人的基金托管人负责。这种相互制约、相互监督的制衡机制为投资者的利益提供了重要的保障。

四、基金的分类

（一）按照收益凭证是否可以赎回分类

按照收益凭证是否可以赎回分类，基金可分为开放式基金和封闭式基金。封闭式基金与开放式基金的比较见表7-1。

表7-1 **封闭式基金与开放式基金的比较**

项目	封闭式基金	开放式基金
交易场所	沪、深证券交易所	基金管理公司或银行等代销机构网点，部分基金可以在证券交易所上市交易
存续期	有固定期限	期限不固定
赎回限制	在期限内不能直接赎回基金，须通过上市交易套现	可以随时提出购买或赎回申请
价格决定因素	交易价格主要由市场供求关系决定	价格依据基金的资产净值而定
分红方式	现金分红	现金分红、再投资分红
投资策略	不可赎回，无须提取准备金，能够充分运用资金，进行长期投资，取得长期经营绩效	随时面临赎回压力，须更注重流动性等风险管理，进行长期投资会受到一定限制；要求基金管理人具有更高的投资管理水平
信息披露	单位资产净值每周至少公告一次	单位资产净值于每个开放日进行公告

（二）按照投资对象分类

按照投资对象分类，基金可分为股票型基金、债券型基金、混合型基金、货币市场型基金。其中，股票型基金以股票为主要投资对象，股票投资比重不得低于60%，具有高风险、高收益的特征；债券型基金以各类债券为主要投资对象，债券投资比重不得低于80%，具有较低风险、较低收益的特征；混合型基金同时以股票、债券为主要投资对象，通过不同资产类别的配置投资，实现风险和收益上的平衡；货币市场型基金以货币市场工具为投资对象，具有低风险、低收益、高流动性的特征。

（三）按照投资目标分类

按照投资目标分类，基金可分为成长型基金、收入（收益）型基金和平衡型基金。

成长型基金与收入型基金的区别：

（1）投资目的不同。成长型基金重视基金的长期成长，强调为投资者带来经常性收益；收入型基金强调基金单位价格的增长，使投资者获取稳定的、最大化的当期收入。

（2）投资工具不同。成长型基金的投资对象常常是风险较大的金融产品；收入型基金的投资对象一般为风险较小、资本增值有限的金融产品。

（3）资产分布不同。成长型基金的资产中，现金持有量较小，大部分资金投资于资本市场；收入型基金的资产中，现金持有量较大，投资倾向多元化，注重分散风险。

（4）派息情况不同。成长型基金一般不会直接将股息分配给投资者，而是将股息再投资于市场，以追求更高的回报率；收入型基金一般按时派息，使投资者有固定的收入来源。

平衡型基金的资产既要获得一定的当期收入，又要追求组合资产的长期增值。

（四）按照投资理念分类

按照投资理念分类，基金可分为主动型基金和被动型基金。

主动型基金是通过主动管理，力求取得超越基金组合表现的基金；被动型基金一般不会主动寻求超越市场的表现，以选取特定指数作为跟踪对象，并复制跟踪对象的表现，因此，被动型基金通常也称为指数基金。

此外，按照募集方式不同，基金可分为公募基金和私募基金；按照基金的法律地位不同，基金可分为公司型基金和契约型基金。公司型基金与契约型基金的比较见表7-2。

表7-2　**公司型基金与契约型基金的比较**

项目	公司型基金	契约型基金
法律依据	依照公司法组建，依据公司章程经营基金资产	依照基金契约组建，依据基金契约经营基金资产
实体地位	具有法人资格的股份有限公司	不具有法人资格
投资者地位	投资者作为公司的股东，有权对公司的重大经营决策发表自己的意见	投资者是信托契约中规定的受益人，对基金运营没有发言权
融资渠道	在需要扩大规模、增加资产时，可以向银行申请贷款	一般不向银行申请贷款
资金运营	除非已到破产清算阶段，否则，公司一般具有永久性	基金契约期满，基金运营停止

五、证券投资基金与其他金融工具的比较

（一）基金与股票、债券的差异

1. 反映的经济关系不同

股票反映的是一种所有权关系，是一种所有权凭证，投资者购买股票后就成为公司的股东；债券反映的是债权、债务关系，是一种债权凭证，投资者购买债券后就成为公司的债权人；基金反映的则是一种信托关系，是一种受益凭证，投资者购买基金份额后就成为基金的受益人。

2. 所筹资金的投向不同

股票和债券都是直接投资工具，筹集的资金主要投向实业领域；基金是一种间接投资

工具，所筹集的资金主要投向有价证券等金融工具或产品。

3. 投资收益与风险大小不同

通常情况下，股票价格的波动性较大，是一种高风险、高收益的投资品种；债券可以给投资者带来较为确定的利息收入，波动性也较股票要小，是一种低风险、低收益的投资品种；基金的投资收益和风险取决于基金种类及其投资的对象。总体来说，由于基金可以投资众多金融工具或产品，能够有效分散风险，是一种风险相对适中、收益相对稳健的投资品种。

（二）基金与银行储蓄存款的差异

目前，由于开放式基金长期以来主要是通过银行代销，许多投资者误认为基金是银行发行的金融产品，与银行储蓄存款没有太大区别。实际上，二者有着本质的不同，主要表现在以下方面：

1. 性质不同

基金是一种受益凭证，基金财产独立于基金管理人，基金管理人只是受托管理投资者资金，并不承担投资损失的风险。银行储蓄存款表现为银行的负债，是一种信用凭证，银行对存款者负有法定的保本付息的责任。

2. 收益与风险特性不同

基金收益具有一定的波动性，存在投资风险；银行存款利率相对固定，投资者损失本金的可能性也很小。

3. 信息披露程度不同

基金管理人必须定期向投资者公布基金的投资运作情况；银行吸收存款之后，不需要向存款人披露资金的运作情况。

【行业动态】

公募基金行业文化建设自律公约（节选）

为深入贯彻习近平新时代中国特色社会主义思想和党的二十大精神，涵养“合规、诚信、专业、稳健”行业文化，引导公募基金管理人等行业机构与广大基金从业人员树立正确的价值观、事业观、职业观，营造风清气正的行业生态，坚定推进行业高质量发展，经中国证券投资基金业协会会员单位共同协商，制定本公约：

一、坚定拥护“两个确立”，坚决做到“两个维护”，贯彻执行党的路线方针政策，决不搞变通、打折扣。

二、胸怀“国之大者”，矢志金融报国，服务实体经济与国家战略，服务资本市场改革发展，更好满足居民财富管理需求，避免自娱自乐、背离初心使命。

三、强化合规意识，坚守职业底线，严禁“老鼠仓”、非公平交易以及各种形式的利益输送等违法行为。

四、崇尚专业精神，切实勤勉尽责，忠实保护投资者利益，不欺骗、误导、差别对待投资者。

五、秉承价值投资，践行长期理念，坚持长效激励约束机制，纠治短期激励、过度激励行为。

六、坚持廉洁从业，规范行为操守，主动抵制索贿，严禁行贿受贿，不谋取不正当利益。

七、培育高尚情操，注重个人品行，切实摒弃奢靡炫富、拜金主义、享乐主义和极端个人主义。

八、弘扬传统美德，端正生活作风，坚决杜绝败坏社会风气、违背公序良俗的不良行为。

九、维护行业形象，注重谨言慎行，自觉抵制编造虚假、不良信息或发布、传播不当言论。

十、强化责任担当，防范声誉风险，严防管理失当、用人失察、奖罚不明、惩戒不严。

资料来源：李树超. 厚植行业文化基础　协会发布《公募基金行业文化建设自律公约》[EB/OL]. [2023-04-14]. https://www.amac.org.cn/industrydynamics/guoNeiJiaoLiuDongTai/jjhywhjs/dydh/202304/t20230414_14638.html.

第二节　证券投资基金投资价值分析

投资基金作为一种重要的理财方式，近些年在我国的发展极为迅速，因此，有必要对投资基金的投资价值进行分析。对投资基金的投资价值分析，实际上就是对投资基金的价值进行评估。

一、基金资产估值的概念

基金资产估值是指通过对基金所拥有的全部资产及全部负债按一定的原则和方法进行估算，进而确定基金资产公允价值的过程。基金资产总值是指基金全部资产的价值总和。

从基金资产中扣除基金负债，就是基金资产净值。基金资产净值除以基金当前的总份额，就是基金份额净值。其用公式表示为：

$$基金资产净值=基金资产-基金负债$$

$$基金份额净值=\frac{基金资产净值}{基金总份额}$$

【案例展示7-1】

假设某基金持有的三种股票的数量分别为10万股、50万股和100万股，每种股票的收盘价分别为30元、20元和10元，银行存款为1 000万元，对基金托管人或基金管理人应付的报酬为500万元，应付税费为500万元，已售出的基金份额为2 000万份。运用一般的会计原则，计算出基金份额净值为：

$$基金份额净值=\frac{(10\times 30+50\times 20+100\times 10+1\ 000)-500-500}{2\ 000}=1.15（元）$$

【实训任务7-1】某基金总资产为50亿元，总负债为20亿元，发行在外的基金份额为30亿份，则该基金的基金份额净值是多少？

参考答案

基金份额净值是计算投资者申购基金份额、赎回资金金额的基础，也是评价基金投资业绩的基础指标之一。

二、基金资产净值的决定

（一）基金收入

基金收入包括利息收入、投资收益、公允价值变动损益和其他收入。其中，利息收入包括存款利息收入、债券利息收入、资产支持证券利息收入和买入返售金融资产收入；投资收益包括股票投资收益、债券投资收益、资产支持证券投资收益、衍生工具收益和股利收益。

对于证券投资基金来说，这些收入是其份额净值变动的源泉，通过分析基金的收入结构可以了解基金的投资情况。对于大多数投资者来说，他们可能更为关心基金份额净值及其变化情况，而不太关心引起净值变化的收入结构，其实这是一种误解。通过对基金收入来源的分析，尤其是对基金不同收入来源之间结构的比较分析，可以更为深入地了解该基金的具体投资状况。

（二）基金费用

基金费用一般包括管理人报酬、托管费、销售服务费、交易费用、利息支出和其他费用。目前，由于管理人报酬、托管费和销售服务费是按净值的一定比例计提支付的，在计算基金净值时已经将费用扣除，因此，大部分股票基金投资者对此并不太敏感。但是，对于货币市场型基金及债券型基金来说，费用的高低对基金净值有着较大的影响。

（三）基金份额的变动

对于开放式基金来说，基金的份额会随申购、赎回活动而变动，基金的定期报告中一般会披露基金份额的变动情况和基金持有人的结构。通过对基金份额变动情况和持有人结构的比较分析，可以了解投资者对该基金的认可程度。一般来说，如果基金份额变动较大，则会对基金管理人的投资有不利影响；反之，则有助于基金投资的稳定。如果基金持有人中的个人投资者较多，则该基金的规模会相对稳定；如果基金持有人中的机构投资者较多，则表明机构比较认可该基金的投资。

三、基金的风险

基金的风险是指购买基金遭受损失的可能性。基金损失的可能性取决于基金资产的运作。基金的资产运作风险包括系统风险和非系统风险。尽管基金通过组合投资方式分散风险，但是基金的资产运作无法消灭风险，并且可能由于基金管理人的运作不当而加剧风险。

证券投资基金种类繁多，其风险状况也不相同，个人客户在购买之前需要对基金产品的类型、特点、投资范围、市场表现、收益、信誉等情况有基本的了解。例如，成长型基金比较适合于风险承受能力强、追求高投资回报的投资者；而收入型基金则比较适合于退休的、以获得稳定现金流为目的的稳健型投资者。投资者应当根据自身的投资目标、风险偏好、所处的生命周期阶段、税收状况以及其他约束条件等做出决策。

基金产品的两种主要风险：一是价格波动风险。由于股票和债券的价格会有波动，基金的价格也会因此而发生波动。二是流动性风险。封闭式基金在市场中进行买卖，购买者有可能会面临在一定的价格下无法出售的风险或者不能及时出售的风险。开放式基金的基金管理人遇到巨额赎回时，有时会延长赎回时间，卖出股票和债券以变现资产，这个过程会对资产价值产生影响，从而造成持有人最终赎回金额的不确定性。

四、开放式基金的申购与赎回

开放式基金与封闭式基金的最大区别就是基金规模是否固定以及交易价格的确定方式。

基金管理人与投资者是基金买卖的双方，投资者增持或减持基金必须通过基金管理人买入或赎回才能实现。

开放式基金采用“金额申购、份额赎回”原则，即申购以金额申报，赎回以份额申报。中国证券登记结算有限责任公司依据基金管理公司给定的申购费率，以申购当日的基金份额净值为基准，采用外扣法计算投资者申购所得基金份额。

（一）申购费用与申购份额

按照中国证监会《关于统一规范证券投资基金认（申）购费用及认（申）购份额计算方法有关问题的通知》的规定，申购费用与申购份额的计算公式为：

$$净申购金额=\frac{申购金额}{1+申购费率}$$

申购费用=申购金额-净申购金额

$$申购份额=\frac{净申购金额}{申购当日基金份额净值}$$

一般规定，基金份额以四舍五入的方法保留小数点后两位以上，由此产生误差的损失由基金资产承担，产生的收益归基金资产所有，但不同的基金招募说明书对此约定均不一致，有些也采用基金份额小数点两位以后部分舍去的方式。

【案例展示7-2】

某投资者通过场外（某银行）投资1万元，申购某上市开放式基金，假设基金管理人规定的申购费率为1.5%，申购当日基金份额净值为1.025元，则其申购手续费和可得到的申购份额为：

$$净申购金额=\frac{10\,000}{1+1.5\%}=9\,852.22(元)$$

$$申购手续费=10\,000-9\,852.22=147.78(元)$$

$$申购份额=\frac{9\,852.22}{1.025}=9\,611.92(份)$$

即投资者投资1万元申购基金，假设申购当日基金份额净值为1.025元，则其可得到的申购份额为9 611.92份。

【实训任务7-2】某投资者通过银行投资15万元，申购某上市开放式基金，假设基金管理人规定的申购费率为1.2%，申购当日基金份额净值为1.075元，则该投资者的申购手续费和申购份额分别是多少？

参考答案

（二）净赎回金额的确定

净赎回金额的计算公式为：

净赎回金额=赎回总金额-赎回费用

赎回总金额=赎回数量×赎回当日基金份额净值

赎回费用=赎回总金额×赎回费率

赎回费率一般按持有时间的长短分级设置。持有时间越长，适用的赎回费率越低。

【案例展示7-3】

某投资者赎回上市开放式基金1万份，持有时间为1年半，对应的赎回费率为0.5%。假设赎回当日基金份额净值为1.025元，则该投资者可得到的净赎回金额为：

赎回总金额=10 000×1.025=10 250（元）

赎回费用=10 250×0.005=51.25（元）

净赎回金额=10 250-51.25=10 198.75（元）

即投资者赎回1万份基金，假设赎回当日基金份额净值为1.025元，则其可得到10 198.75元的净赎回金额。

【实训任务7-3】某投资者赎回上市开放式基金2万份，持有时间为1年，对应的赎回费率为0.75%。假设赎回当日基金份额净值为1.055元，则该投资者可得净赎回金额是多少？

参考答案

五、封闭式基金的折（溢）价率

投资者常常使用折（溢）价率反映封闭式基金份额净值与二级市场价格之间的关系。

折（溢）价率的计算公式为：

$$\text{折(溢)价率} = \frac{\text{二级市场价格} - \text{基金份额净值}}{\text{基金份额净值}} = \frac{\text{二级市场价格}}{\text{基金份额净值}} - 1$$

当二级市场价格高于基金份额净值时，为溢价交易，对应的是溢价率；当二级市场价格低于基金份额净值时，为折价交易，对应的是折价率。当折价率较高时，常常被认为是购买封闭式基金的好时机，但实际上并不尽然。有时，折价率会继续攀升，在弱市时更有可能出现价格与净值同步下跌的情形。

第三节　证券投资基金投资策略分析

一、基金产品的选择

选择基金产品时，首先必须考虑自身的具体情况，包括收入水平、资金实力、对待风险的态度、个人投资偏好，明确对收益的期望和投资理财的目的。明确以上问题将有助于投资者对基金产品的选择。如果投资者是一个风险规避者，其投资目标是资本的长期稳定增值，那么，保本基金就是一个不错的选择。

在投资者明确选择适合的投资基金类型后，有必要了解一下这些基金的基本情况，主要包括：

（一）基金产品的管理公司和基金经理

由于基金管理公司下属的多个基金产品往往共用一个研究团队和管理团队，通过对基金管理公司已经管理的基金的了解，可以对基金管理公司的研究能力和管理能力有初步的认识。另外，基金经理直接决定着基金的投资，了解基金经理的专业背景和从业经验是非常重要的。例如，基金经理是新人，投资者可以考察其学习经历和从业经历。如果基金经理学习经历优秀、有较长的证券从业经验，其能力则可以有一个基本的保证；如果基金经理已经从业多年，投资者应当考察其在该基金的任职期限及业绩表现；如果基金经理曾在其他基金公司任职，从其他基金过往的表现中可以了解到其投资风格及业绩表现。

（二）基金产品的过往业绩和风险

可以借助基金评级公司的专业评价来了解某只基金的业绩。虽然过往的业绩并不代表将来的业绩，但是以往的业绩往往可以体现出基金管理研究团队的实力，在某种程度上可以作为基金业绩的预测指标。需要注意的是，对基金业绩的考察，必须与基金风险的考察结合起来。

（三）基金产品的费用水平

基金产品的费用主要有认购费、赎回费、管理费和托管费。投资者可以通过招募说明书来比较各类基金产品的费用水平。

二、基金的投资策略

在选定投资的基金产品后，如何把握申购和赎回的时机及如何对基金进行组合投资，将成为能否获得理想投资收益的关键。

（一）申购和赎回时机的选择

每位基金管理人都会对投资者说，基金投资是一种长期投资。当投资者精心挑选基金后，长期持有才是最好的投资策略。如果基金价格下跌，那么适当地买入同类型的基金，降低基金持有成本，待基金价格上涨时就可获得利差。当然，利用市场的波动来获利并不是一件容易的事情，但这恰恰是投资者选择基金的主要原因。因此，当投资者购买一只基金后，在不出现重大利空的情况下，还是建议投资者长期持有已购买的基金。但是，利用基金的申购和赎回来获利并不是不可能的。特别是在某些情况下，这种基金投资的转化是提高投资收益的有效手段，如出现了持续熊市，股票价格不断走低，应考虑赎回股票型基金而转入债券型基金或货币市场型基金。

对于新发行的基金，当投资者决定投资基金时应立即购买基金。申购基金在面临购入价格的选择时，投资者应当遵循的原则是：购买下跌中的基金。这个原则的前提是基金净值的下跌是由于系统性风险，即市场风险引起的，如果基金净值的下跌超过了同类基金的平均水平，则不在考虑范围之内。当市场疲软时，对于基金的长期投资者是非常有利的，因为此时基金较容易建立良好的组合投资，为市场上涨时的获利打下坚实的基础。

当然，对于那些业绩突出的基金管理公司，其管理水平有着过人之处，在排除系统性风险影响的情况下，其是投资者优先选择的对象。

（二）基金的组合投资

了解经济学的人都听过这样一句话："不要把鸡蛋放在同一个篮子里"，即投资者在进行投资时应分散投资。虽然基金投资本身就是一个分散风险的过程，但是由于不同基金有着不同的风险，资金充裕的投资者有必要同时选择多家基金进行投资，分散投资基金的非系统性风险。下面介绍基金投资组合建立的两种基本方法。

1. 选择不同投资风格的基金进行组合

基金的投资风格有很多种类，在市场中不同投资风格的基金的表现可能存在很大差异，因此，可以选择不同投资风格的基金进行投资组合。但是，不建议选择同一家基金管理公司的基金进行投资组合。

2. 选择不同投资方向的基金进行组合

目前，市场上基金的投资只限于股票或债券，而这两种证券有着负相关性，即当股票市场利好时，往往债券市场就不太景气。所以，可以利用股票型基金和债券型基金构建"基金池"。此外，有些基金在股票市场上的投资对象比较集中，如某只基金主要关注高科技类股票，那么也可以选择这些不同投资方向的基金构建基金投资组合。

【本章小结】

1.证券投资基金，是指通过发售基金份额，将众多不特定投资者的资金汇集起来，形成独立财产，委托基金管理人进行投资管理、基金托管人进行财产托管，由基金投资人共享投资收益、共担投资风险的集合投资方式。我国的证券投资基金依据基金合同设立，基金份额持有人、基金管理人与基金托管人是基金合同的当事人，简称基金当事人。

2.按照收益凭证是否可以赎回分类，基金可分为开放式基金和封闭式基金。按照基金的法律地位不同，基金可分为公司型基金和契约型基金。

3.基金资产估值是指通过对基金所拥有的全部资产及全部负债按一定的原则和方法进行估算，进而确定基金资产公允价值的过程。基金资产总值是指基金全部资产的价值总和。

4.基金收入包括利息收入、投资收益、公允价值变动损益和其他收入。对于证券投资基金来说，这些收入是其份额净值变动的源泉，通过分析基金的收入结构可以了解基金的投资情况。

5.选择基金产品时，首先必须考虑自身的具体情况，包括收入水平、资金实力、对待风险的态度、个人投资偏好，明确对收益的期望和投资理财的目的。在选定投资的基金产品后，如何把握申购和赎回的时机及如何对基金进行组合投资，将成为能否获得理想投资收益的关键。

【复习与思考题】

一、单项选择题

1.基金的出资人、基金资产的所有者和基金投资回报的受益人是（　　）。

A.基金管理人　B.基金托管人　C.基金份额持有人　D.基金销售机构

2.基金资产净值的决定因素不包括（　　）。

A.基金收入　B.基金费用

C.基金份额的变动　D.基金公司的业绩表现

3.以下关于封闭式基金的说法中，错误的是（　　）。

A.有固定存续期

B.交易价格主要由市场供求关系决定

C.单位资产净值于每个开放日进行公告

D.单位资产净值每周至少公告一次

4.强调基金单位价格的增长，使投资者获取稳定的、最大化的当期收入的基金是（　　）。

A.成长型基金　B.平衡型基金　C.收入型基金　D.主动型基金

5.依据公司法组建，以公司章程经营基金资产的是（　　）。

A.公司型基金　B.契约型基金　C.开放式基金　D.封闭式基金

二、简答题

1.证券投资基金有什么特征？

2.简述公司型基金与契约型基金的区别。

3.简述基金与股票、债券的区别。

三、案例分析题

李先生曾有过一段对开放式基金频繁进行短线操作的经历。下面我们将李先生进行操作的全过程描述出来：2×23年年初，李先生购买了20 000份净值为1.1000元/份的开放式基金A，经短期持有后，该基金净值上升为1.1500元/份，李先生将开放式基金A全部出售；同时，李先生申购了20 000份净值为0.9500元/份的开放式基金B，经短期持有后，该基金净值上升为0.9800元/份，李先生又将开放式基金B全部抛售。

要求：1.假设两种开放式基金的赎回费率均为1.5%、申购费率均为1%，请计算李先生经过两次短线操作后赚取了多少钱？

2.假如不存在交易费用，则李先生所获得的毛利是多少？

参考答案

第八章

房地产投资规划

学习目标

1. 了解房地产的概念、特征及分类；
2. 熟悉房地产价格的构成及影响因素；
3. 掌握房地产投资策略；
4. 树立正确的房屋消费观。

【引导案例】

为促进房地产市场的健康发展，政府相继出台了一系列利好房地产市场的政策新规。

2023年8月31日，中国人民银行、国家金融监督管理总局联合发布了《关于降低存量首套住房贷款利率有关事项的通知》。根据该通知，自2023年9月25日起，存量首套住房商业性个人住房贷款的借款人可向承贷金融机构提出申请，由该金融机构新发放贷款置换存量首套住房商业性个人住房贷款。新发放贷款的利率水平由金融机构与借款人自主协商确定，但在贷款市场报价利率（LPR）上的加点幅度，不得低于原贷款发放时所在城市首套住房商业性个人住房贷款利率政策下限。与此同时，中国人民银行、国家金融监督管理总局联合发布了《关于调整优化差别化住房信贷政策的通知》。该通知规定，对于贷款购买商品住房的居民家庭，首套住房商业性个人住房贷款最低首付款比例统一为不低于20%，二套住房商业性个人住房贷款最低首付款比例统一为不低于30%。除此之外，还有二手房带押过户新政，以及最近全国许多城市出台取消限购及“认房不认贷”政策等。一系列政策的出台，无疑将对刺激楼市销售和改善人民群众居住条件产生积极影响。

在诸多利好政策下，我们应该如何利用政策红利，把握投资机遇，进行房地产购买规划？

第一节　房地产概述

一、房地产的概念

房地产是指土地、建筑物以及固着在土地或建筑物上的不可分离的部分和附带的各种权益。房地产与个人的其他资产相比有着其自身的特性。这些特性包括区位的固定性、形态的异质性、使用的耐久性、供给的有限性、产权的可分割性和价值的保值性、增值性等。在不同的社会形态中，房地产始终是人类赖以生存和生活的基本条件，是一切经济活动的载体和基础。在实际经济生活中，房产和地产有着不可分割的联系，尽管其权属关系可以不一致，但是作为其实物形态的反映，房屋和土地是紧紧地结合在一起的，因此，人们习惯上将房产和地产合称为房地产。

二、房地产的形态

从构成要素来看，房地产包括土地和建筑物两个部分。但是，这并不意味着只有土地与建筑物在空间上成为统一体时才是房地产。单纯的土地或单纯的建筑物均属于房地产，都是房地产的一种存在形态。总体来说，房地产存在以下三种形态：

（一）土地

土地是指地球表层的陆地部分及其以上、以下一定空间范围内的全部环境要素，以及人类社会生产、生活活动作用于空间的某些结果所组成的自然与经济综合体，是人类社会赖以存在的物质条件，是一切生产和生活的源泉。

土地包含地球特定地域表面及其以上和以下的大气、土壤与基础地质、水文与植物，还包含这一地域范围内过去和现在人类活动的种种结果，以及人类目前和未来利用土地所施加的重要影响。在现实中，土地最简单的情形是一块无建筑物的空地，这块空地既可以是没有任何投入的土地，也可以是经过人们的一定投入，如进行土地平整、铺设地下管线或修筑道路的土地；除了无建筑的空地外，土地另一种常见的情形是其上已有部分建筑物或构筑物。

（二）建筑物

建筑物一般是指直接供人们在其内部进行生产、生活或其他活动的场所，是经人工建造，由建筑材料、构配件与房屋设备（如排水、房暖、煤气、消防、通信等设施）组成的整体物，如住宅、商场、工业厂房以及其他各类用房等。因此，建筑物一般是指人们进行生产、生活或其他活动的房屋或场所，如工业建筑、农业建筑、民用建筑、商业建筑和园林建筑等。在现实生活中，虽然建筑物都必须建造在土地上，在实物形态上与土地连为一体，但是建筑物也有很强的独立性，在许多情况下可以将其单独作为一种资产看待。

（三）房地

房地是指土地与建筑物两种实物形态合为一体时的统称。在现实生活中，它是房地产完整形态的体现。

三、房地产的特性

（一）区位的固定性

房地产资产最重要的一个特征是位置的固定性和不可移动性。由于土地具有不可移动性，所有的房产，不论其外形如何、性能怎样、用途是什么，都只能固定在一定的地方，无法随便移动其位置。位置的固定性可以从三个方面来理解：自然地理位置的固定性、交通位置和社会经济位置的相对固定性。由于房地产位置的固定性，使得房地产的开发、经营等一系列经济活动都必须就地进行，从而使房地产具有区域性的特点。房地产不能脱离周围的环境而单独存在，其价值不仅受到地区经济的影响，还受到周围环境功能的影响。

房地产的这种位置上的不可移动性，使房地产的使用受到地理位置的制约和影响。对于股票、债券、黄金、古玩以及其他有形或无形的财产来说，如果持有人所在地没有交易市场，持有人可以很容易地将其拿到有此类交易市场的其他地方进行交易，即使这个市场是在纽约、伦敦或者东京。所谓“房地产的价值就在于其位置”，就是强调了位置对房地产投资的重要性。

房地产资产的不可移动性，决定了房地产的交易只能通过法定契约的方式对产权进行交易。同时，要求房地产所处的区位必须对开发商、投资者、置业人或者承租人具有吸引力，使开发商通过开发投资，以及投资者和置业人能够获得适当的开发利润或合理而稳定的经常性收益，使承租人能够得到舒适的居住环境。这种不可移动性同时还决定了房地产交易以产权为交易标的，因此，对房地产产权关系的界定以及相应法律的制定，是房地产交易的重要保障。

（二）形态的异质性

市场上不可能有两宗完全相同的房地产，房地产市场上的产品不可能做到标准化。土地由于受区位和周围环境的影响不可能完全相同；每一幢房屋会因其用途、结构、材料、装饰、朝向、规模、高度等的不同而产生相异之处。即使是采用同样的设计、结构、材料、高度、设备等，也会因建造的时间、施工技术和房屋周围气候条件的不同而相差甚远。同时，经济上也不可能出现大量供应同一房地产的情况，每一单位面积的房地产的价格都可以是不一样的，这就是房地产的异质性。

正是由于房地产的异质性，产生了房地产投资的级差效益性，即地域的不同决定了房地产价格的不同。例如，处于城市市区的房地产，其价格就远远高于郊区的房地产。即使在市区，房地产价格也会因距离市中心的远近、人口的密集程度、文化教育的发展程度等不同而有所差异，黄金地段的房地产价格必然昂贵。

（三）使用的耐久性

一般来说，房地产的地产部分，其利用价值是恒久的。作为有形资产和合法权益的载体的土地成分是不可毁灭的。土地可能被开采、腐蚀、淹没或者荒废，但是在地球表面所指定的位置是永远存在的。同时，土地在正常情形下是不会损坏的，它具有永恒的使用价值。土地上的建筑物一经建成，只要不是自然灾害或人为的损坏，其使用期限一般均可达数十年甚至上百年。因此，房地产具有比一般的商品更长的使用期限。房地产的这一特点决定了在房地产商品的流通中，不仅可以转移产权，而且可以在不改变产权关系的前提下，只转移一定年限的使用权。由于房地产被看作是耐久的、长期的商品，因此，房地产业也比较容易获得长期性的融资。

相对于其他商品，土地上的建筑物及其构筑物都具有很好的耐久性，因此，房地产的寿命较长。同时，房地产还具有经济寿命和自然寿命。经济寿命是指在正常市场和运营状态下，房地产产生的收益大于其运营成本，即净收益大于零的持续时间；自然寿命是指房地产从地上建筑物建成投入使用开始，直至建筑物由于主要结构构件和设备的自然老化或损坏，不能继续保证安全使用的持续时间。自然寿命一般要比经济寿命长得多。

从理论上说，当房地产的维护费用上升到一定程度而没有租客问津时，应尽可能让其空置在那里。然而实际情况是，如果房地产的维护状况良好，其较长的自然寿命可以让投资者从一宗置业投资中获取成倍的经济寿命。因为如果对建筑物进行一些更新改造、改变建筑物的使用性质或改变物业所面对的租客类型，投资者就可以比重新购置另一宗房地产减少很多的投资，并继续获取可观的收益。

应该指出的是，税法中规定的有关固定资产投资回收或折旧年限，往往是根据国家的税收政策来确定的，并不一定与房地产的经济寿命或自然寿命相同。

（四）供给的有限性

土地自然供给的绝对有限性决定了房地产供给的有限性。虽然人类可以不断地改变和提高土地利用的技术，如移山填海、提高容积率、利用地下空间等方法来改变土地的用途和利用强度，但是这并不能有效地增加土地面积总量。因此，任何地区的土地供给都不可能超过其拥有的地域面积。房地产还受到土地利用规划和城市规划的制约。一定时间内可用于开发建设的土地总是有限的，必须在保证人口、资源、环境协调发展的前提下开发、利用土地，必须在保证农业发展的前提下进行开发、建设。由于房屋必须建造在土地之上，因此，建造在有限土地面积之上的房屋必然也是有限的，附着于土地的房屋等建筑物也不能无限地发展和扩张。另外，房屋的建造还受到建筑密度、建筑容积率等指标的限制，因此，房屋不可能无限制地向空中或地下延伸。这样，整个房地产的供给就具有了有限性。

（五）产权的可分割性

房地产产权的可分割性，是指开发商整体批租，获得土地使用权以后，通过开发房地产，并按照房地产的单元出售房地产时所体现的特性。所有权是法定权利的结合体，它包括占有权、使用权、受益权和处置权。在必要及法律许可的情况下，所有权中的这些权利可以分别出售或转让给不同的生产者和消费者。例如，当国家将土地使用权以一定的方式赋予土地使用者时，其法律意义不仅是土地所有权和使用权的分离，而且是将土地使用权的一部分有条件地转让。根据《中华人民共和国城镇国有土地使用权出让和转让暂行条例》的有关规定，土地使用者合法得到的土地使用权可以依法出售、交换、赠与、出租和抵押。

（六）价值的保值性、增值性

房地产的保值性，是指投入到房地产领域的资金的增值速度，能够抵消货币的贬值速度，或者将资金投入到某宗房地产一段时间后所收回的资金，能够保证完全可以购买到当初投资额可以购买到的同等的商品和服务。房地产商品在国家政治、经济形势稳定的情况下，其价格呈现不断上升趋势，房地产的增值性主要是由城市土地的性质决定的。土地的有限性、不可再生性，使城市土地一直处于稀缺状态。而且，随着收入增加、居住水平提高，居民对房屋需求的质量和数量都是有所增加的。外部经济、生态环境改善，社区公用设施齐备，对建筑物本身的投资改造、更新、装修，也使房地产产品的结构呈现上升趋势。随着社会的发展、人口的不断增长，经济的发展对土地需求的日益扩大，建筑成本的提高，房地产价格的总体趋势是不断上涨的，从而使房地产具有保值和增值的功能。

四、房地产的分类

（一）按照房地产的性质分类

按照房地产的性质分类，房地产可分为商品房、房改房、解困房、安居房、廉租房和经济适用房。

1. 商品房

商品房是指由房地产开发企业开发建设并出售、出租的房屋。

2. 房改房

房改房是指城镇职工根据国家和县级以上地方人民政府有关城镇住房制度改革政策规定，按照成本价或者标准价购买的已建公有住房。按照成本价购买的，房屋所有权归职工个人所有；按照标准价购买的，职工拥有部分房屋所有权，一般在5年后归职工个人所有。

3. 解困房

解困房是指各级地方政府为解决本地城镇居民中特别困难户、困难户和拥挤户住房问题而专门修建的住房。

4. 安居房

安居房是指直接以成本价向城镇居民中低收入家庭出售的住房，优先出售给无房户、危房户和住房困难户，在同等条件下优先出售给离退休职工、教师中的住房困难户，不出售给高收入家庭。

5. 廉租房

廉租房是指政府和单位在住房领域实施社会保障职能，向具有城镇常住居民户口的最低收入家庭提供的租金相对低廉的普通住房。

6. 经济适用房

经济适用房是指根据国家经济适用住房建设计划安排建设的住宅。由国家统一下达计划，用地一般实行行政划拨的方式，免收土地出让金，对各种经批准的收费实行减半征收，出售价格实行政府指导价，按保本微利的原则确定。

【知识拓展8-1】

保障性安居工程

我国保障性安居工程主要分为三类：第一类是城市廉租住房、经济适用住房；第二类是“非城非乡”的煤矿、林业棚户区和垦区危旧房改造；第三类是农村危房改造、游牧民定居工程。

（二）按照房地产的用途分类

按照房地产的用途分类，房地产可分为居住类房地产、商业类房地产、工业类房地产和特殊用途房地产。

1. 居住类房地产

居住类房地产包括普通住宅、经济适用房、廉租房等。其中，普通住宅是为普通居民提供的，符合国家住宅标准的住宅。普通住宅符合国家一定时期的社会经济发展水平，符合国家人口、资金和土地资源等基本国情，代表一个国家或地区城市居民实际达到或能够达到一定经济条件下的居住水平。我国城市中量大面广的是普通住宅，此类住宅采用地方或国产建筑材料，采用一般水平的装饰装修，选用国产中档厨卫洁具和设备。现阶段，我国对普通住宅既制定下限标准，也制定上限标准，以利于宏观调控。普通住宅的工程造价和房屋售价均较为适中。

2. 商业类房地产

商业类房地产包括商店（如商场、购物中心、商铺和大型超市等）、旅馆、写字楼、餐馆和娱乐场馆（如音乐城、歌舞厅、高尔夫球场等）。商业类房地产具有以下特点：

一是收益多样性。商业类房地产的收益方式是多种多样的，有的是业主自己经营，有的是出租给他人经营，有的是以联营形式经营。

二是经营多样性。在同一宗商业类房地产中，往往会有不同的经营内容，如商品零售、餐饮、娱乐等。不同经营内容（或者不同用途）的商业类房地产一般会有不同的收益率，如果采用收益法估价，则应对各部分采用不同的还原利率或资本化利率。

三是转租经营性。商业类房地产的业主常常将其房地产出租给他人经营，有的承租人整体承租后，又分割转租给第三者。

四是装修复杂性。商业类房地产通常装修高档，而且形式各异，要准确估算其价值，必须进行单独计算。此外，商业类房地产的房产装修折旧较快，在某些地方，买下或承租他人经营的商业用房后需要重新装修，因此在估价时应充分注意。

3. 工业类房地产

工业类房地产主要包括厂房及工厂区内的其他房地产、各类仓库及仓储用房地产等。

4. 特殊用途房地产

特殊用途房地产主要是指用于除上述居住、商业、工业目的以外的其他目的的房地产，如学校、医院、体育、科研机构、车站、机场、码头等，还包括政府机关办公楼、加油站、停车场等。

（三）按照房地产权证取得的时间分类

按照房地产权证取得的时间分类，房地产可分为期房和现房。

1. 期房

期房是指开发商从取得“商品房预售许可证”可以公开发售开始，直至取得“房地产权证”之前的商品房。期房一般没有整体竣工，购房者在购买期房时签订的是“商品房预售合同”，购买后一般需要等待一段时间后才能入住。

2. 现房

现房是指开发商已经办妥所售项目的“房地产权证”的商品房。现房必须整体竣工并通过验收，购房者在购买现房时签订的是“商品房买卖合同”，购买后即可入住。

【知识拓展8-2】

商品房预售许可证

商品房预售实行许可证制度。房地产开发商进行商品房预售时，应当向房地产管理部门申请预售许可，并取得“商品房预售许可证”。未取得“商品房预售许可证”的，不得进行商品房预售。

【行业动态】

关于降低存量首套住房贷款利率有关事项的通知（节选）

中国人民银行上海总部，各省、自治区、直辖市、计划单列市分行；国家金融监督管理总局各监管局；各国有商业银行，中国邮政储蓄银行，各股份制商业银行：

为落实党中央、国务院决策部署，坚持房子是用来住的、不是用来炒的定位，引导商业性个人住房贷款借贷双方有序调整优化资产负债，规范住房信贷市场秩序，现就降低存量首套住房商业性个人住房贷款利率有关事项通知如下：

一、存量首套住房商业性个人住房贷款，是指2023年8月31日前金融机构已发放的和已签订合同但未发放的首套住房商业性个人住房贷款，或借款人实际住房情况符合所在城市首套住房标准的其他存量住房商业性个人住房贷款。

二、自2023年9月25日起，存量首套住房商业性个人住房贷款的借款人可向承贷金融机构提出申请，由该金融机构新发放贷款置换存量首套住房商业性个人住房贷款。新发放贷款的利率水平由金融机构与借款人自主协商确定，但在贷款市场报价利率（LPR）上的加点幅度，不得低于原贷款发放时所在城市首套住房商业性个人住房贷款利率政策下限。新发放的贷款只能用于偿还存量首套住房商业性个人住房贷款，仍纳入商业性个人住房贷款管理。

三、自2023年9月25日起，存量首套住房商业性个人住房贷款的借款人亦可向承贷金融机构提出申请，协商变更合同约定的利率水平，变更后的贷款合同利率水平应符合本通知第二条的规定。

四、金融机构应严格落实相关监管要求，对借款人申请经营性贷款和个人消费贷款等贷款的用途进行穿透式、实质性审核，并明确提示风险。对存在协助借款人利用经营性贷款和个人消费贷款等违规置换存量商业性个人住房贷款行为的中介机构一律不得进行合作，并严肃处理存在上述行为的内部人员。

五、各金融机构要抓紧制定具体操作细则，做好组织实施，提高服务水平，及时响应借款人申请，尽可能采取便捷措施，降低借款人操作成本，确保本通知有关要求落实到位。

六、中国人民银行和金融监管总局各分支机构要将本通知立即转发辖内地方法人金融机构，督促贯彻执行，有效维护市场秩序。

本通知自2023年9月25日起实施。此前相关规定与本通知不一致的，以本通知为准。

中国人民银行

国家金融监督管理总局

2023年8月31日

政策出台背景及利好信息

第二节　房地产价格的构成及影响因素

一、房地产价格的构成

房地产价格是房屋建筑物价格和地产价格的统一，是开发、建设、经营房地产过程中所耗费的全部社会必要劳动所形成的价值与地租资本化价格的综合性货币表现。因此，在房地产价格的构成中，有一部分来源于土地开发和房屋建造安装所形成的价值，另一部分来源于土地租赁的资本化收入。

（一）房地产价格的基本构成要素

1. 土地价格或使用费

土地所有权转让或使用权出让的价格在房地产中占有很大的比重，其主要取决于土地的地理位置、用途、使用时间、建筑容积率、建筑安装造价等因素。一般而言，地价在房地产价格中所占的比重随着地价的上涨和房屋的陈旧而相应地提高，随着容积率和建筑安装造价的增加而下降。

【知识拓展 8-3】

容积率

容积率是指在城市规划区的某一宗地内，房屋的地上总建筑面积与宗地面积的比值，分为实际容积率和规划容积率两种。通常所说的容积率，是指规划容积率，即宗地内规划允许地上总建筑面积与宗地面积的比值。容积率的大小反映了土地利用强度及其利用效益的高低，也反映了地价水平的差异。因此，容积率是城市规划管理中所采用的一项重要指标，也是从微观上影响地价的最重要因素。

2. 房屋建筑成本

房屋建筑成本主要包括土地开发费、勘察设计费、房屋建筑安装工程费、管理费和贷款利息等。其中，土地开发费主要包括临时房屋搭建费，自行过渡补贴费，临时接水、电、煤气和平整土地费等；管理费主要是指房屋建设中支付的各项管理费用，包括职工工资、办公费、差旅费、车辆使用费和广告费等。

3. 税费

税费主要包括城市维护建设税、教育费附加、土地增值税等。这部分税种及其税率经常调整，因此，不同时期的税种及其税率往往不同。

4. 利润

房地产开发商作为一个相对独立的利益主体，其开发经营目标也和其他利益主体一样，追求利润最大化，因此，利润也是房地产价格构成中不可或缺的一部分。

（二）房地产价格的其他构成要素

房地产价格的构成要素除上述四项基本要素之外，还有其他次要要素，如房屋装修标准的高低及质量的好坏、房屋设备质量的好坏、房屋附属设施的完备程度等，这些要素在一定程度上也影响了房地产的价格。

1. 房屋装修费

随着房屋装修的普及，人们的房屋装修标准也日益提高，房屋装修成为房地产价格的构成要素。

2. 建筑地段、楼层和朝向差价

地段差价是指同一地区的同类房地产，由于所处地段不同而引起的价格差异。楼层差价是指根据高层或多层房屋的间距、总层数、提升工具、光照时间等具体情况的差异而引起的价格差异。朝向差价是指根据当地的气候、主风向、光照以及当地人们的生活习惯等确定的房屋朝向差价。

3. 房屋的折旧和完好程度

房屋的折旧主要是指时间的因素所造成的房屋价值的降低。房屋的完好程度主要是指在具体的使用过程中，由于使用方法不同而造成的相同房屋的不等量磨损程度。在具体的操作过程中，可以根据房屋的自然损耗、房屋维修和保养情况来确定房屋完损的等级。

二、房地产价格的影响因素

房地产价格受多种因素的影响，根据各种影响房地产价格因素自身的性质，可以将其分为经济因素、社会因素、行政因素、自然因素和其他因素。

（一）经济因素

经济因素对房地产价格的影响是多方面的，而且较为复杂，各种经济因素影响的程度和范围也不尽相同。影响房地产价格的经济因素主要有供求状况、物价水平、居民收入和消费水平、利率水平等。

房地产的供求状况是国民经济发展的重要反映，无论是供过于求还是供不应求，都不利于国民经济的发展和人民生活条件的改善。供求关系的平衡状况直接影响价格的变动和走势，从而促使市场趋于供求均衡的状态。

房地产的价格水平是整个社会物价水平的组成部分，社会物价水平的变动将直接影响货币的实际购买力状况和人们对商品的需求，并进而影响房地产的价格。

利率水平是资金使用成本的反映，利率的上升不仅带来房地产开发成本的提高，也将提高房地产投资者的机会成本，进而降低房地产的社会需求，导致房地产价格的下降。但是，这种影响并不是一个必然的规律，房地产的价格是受多种因素影响的，在市场投机状况严重或者利率水平较低的情况下，利率的上升未必会导致房地产价格的下降。

（二）社会因素

影响房地产价格的社会因素主要有社会治安状况、居民法律意识、人口因素、风俗习惯、投机状况和社会偏好等。

1. 社会治安状况

社会治安状况直接影响居民的人身安全及财产的保障问题，从而对房地产的需求产生推动或抑制的作用。

2. 居民法律意识

居民法律意识是指居民遵纪守法的自觉程度，这主要和居民的素质有着密切关系。例如，有些开发商为了促进房地产的销售，就打出“教授住宅区”等宣传口号来吸引投资者的购买。

3. 人口因素

人口因素包括人口密度、人口素质和家庭规模等相关内容。房地产的需求主体是人，因此，人口因素对房地产的价格至关重要。人口数量与房地产价格呈正相关。随着外来人口或流动人口的增加，房地产的需求也会上升。人口数量的衡量指标是人口密度。人口密度对房地产价格的影响是双向的：一方面，人口密度有可能刺激商业、服务业等产业的发展，提高房地产的价格；另一方面，人口密度过高造成生活环境恶化，有可能降低房地产的价格，特别是在大量低素质人群涌入某一地区的情况下可能会出现这种现象。

4. 风俗习惯

在风俗习惯方面，一些地区的居民有“看风水”的习惯，凡是被判定为“好”的房产，购买者往往愿意支付高于正常水平的价格进行购买；否则，即使价格很低也有可能难以销售。

5. 投机状况

房地产投机是建立在对未来房地产价格的预期基础之上的。当房地产价格持续攀升时，那些预计房地产价格还会进一步上涨的投机者将纷纷抢购，哄抬价格，造成一种虚假需求，这无疑会促使房地产价格的进一步上涨。而当情况相反时，那些预计房地产价格还会进一步下跌的投机者将纷纷抛售，则会促使房地产价格的进一步下跌。另外，当投机者判断失误，或者被过度的热烈（乐观）或恐慌（悲观）的气氛或心理所驱使时，也可能造成房地产价格的剧烈波动。

6. 社会偏好

对于买房还是租房，各国随着国情的不同而有很大的差异。在买房时，不同收入、年龄、职业的人群，对交通、小区环境、配套设施、房型、价格、区域、楼型、学区、开发商和物业等的关注程度也不相同。

社会因素对房地产价格的影响具有多方面、复杂性和综合性等特征，它的作用方式不像经济因素那样直截了当，其作用过程也比较长，是一种渗透性的影响。

（三）行政因素

影响房地产价格的行政因素，是指影响房地产价格的制度、政策、法规等，包括土地制度、住房制度、城市规划、税收政策与市政管理等方面。土地制度明确了土地的使用权、所有权和流转期限等方面的内容，对房地产的价格将产生直接的影响。我国住房制度的改革，使住宅走向社会化、市场化和商品化，从而推动了房地产市场价格的回归，而经济适用房制度、安居工程等又对房地产的价格起到了调节作用。城市规划中确定的地块的用途、容积率、覆盖率等指标，对房地产价格也有很大的影响。税收政策直接影响了房地产开发、购置和投资的成本，从而对房地产的供给和需求价格产生双向的影响。此外，市政设施的配套程度和管理水平也将直接影响房地产的环境水平，并进一步影响房地产的价格。

（四）自然因素

自然因素主要是指房地产所处的位置、地质、地势、气候条件和环境质量等因素。房地产所处的位置是房地产区位的反映，位置的优劣直接影响房地产所有者或使用者的经济和社会效益及生活的满足程度。房地产业有一句名言：“第一是地段，第二是地段，第三还是地段。”地段的好与差决定了楼价的高与低。地段是决定物业能否保值、升值的关键因素。一般而言，居住用房地产的价格通常与周围环境、交通状况以及距离市中心的远近程度有着密切的关系。商业用房地产的区位优劣则主要看其繁华程度以及临街状况。房地产的地段并不是一个简单的空间位置概念，其不单指房地产的自然地理位置，而更多的是指房地产的经济地理位置、环境地理位置和文化地理位置。通常所说的一宗土地、一幢房屋的地段好，不仅是因为其位置处于城市中心，更主要的是因为该地段商业繁荣、交通便利、生活服务及文化娱乐配套设施完善等。同样地，房地产的地段不好，也不是因为该房屋（土地）的位置偏远，更主要的是因为经济欠发达、交通不方便、缺少生活服务及文化娱乐设施等。此外，地段是发展变化的。地段的优劣是城市在长期发展中形成的，是地理条件及经济、文化、社会等多种因素相互影响、共同作用的结果，必将随着城市经济、文化、人口、市政基础等的发展变化而不断变化。自然环境的改变、经济水平的不均衡发展、社会环境的变迁、人口的迁移、市政基础的改变等都会导致地段等级的升降。

交通状况对房地产价格的影响也是非常重要的，主要包括区外交通和区内交通两个方面。交通方便，社区才有发展空间，房地产才有升值空间。在区外交通方面，购房者应主要考虑小区出入是否方便，公共交通网络是否发达，交通网络与住宅区的相连是否合理、方便，未来市政发展是否有利于此处交通的改善等。居住区内的交通分为人车分流和人车混行两类。目前，作为楼盘卖点的“人车分流”，即汽车在小区外直接进入小区地下车库，车行与步行互不干扰，因小区内没有汽车穿行、停放、噪声的干扰，小区内的步行道兼有休闲功能，可以大大提高小区环境质量，但这种方式造价较高。人车混行的小区要考察区内主路是否设计得“通而不畅”，以防过境车流对小区的干扰；是否留有足够的停车泊位，车辆停车的位置是否合理，一般的原则是露天停放的车辆尽量不进入住宅区，停车场若不得不靠近住宅区，应尽量靠近山墙而非住宅区的正面。

（五）其他因素

除了前述的几种影响因素外，房地产的价格还受住房质量、开发商实力、物业管理状况、采光度等因素的影响。

1. 住房质量和开发商实力

建筑质量和装修标准是物业的内在品质。在建筑方面，购房者主要考察建筑商是否拥有相应的施工资质，是否为国内外知名企业等；在装修方面，购房者则要考察大堂、过道、外墙、窗、电梯的档次、质量是否达到一定的标准。

开发商的实力、信誉是一个项目成功与否的关键。投资者应该着重考察开发商是否为国内外知名企业，在国内外曾经成功开发过哪些项目，特别是要考察开发商的承诺可兑现性有多大，信誉有多高。对开发商实力的考察，综合起来要看“七证”，即开发商的营业执照、国有土地使用证、建设规划许可证、建设开工许可证、预售许可证、销售许可证和银行按揭协议书。

2. 房型设计

首先，优质的房型讲究实用性与美观性的兼顾，不仅能够满足自住的需要，而且能够兼顾出租的需求；其次，优质的房型讲究设计的超前性，能够适应未来家庭结构的变化。

3. 市政配套

齐全的市政配套是生活的保障。市政配套功能是否齐全，能否到位，能否在近、远期符合需求，居住区内配套公建是否方便、合理，是衡量居住区质量的重要标准之一。此外，房屋的朝向、楼层、住户档次和周边文化环境等都是影响房价的因素。好的朝向及楼层不仅决定了室内的采光、风景及通风条件，更与楼价及有无升值潜力有着密切的关系。对于周边文化氛围，主要应考察小区周围的学校和其他文化设施，以及该地区的未来发展是否有利于改善其文化档次。

【知识拓展8-4】

哪些房地产不能转让

根据《中华人民共和国城市房地产管理法》的规定，下列房地产不得转让：①以出让方式取得土地使用权的，没有按约定支付全部土地使用权出让金并取得土地使用权证书或者没有按照出让合同的约定进行投资开发的；②司法机关和行政机关依法裁定、决定查封或者以其他形式限制房地产权利的；③依法收回土地使用权的；④共有房地产，未经其他共有人书面同意的；⑤权属有争议的；⑥未依法登记领取权属证书的；⑦法律、行政法规规定禁止转让的其他情形。

三、房价的确定及其过程

对于一手房（开发商手里新建的商品房进行第一次交易的为一手房）的买卖来说，房屋的第一个价格就是开发商给出的定价，首先来看看定价的产生过程。

目前，开发商一般采用四种定价方法，即市场比较法、内部比较法、成本导向定价法、需求导向定价法，从四种角度进行价格预估，最终通过加权平均的方式确定价格。

（一）市场比较法

市场比较法是指根据项目的市场竞争态势，以行业中同类物业的现行平均价格水平为基础进行定价。该方法是为争夺市场而向竞争对手主动出击，与市场的需求、竞争对手的态势紧密相连，是最容易被市场接受的定价方法。采取该定价方法，在很大程度上是以竞争对手的价格为定价基础，以稍低于或相当于竞争对手的价格入市。由于竞争对手的现行价格已被市场所检验，因此，如果另行定价，则很难了解购买者对该价格的反应。

（二）内部比较法

内部比较法就是开发商将本项目与以往项目进行对比，对以往项目的销售情况、销售周期进行分析。如果在售项目因其入市价格过高而后期无涨幅空间，造成销售速度明显迟缓，销售周期拉长，那么，新开盘的房地产项目就应适当考虑低价入市。

（三）成本导向定价法

成本导向定价法是一种最简单的定价方法，是指在单位商品成本的基础上，加上一定比例的预期利润作为商品的售价。比如，经分析，目前房地产行业的预期利润为20%～30%，假如本项目的成本约为8 000元/平方米，预期利润在20%左右，则预计价格约为8 000×（1+20%）=9 600（元/平方米），再加上其他如土地增值税等费用约为1 000元/平方米，因此，预计实际销售价格应为10 600元/平方米左右。

（四）需求导向定价法

需求导向定价法是指根据客户的心理预期制定价格的方法。比如，通过调研结果分析得出，本项目的目标客户大多工作、生活在项目周边，对区域住宅市场比较了解，通过比较后对本项目的期房价格预测在9 000～11 000元/平方米，其中认为价格在10 000元/平方米左右的客户达到80%以上，那么，最终定价应在客户预期之上，预计实际销售价格在10 500～11 000元/平方米是合适的。

了解房价的确定过程之后，购房者会对房价的形成有一定程度的理解。而购房后，购房者若要再次买卖房地产，就要通过二级市场，因此其价格也完全取决于市场。有买有卖，有供有求，形成交易才有价格。

【行业动态】

关于调整优化差别化住房信贷政策的通知（节选）

中国人民银行上海总部，各省、自治区、直辖市、计划单列市分行；国家金融监督管理总局各监管局；各国有商业银行，中国邮政储蓄银行，各股份制商业银行：

为落实党中央、国务院决策部署，坚持房子是用来住的、不是用来炒的定位，适应我国房地产市场供求关系发生重大变化的新形势，更好满足刚性和改善性住房需求，促进房地产市场平稳健康发展，中国人民银行、国家金融监督管理总局决定调整优化差别化住房信贷政策。现就有关事项通知如下：

一、对于贷款购买商品住房的居民家庭，首套住房商业性个人住房贷款最低首付款比例统一为不低于20%，二套住房商业性个人住房贷款最低首付款比例统一为不低于30%。

二、首套住房商业性个人住房贷款利率政策下限按现行规定执行，二套住房商业性个人住房贷款利率政策下限调整为不低于相应期限贷款市场报价利率加20个基点。

三、中国人民银行、国家金融监督管理总局各派出机构按照因城施策原则，指导各省级市场利率定价自律机制，根据辖区内各城市房地产市场形势及当地政府调控要求，自主确定辖区内各城市首套和二套住房商业性个人住房贷款最低首付款比例和利率下限。

四、银行业金融机构应根据各省级市场利率定价自律机制确定的最低首付款比例和利率下限，结合本机构经营状况、客户风险状况等因素，合理确定每笔贷款的具体首付款比例和利率水平。

中国人民银行

国家金融监督管理总局

2023年8月31日

政策出台背景及利好信息

第三节　房地产投资策略分析

一、房地产投资的内涵

房地产投资是指人们为实现某种预定的目标，直接或间接地参与房地产开发、经营管理、服务和消费的行为。从个人理财的角度加以解读，房地产投资是指个人（或者家庭）为实现特定目标（如居住、资产增值、养老等）而开展的一系列房地产购买、租赁、出售等活动，在此过程中将涉及房地产投资决策、融资计划和风险管理计划等内容。由于房地产兼具居住和投资功能，因此，不论用来自住或者投资，从广义的视角来看都可以将其视为一种投资行为。可以说，房地产理财是人生的必修课。

二、房地产投资的优势

（一）可观的投资收益率

房地产投资的收益主要来自租金收入和买卖的差价，其总收益率要高于银行存款和债券。自从我国开始实行住房制度改革，房价也从刚开始的畸低（缺位）、适中（到位）演变到目前的畸高（越位），这种演变既体现了极高的投资收益，又体现了巨大的价格泡沫和投资风险。另外，在我国，尤其是发达的一线城市，人口迅速膨胀，但土地资源有限，新房建造的速度赶不上人们对舒适居住环境的需求，随着城镇化的发展，我国将有大量的农民落户城市，城镇化率将超过60%，这些因素都为房地产投资的保值、获利带来了信心和保障。

（二）现金流和税收优惠

在美国，人们投资住宅，所取得的现金流或税后收入不仅依赖于该资产的运作升值，还依赖于相关的折旧和税收。一般来说，住宅会随着时间的推移而贬损，折旧费可作为一项现金流出，在纳税之前从收入中扣除，从而减轻税负，使得资产所有者提高了补偿这部分贬损价值的津贴。人们为改善居住生活质量会出售小房再买进大房，按照常规情况，在二者的交易过程中都会产生一定的税费。许多国家对此实行优惠政策，人们在出售小房时已经向政府缴纳的税费在购买大房时会重新得到返还。我国实行税制改革以后，根据《中华人民共和国个人所得税法》（2018年）第六条的规定，专项附加扣除包括住房贷款利息或者住房租金。

【知识拓展8-5】

个人所得税法中规定的住房贷款利息或者住房租金是如何扣除的

1.住房贷款利息专项附加扣除规定

根据国家税务总局对外发布的解读，住房贷款利息专项附加扣除的范围是纳税人本人或其配偶单独或共同使用商业银行或住房公积金个人住房贷款为本人或其配偶购买中国境内住房，发生的首套住房贷款利息支出。

具体来看，（这部分利息支出）在实际发生贷款利息的年度，按照每月1 000元标准定额扣除，扣除期限最长不超过240个月（也就是20年）。纳税人只能享受一次首套住房贷款的利息扣除。需要提醒的是，纳税人及其配偶在一个纳税年度内，不能同时分别享受住房贷款利息和住房租金专项附加扣除。

2.住房租金专项附加扣除规定

买房者享受到了专项附加扣除政策，租房者也不例外。在住房租金专项附加扣除方面，纳税人在主要工作城市没有自有住房而发生的住房租金支出，按照城市规模对扣除标准进行调整，将征求意见稿中的每月800元、1 000元和1 200元调整到现行的每月800元、1 100元和1 500元。

具体来看，直辖市、省会城市、计划单列市以及经国务院批准的城市，扣除标准为每月1 500元；除了以上所列城市外，市辖区户籍人口超过100万人的城市，扣除标准为每月1 100元；市辖区户籍人口不超过100万人（含）的城市，扣除标准为每月800元。

（三）对抗通货膨胀

住宅投资能够较好地对抗通货膨胀，其原因在于通货膨胀时期，因材料、工资的上涨使得新建住宅的成本大幅度上升，各项消费居住成本及住宅价格都会随之上涨。通货膨胀还会带来有利于借款人的财富分配效应：在固定利率贷款的住宅投资中，当住宅价格和租金上升时，贷款本金和利息是固定的，借款人会发现债务负担和付息压力实际上大幅度减轻，个人净资产相应增加。

（四）价值升值

从房地产的发展历程来看，总体来说，在二十世纪七八十年代的大部分时间里，住宅价值增长率持续超过通货膨胀率，也超过其他各种投资项目。对某项住宅营运收益的估价，不仅包括租金流入的折现，还在于房价本身的升值，其内涵主要是所附着土地的价值升值。

三、房地产投资的风险

房地产投资就是将资金投入到房地产的综合开发、经营、管理和服务等方面的基本经济活动中，以期将来获得不确定的收益。在这个投资活动过程中，收益与风险是同时存在的。具体地说，从个人理财的角度来考虑，投资房地产所面临的风险主要有以下方面：

（一）购买力风险

由于房地产建设周期较长，占用资金较多，因此，投资房地产还需要承担经济周期性变动所带来的购买力下降的风险。当整个社会经济出现繁荣景象时，需求的增长将促进房地产保值，并伴随一定幅度的增值。这时，业主可能会因为房地产价格的上升而获得账面盈利；而买房者可能会因为房地产价格的上升而利用同样的资金只能购买到比原来小的、质量低的房地产。当整个社会经济出现萧条或通货膨胀时，通常房地产本身不会因此而大幅度贬值，投资于房地产的资金仍然能够起到保值的作用。但是，由于社会整体受到通货膨胀的冲击和影响，同样数量的货币能够购买的商品数量，可能已经远不如通货膨胀之前，无形之中使得人们的购买力水平明显下降，这一下降就会直接影响到买房者对房地产的有效需求。也就是说，虽然房地产本身能够保值，但是人们已经降低了对房地产的有效需求，因此，房地产投资者必然会遭受一定的损失。

（二）流动性和变现性风险

房地产是一种比较特殊的商品，其无法移动和运输，属于不动产。因此，投资于房地产项目中的资金，其流动性差，变现性也较差，不像其他商品那样，可以轻松脱手，容易收回资金。流动性和变现性风险具体表现为：首先，由于房地产是固定在土地上的，其交易的完成只能是所有权或者使用权的转移，而其实体是不能移动的；其次，由于房地产单个产品的价值量大、占用资金多，买卖双方在交易时都格外谨慎，这就决定了房地产交易的完成需要一个相当长的过程；最后，相对于股票和债券，房地产价格具有较大的黏性，波动缓慢，当价格出现上涨时，常常会影响买入方的买入决策，反之亦然。这些因素都影响了房地产投资的流动性和变现性。如果业主因急需现金而出售房地产，那么就会因此失去议价的机会而导致损失。同样地，买房者如果急需住房，希望短时间内买入房地产，那么也会影响其议价能力而导致损失。通常，2～3个月时间用于买卖房地产相对合适。

（三）利率风险

利率风险是指利率的变化给房地产投资者带来损失的可能性。利率风险的影响主要表现为：一是对房地产市场价格的影响。当中央银行采取加息的货币政策时，对房地产市场就是一个实质的利空，房地产市场价格将会因此下降。二是对房地产债务资金成本的影响。如果贷款利率上升，将会直接增加买房者的还贷压力，加重其债务负担。

（四）交易风险

我国的房地产市场尚存在缺陷，如信息的不对称，以及许多房地产的交易和定价存在“暗箱操作”的现象，这种交易行为严重违背了相关法律条文、城市规划、税收等规定。由于投资者对交易过程中的诸多细节了解得不够详尽，有可能造成不必要的损失。例如，投资者购置一套住宅，由于房屋的上、下水管道和结构存在问题，无论是自用还是出租，都会使投资者承受一定的风险，甚至遭受巨大的损失。另外，房地产商品不同于一般的商品，即使是外形、尺寸、年代、风格、建筑标准或其他方面都相同的建筑物，只要建筑物的位置不同，其价值就会有很大差异，这种特征也是投资者需要注意的不确定性因素。因此，投资者在投资房地产时，一定要注意不同位置、同一类房屋价格的差距，以免遭受损失。

（五）自然风险

自然风险是指由于人们对自然力失去控制或自然力本身发生异常变化，如地震、火灾、滑坡等，给投资者带来损失的可能性。这些自然灾害因素往往又被称为不可抗拒因素，自然灾害一旦发生，必然会对房地产商品造成破坏，从而给投资者带来损失。例如，地震的发生导致大量房屋的坍塌，造成人员和财产的巨大损失。虽然对某一个地区而言，自然灾害发生的概率是比较低的，但是，这样的灾害对人类社会（包括房地产商品）的破坏是非常严重的。

（六）政治和环境风险

政治和环境风险是指由于本国或者世界的政治和经济因素的变动而引起的房地产市场的预期发生变化，进而影响到房地产市场的需求及价格所造成的风险。例如，美国的次贷危机导致我国的房地产市场价格出现大幅度下跌，一些房地产开发商的经营出现困难，进而影响到投资者对房地产市场的预期，导致其持币观望态度。相反地，当美国以及世界经济企稳以后，投资者对房地产市场的预期发生变化，买房意愿增强，房地产市场的价格又会快速回升。

四、房地产投资规划的流程

个人房地产投资规划在很大程度上就是根据自身的居住需求进行购房或者租房的决策。居住需求主要取决于两个因素：一是空间需求，主要受到家庭人口数量的影响；二是环境需求，主要受到生活品质要求的影响。满足居住需求的途径是租房或者购房，在进行租房和购房决策时，投资者主要应考虑房租增长率、房价增长率、居住年数、利率水平、负债能力等。如果租房更为划算，则选择租房；如果决定购房，则需要根据房屋所处区位、类别、户型、面积、用途等进行选择，并考虑首付款和贷款的承受能力。个人房地产投资规划流程，如图8-1所示。

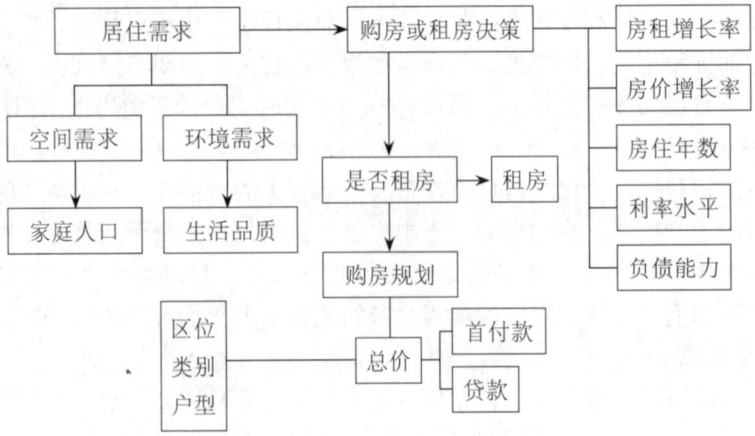

图8-1　个人房地产投资规划流程图

五、租房与购房决策

（一）租房与购房的比较

在决定居住决策时，租房还是购房往往是人们面临的一个基本的选择。投资者可以通过对多种因素的对比来解决这个问题。表8-1是租房与购房的优缺点比较。

表8-1　**租房与购房的优缺点比较**

特点	租房	购房
优点	有能力使用更多的居住空间； 比较能够应对家庭收入的变化； 资金比较自由，可以寻找更有利的投资渠道； 有较大的迁徙自由度； 瑕疵或毁损风险由房东承担； 税费负担较轻； 不用考虑房价下跌风险	对抗通货膨胀； 强迫储蓄，积累实质财富； 提高居住质量； 信用增强效果； 满足拥有自宅的心理效用，同时提供居住效用与资本增值效用
缺点	非自愿搬离的风险； 无法按照自己的期望装修房屋； 房租可能上涨； 无法运用财务杠杆追求房价差价利益； 无法通过强迫储蓄来积累实质财富	缺乏流动性； 维持成本高； 损失风险大

（二）租房决策与购房决策

租房与购房哪一个更加划算，涉及购房者（或租房者）拥有房产的心理效用和对未来房价的预期。因为购房者可以期待房地产增值所产生的利益，而租房者只能期待房东不要随时调涨房租，所以，当一个标的物可租、可售时，不同的人可能会在租房与购房之间做出不同的决策。租房与购房应该如何选择，我们可以利用年成本法与净现值法来衡量。

1. 年成本法

年成本法是指通过比较租房和购房的年成本，选取成本较小的方案。租房与购房的年成本比较见表8-2。

表8-2　**租房与购房的年成本比较**

方案	年成本	特点
租房	押金机会成本： 押金×机会成本率+年租金	随着居住年限的增加，房租逐渐提高，租房年成本也逐渐提高
购房	首付机会成本： 首付款×机会成本率	购房后总价固定，如果贷款利率不变，随着每年的还款，贷款余额逐渐减少，购房年成本也逐渐降低
	贷款利息支出： 贷款余额×贷款利率	
	其他：税费及维修费用	

【案例展示8-1】

汪小发看好了一套100平方米的住房，位于北京市海淀区五道口附近，该住房可租、可售。如果租房，房租每月5 500元，押金为1个月的房租；如果购房，房款总价120万元，可申请60万元的贷款，房贷利率为6%，自备首付款60万元。汪小发租房与购房的成本分析如下（假设押金与首付款的机会成本率均为3%）：

租房年成本=押金×机会成本率+年租金

=5 500×1×3%+5 500×12

=66 165（元）

购房年成本=首付款×机会成本率+贷款余额×贷款利率

=600 000×3%+600 000×6%

=54 000（元）

通过上述计算可知，租房年成本（66 165元）>购房年成本（54 000元），所以，本案例中购房是优选策略。

需要租房还是购房，除了考虑年成本外，还要结合以下因素综合比较：

（1）未来房租的调整。如果预计未来房租将向上调整，则租房年成本也将随之增加。

（2）购房后总价固定，但随着还款额度的增加，本金的机会成本率将下降，因此，购房年成本也将逐年下降。

（3）房价趋势。如果未来房价看涨，那么未来出售房屋的资本利得能够在一定程度上弥补居住时期的成本。

（4）利率高低。利率越低，购房的成本也就越低，购房会相对划算；反之，则租房更为划算。

2. 净现值法

净现值法是指在一个固定的居住期间内，将租房及购房的现金流量还原成现值，通过比较二者的净现值，较高者为划算。租房与购房的现金流比较见表8-3。

表8-3　**租房与购房的现金流比较**

现金流	租房	购房
期初现金流	押金+首次房租	购房首付款
中间现金流	房租	偿还贷款+维护成本
最后现金流	收回押金	（售房收入-剩余房贷）- （最后一期偿还贷款+最后一期维护成本）

【案例展示8-2】

承接【案例展示8-1】

若汪小发决定要在该处住满5年，房租每年增加500元，第5年年末将押金5 500元收回，以存款利率3%为折现率；若汪小发决定购买此住房，在贷款利率为6%的情况下，20年房贷每年本利平均摊还额为52 311元，PMT（6%，20，600 000）=-52 311元，维护成本第1年为5 000元，以后每年提高5 000元，5年后以1 250 000元卖出。计算现值时只考虑现金流量，因此，年成本法中计算的租房押金利息与购房折旧成本并非实际的现金流出，不用列入。年成本法中的房贷只计算利息，而净现值法中的房贷计算的是本利平均摊还额。

租房与购房的现值流的计算如下：

方案一：租房现金流的计算。

CF_0=押金+第1年租金=-5 500+（-5 500×12）=-71 500（元）

CF_1=第2年租金=（-5 500-500）×12=-72 000（元）

CF_2=第3年租金=［-5 500+2×（-500）］×12=-78 000（元）

CF_3=第4年租金=［-5 500+3×（-500）］×12=-84 000（元）

CF_4=第5年租金=［-5 500+4×（-500）］×12=-90 000（元）

CF_5=5 500元（取回押金）

I=3%，根据净现值计算公式可得：PV=-367 017元。

方案二：购房现金流的计算。

CF_0=-600 000元（首付款）

每年房贷本利摊还=PMT（6%，20，600 000）=-52 311（元）

5年后房贷余额=PV（6%，15，-52 311）=508 055（元）

CF_1=房贷本利摊还+维护成本=-52 311-5 000=-57 311（元）

CF_2=房贷本利摊还+维护成本=-52 311-10 000=-62 311（元）

CF_3=房贷本利摊还+维护成本=-52 311-15 000=-67 311（元）

CF_4=房贷本利摊还+维护成本=-52 311-20 000=-72 311（元）

CF_5=（售房收入-第5年年末剩余房贷）-（最后一期偿还贷款+最后一期维护成本）

=（1 250 000-508 055）-（52 311+25 000）=664 634（元）

I=3%，根据净现值计算公式可得：PV=-266 902元。

通过比较上述计算结果可知，方案二（-266 902元）>方案一（-367 017元），即购房净现值比租房净现值高，因此，选择购房划算。

六、房地产抵押贷款的还款方式

（一）传统的还款方式

房地产抵押贷款的还款方式多种多样，最为常见的有以下三种：

1. 到期一次性还本息法

到期一次性还本息法是指借款人在贷款期间，不是按月偿还本息，而是贷款到期后一次性归还全部本金和利息。目前，中国人民银行颁布的1年期内（含1年）的个人住房贷款，采用的就是这种方法。

2. 等额本息还款法

等额本息还款法是指还款人每月偿还固定的金额，该金额是本金和利息之和。由于银行的利息是剩余本金与当期利率的乘积，因此，每期的利息额度随着剩余本金的减少而逐渐减少。在利率不变的情况下，虽然这种方法每期的偿还总额度不变，但是由于前期利息额度较高，因此偿还的本金额度较少，导致投资者的利息负担较大。采用这种方法的最大好处就是方便还款人合理地安排自己的还款资金。其计算公式为：

$$每月还款额 = \frac{贷款本金 \times 月利率 \times (1 + 月利率)^{还款期数}}{(1 + 月利率)^{还款期数} - 1}$$

月利率=合同年利率÷12

【案例展示 8-3】

张先生向银行申请了20年期的30万元贷款，合同年利率为6.044%，采用等额本息还款法，试求张先生的每月还款额。

$$每月还款额 = \frac{300\,000 \times \frac{6.044\%}{12} \times (1 + \frac{6.044\%}{12})^{12 \times 20}}{(1 + \frac{6.044\%}{12})^{12 \times 20} - 1} = 2\,157(元)$$

3. 等额本金还款法

等额本金还款法是指贷款人将本金分摊到每月，同时付清上一交易日至本次还款日之间的利息。在这种还款方法下，借款人每期的还款额同样包括本金和利息两个部分，但是本金的部分保持不变，利息额度则随着剩余本金的减少而逐渐减少，因此还款总额也呈现出前高后低的效果。采用这种方法的好处是在同等借款额度和还款期限的情况下，投资者还款的总额度较低。由于前期负担较大，这种方式比较适合于已经有一定的积蓄，但预期收入可能逐渐减少的借款人，如中老年职工家庭。其计算公式为：

$$每月还款额=\frac{贷款本金}{还款期数}+（贷款本金-累计已还本金）\times 月利率$$

【案例展示 8-4】

张先生向银行申请了20年期的30万元贷款，合同年利率为6.044%，采用等额本金还款法，试求张先生的每月还款额。

第1个月还款额：$\frac{300\,000}{12 \times 20} + (300\,000 - 0) \times \frac{6.044\%}{12} = 2\,761(元)$

第2个月还款额：$\frac{300\,000}{12 \times 20} + (300\,000 - \frac{300\,000}{12 \times 20}) \times \frac{6.044\%}{12} = 2\,755(元)$

第3个月还款额：$\frac{300\,000}{12 \times 20} + (300\,000 - \frac{300\,000}{12 \times 20} \times 2) \times \frac{6.044\%}{12} = 2\,748(元)$

第n个月还款额：$\frac{300\,000}{12 \times 20} + [300\,000 - \frac{300\,000}{12 \times 20} \times (n - 1)] \times \frac{6.044\%}{12}$

最后一个月还款额：$\frac{300\,000}{12 \times 20} + [300\,000 - \frac{300\,000}{12 \times 20} \times (12 \times 20 - 1)] \times \frac{6.044\%}{12} = 1\,256(元)$

【知识拓展 8-6】

等额本金还款法和等额本息还款法的比较见表8-4。

表 8-4 **等额本金还款法和等额本息还款法的比较**

还款方式	特点	计算方法	适合人群
等额本金还款（月等本）	本金在整个还款期内平均分摊，利息按贷款本金余额逐日计算，每月还款额在逐渐减少，但偿还本金的速度保持不变	每月还款额=$\frac{P}{N}$+（P-S）×R 其中，P为贷款本金，R为月利率，N为还款期数，S为累计已还本金	计划提前还贷者，目前收入尚可的中年人
等额本息还款（月等额）	在整个还款期内，每月的还款额保持不变（遇调整利率除外）	每月还款额 = $\frac{P \times R \times (1 + R)^N}{(1 + R)^N - 1}$ 其中，P为贷款本金，R为月利率，N为还款期数	资金不宽裕的贷款者

举例：贷款12万元，年利率4.86%，还款年限20年。

等额本金还款：20年后还款178 563元，总利息58 563元。

等额本息还款：20年后还款187 846.98元，总利息67 846.98元。

二者差额：20年后相差9 283.98元，每年相差464.20元。

随着贷款总额及贷款利率的增加，二者之间的差额将会进一步扩大。

（二）等额递减的还款方式

借款人每期还款的数额等额递减，先多还款后少还款。例如，李先生向银行申请了20年期的30万元贷款（年利率5.508%），采用每6个月递减50元的等额递减还款方式，1～6个月每月还款额均为2 860元，从第7个月开始减少50元，即7～12个月每月还款额均为2 810元，以此类推，第240个月还款额为910元。

该还款方式适合于目前还款能力较强，但预期收入将减少的人群，或者目前经济水平较宽裕的人群，如中年人或未婚的白领人士。

在等额本金的还款方式下，借款人每月的还款额都不相同，并且逐渐减少。而在等额递减的还款方式下，虽然借款人在不同时期的还款额并不相同，但是有规律性地减少，在同一时期，借款人的还款额是相同的。

（三）等额递增的还款方式

借款人每期还款的数额等额递增，先少还款后多还款。例如，李先生向银行申请了20年期的30万元贷款（年利率5.508%），采用每6个月递增25元的等额递增还款方式，1～6个月每月还款额均为1 667元，从第7个月开始增加25元，即7～12个月每月还款额均为1 692元，以此类推，第240个月还款额为2 642元。

该还款方式适合于目前还款能力较弱，但预期收入将会逐步增加的人群，如收入不高的年轻人可优先考虑此种方式。

（四）双周供的还款方式

双周供是指将按揭贷款的还款方式从原来每月还款一次改变为每两周还款一次，每次还款额为原来月供的一半。在这种方式下，还款的频率增加，从而贷款本金减少的速度增加，使得在整个还款期内的贷款利息降低。

上述各种还款方法并无优劣之分，最重要的是选择适合自身的还款方式。只有根据自身的预期现金流、还款需求等多种因素确定适合的还款方式，才能合理应对还款压力，节省利息偿还。

【实训任务8-1】（1）通过网络查找本市住房公积金贷款和个人住房组合贷款的相关政策。

（2）银行常用的两种还款方式是什么，比较二者的区别，并说明选择的依据。

参考答案

（3）小王今年28岁，在贵阳市某事业单位工作，结婚1年有余，已购买一套二手房，购房款除了自有积蓄和父母赞助之外，还向朋友借款5万元，每月支付利息500元，准备2年后还清。目前家庭共有存款6.2万元，家庭月收入4 000元，计划明年要孩子，还打算再贷款购买一套120平方米的房子，均价约4 000元/平方米，目前尚无保险及其他理财方式。根据以上情况，小王想请理财规划师给予相应指导。

七、房地产投资策略

（一）把握投资时机

对于买入时机，投资者要遵循“低买高卖”的原则。那么如何看待房子的低谷呢？房市不同于股市的大涨大跌，难觅其规律。正常的房地产市场价格应与一个地区生产总值的增长持平，如2007年北京地区生产总值的增长水平为年增长9%～10%，即二手房的价格上涨9%～10%是正常的，如果未达到此涨幅，就可以考虑入市购买，因为不久后房价就会报复性上涨，但若涨幅过快，则需要谨慎购买。2005年，北京市就遇到了这种情况，国家房地产调控政策出台，人们对市场持观望态度，导致这一年的房价并没有上涨。到了2006年，房价报复性反弹，第一季度的涨幅就超过了10%。

因此，作为投资者，不要盲目认定繁华区，也不要继续怀念从前的低房价，而要眼光向前看，看到房价的未来和区域的未来。另外，在项目建设初期阶段（期房阶段），或者在经济不景气的房市低谷期，也可以考虑购进不动产。

对于卖出时机，很多人提出“逢高抛出”“见好就收”“准确预测”的方式，将房地产看作股票、期货。当然，如果只是看好房市，准备短期内投资有限资金，既没制订还款规划，也没考虑长期占用资金，那么这种“见利就走”的短期行为确实能够带来一定的利润。

但对于成熟的投资者来说，会把短期投资炒作的那部分资金用在流动更快、流动量更大、更好出手的项目上，而投资房地产的这部分资金寻求的就是一份稳定收益。就像美国很多家族世代相传的大企业股份一样，不仅能使本身的资产保值，而且能在经济情况较好的时候收获红利，好像养了一只能下“金蛋”的母鸡。

不过，当个人需要大量现金，且短期内无法偿还时，就会考虑将手中的不动产变现。另外，当需求下降时，房价势必会下跌，但这需要一个过程，有眼光的投资者，能够准确获得信息，利用这种反应的滞后性，适时出手。

（二）明确投资能力

如果个人或者家庭的资产在日常生活开支以外还有结余，就可以进行投资理财。不要因本小和利小而不为，只要“肯为”就一定会“有为”，如果方法正确，同样可以获得本小利大的投资效果。但与此同时，不能因为投资收益可喜而盲目负债，以免给自己的日常生活带来不必要的风险。

投资者应该量力而行，这里讲的“力”，不仅包括财力，还包括能力。财力对所购房产的付款方式有比较大的影响，在采取向商业银行借款购房的情况下，财力对所购房产的首付款及后续还贷能力有比较大的影响。能力是指包括融资和对所购房产寻求增值或者获利的能力，以及房产理财的风险承受能力等。

购房者在买房之前需要仔细估算自身的购买能力，并应询问自己以下问题：

（1）家庭总资产有多少？其中有多少货币金融资产？打算拿出多少钱来买房？

（2）家庭年收入是多少？长期收入是否稳定可靠？预期未来的收入状况会是怎样的？

（3）每年的支出是多少？除了日常生活费外，还有哪些特殊支出，如医疗、教育等？

（4）可以为买房缴付多少首付款？

（5）准备用多少年供房，每月能够负担的还款额是多少？

（6）为什么购房，是自己居住、为子女购房、为父母购房，还是投资获利，将房产作为一个储钱罐，对外出租或者作为遗产留给子女？

（7）希望在哪个地段购房？对楼盘、朝向、楼层等有哪些特殊要求？希望购买哪个开发商开发的楼盘，缘由何在？

（8）对未来房价走势的大致预期是怎样的？预期房价是看涨还是看跌？

（9）有无意外所得，如继承遗产、获得奖金、他人赠送或亲戚朋友资助等？

（三）树立长期投资理念

投资不动产是一个长期的过程，不仅是资金的积累，更是投资经验与理念的积累，不能一蹴而就。在各种投资市场上出没的大多不是真正的投资者，更多的是短线投资者，甚至是急功近利的投机者，如果没有正确的投资理财的观念和方法，在面对短期风险时，他们很难做出正确的投资决策。因此，要成为投资理财的高手，就必须持有长期投资和长期获益的理念，只有具备长期投资的打算，在面对短期波动时，才能从容对待，做出理性的判断与决策，而不是“追涨杀跌”，成为经济周期性发展中的损失者。

长期理念还应表现在注重房屋的质量上。因为房屋具有比一般商品长很多的使用寿命，所以，房屋的质量是一个必须认真关注的问题。只有设计合理、结构坚固、施工精细、材料讲究，并且符合居住和审美要求的房屋，才能经得起时间的考验，使投资者的利益得到保障。

（四）发挥房地产的最佳效用

投资房地产有各种不同的目的，同一房地产对不同的人也有不同的价值。因此，投资者必须了解各类房地产的优点和缺点，在选择投资目标时扬长避短，实现房地产的最佳用途以及获取最大的投资收益。如果选择得当，每一类房地产都可以发挥出其最佳效用。

关于区域选择，投资房地产最重要的就是对熟悉区域的选择，集中精力将重点放在熟悉的区域，可谓房地产投资的“黄金秘诀”。房地产的选择五花八门，能够从中分辨出投资潜力最大、性价比最高的房地产，无疑要依赖于个人集中时间、精力进行信息收集的能力。在一个特定的区域，最好是曾经或者目前生活、工作的地方，这样才能做到真正地了解情况。一旦看准了某个区域的发展前景，那么出手宜早不宜晚。

关于出租考虑，若问什么样的房屋容易出租，不如问租房的人想要什么。以下五种情况容易促成房屋租赁：一是邻近学校；二是交通枢纽周边；三是城市中心；四是大企业周边；五是外来人口聚集地。当然，还要关注房屋类型。学校周边的普通住宅比较容易出租，尤其是居室多、客厅小的房屋，无论是分租还是整租都很方便。大企业周边就要选择那种配套齐全、服务档次高的公寓。外来人口聚集地甚至可以考虑“商住房”，既能居住，又能作为公司或者仓库。

在考虑居住舒适度时，一般会选择大户型的房屋；而在考虑出租房屋时，一般会选择小户型的房屋。这是因为，一般来说，120平方米房屋的售价是60平方米房屋的2倍，可其房租很难达到60平方米房屋的2倍。

结合其他投资，提高资产收益率。资产收益率=利润率÷周转率。仅仅依靠房地产本身，很难实现资产的快速周转，这时就能体现出不动产的抵押功能。最直接的体现就是“转按揭、加按揭”。比如，投资者拥有一套正在按揭的房子，而此时正好急需用钱，只要能够明确为装修、结婚、旅行、教育、购车等这些用途，都可以在该套房子的抵押金额范围内另办按揭贷款。

比如，某人5年前购买了一套价值100万元的房屋，贷款70万元，目前已还款20万元，尚欠银行50万元。如今，该房屋已涨到120万元，通过“转按揭、加按揭”的方式，银行可提供市场价70%的贷款，即84万元。也就是说，此人还可以从银行贷款34万元，用于除风险投资以外的其他用途。

真正精明的人会懂得越是能用别人的钱、未来的钱，或者越是让自己的钱为别人所用，就越能让钱发挥其效用，并产生新的收益。不同类型房屋的优缺点见表8-5。

表8-5　**不同类型房屋的优缺点**

类型	优点	缺点
租赁公寓	容易搬迁； 维修责任小； 财务压力大	没有税收优惠； 改建房型有一定限制； 养宠物等活动可能受到限制
租赁住房	容易搬迁； 维修责任小； 比公寓面积大； 财务压力小	公用事业费比公寓高； 改建房型、装潢住房有一定限制； 缺乏安全感、稳定感
拥有新房	拥有住房的自豪感； 以房养老，晚年生活有保障； 享有税收优惠	经济负担重； 生活开支比租房高，还款压力大； 流动性小
拥有二手房	拥有住房的自豪感； 以房养老，晚年生活有保障； 享有税收优惠	经济负担重； 可能需要维修或重置； 流动性小
拥有公共公寓	享有税收优惠； 维修责任比住房小； 通常距离娱乐和商业区较近； 便于日后调整住房	隐私性不如一般住房； 经济负担重； 影响物业价值的需求不确定； 可能与室友在居住规则上产生矛盾； 需要房产评估
拥有合伙型住房	非营利组织拥有产权； 住宅价值稳定	出售的难度大； 各成员在合住或交易产权时会产生矛盾； 其他成员需要负担未出租单位的成本
拥有预制型住房（流动住房）	比其他住房形式便宜； 选择住房特点和设施的自由度大	未来出售难度较大； 难以获得融资； 建筑质量较差

【行业动态】

关于优化个人住房贷款中住房套数认定标准的通知（节选）

建房〔2023〕52号

各省、自治区、直辖市住房城乡建设厅（委、管委），新疆生产建设兵团住房城乡建设局，中国人民银行上海总部、各省、自治区、直辖市、计划单列市分行，各金融监管局，各国有商业银行、中国邮政储蓄银行、各股份制商业银行：

为贯彻落实党中央、国务院决策部署，坚持房子是用来住的、不是用来炒的定位，因城施策用好政策工具箱，优化个人住房贷款中住房套数认定标准，更好满足居民刚性和改善性住房需求，现就有关事项通知如下：

一、居民家庭（包括借款人、配偶及未成年子女，下同）申请贷款购买商品住房时，家庭成员在当地名下无成套住房的，不论是否已利用贷款购买过住房，银行业金融机构均按首套住房执行住房信贷政策。

二、家庭住房套数由城市政府指定的住房套数查询或认定责任部门，根据居民家庭申请或授权，提供查询服务并出具查询结果或认定证明。

三、此项政策作为政策工具，纳入“一城一策”工具箱。

《住房城乡建设部 中国人民银行 中国银行业监督管理委员会关于规范商业性个人住房贷款中第二套住房认定标准的通知》（建房〔2010〕83号）、《中国人民银行 中国银行业监督管理委员会关于进一步做好住房金融服务工作的通知》（银发〔2014〕287号）与本通知不一致的，以本通知为准。

住房城乡建设部
中国人民银行
金融监管总局
2023年8月18日

政策出台背景及利好信息

【本章小结】

1.房地产是指土地、建筑物以及固着在土地或建筑物上的不可分离的部分和附带的各种权益。房地产的特性包括区位的固定性、形态的异质性、使用的耐久性、供给的有限性、产权的可分割性和价值的保值性、增值性等。

2.房地产有不同的分类。按照房地产的性质分类，房地产可分为商品房、房改房、解困房、安居房、廉租房和经济适用房；按照房地产的用途分类，房地产可分为居住类房地产、商业类房地产、工业类房地产和特殊用途房地产；按照房地产权证取得的时间分类，房地产可分为期房和现房。

3.房地产投资的风险包括购买力风险、流动性和变现性风险、利率风险、交易风险、自然风险以及政治和环境风险等。

4.构成房地产价格的基本要素包括土地价格或使用费、房屋建筑成本、税费、利润等；房地产价格的构成要素除了上述四项外，还有其他次要要素，如房屋装修标准的高低及质量的好坏、房屋设备质量的好坏、房屋附属设施的完备程度等。影响房地产价格的因素包括经济因素、社会因素、行政因素、自然因素和其他因素。

5.目前，开发商一般采用四种定价方法：一是市场比较法，是指根据项目的市场竞争态势，以行业中同类物业的现行平均价格水平为基础来定价；二是内部比较法，是指开发商将本项目与以往项目进行对比，对以往项目的销售情况、销售周期进行分析；三是成本导向定价法，是一种最简单的定价方法，是指在单位商品成本的基础上，加上一定比例的预期利润作为商品的售价；四是需求导向定价法，是指根据客户的心理预期制定价格的方法。

6.房地产投资规划的操作流程：首先，明确居住需求，优选购房与租房决策，制订购房规划等；然后，要对房地产投资规划进行财务分析，其方法主要包括年成本法和净现值法。

【复习与思考题】

一、单项选择题

1.房地产的含义是（　　）。

A.建筑地块与房屋建筑物　　B.房产和地产的总称

C.房地产行业　　D.房屋财产

2.房地产的（　　）是房地产投资最重要的一个特性，房地产不能脱离周围的环境而存在，就是强调了位置对房地产投资的重要性。

A.耐久性　　B.可分割性　　C.区位的固定性　　D.异质性

3.房地产价格的构成具有（　　）。

A.单一性　　B.多样性　　C.双重性　　D.产品性

4.从房地产投资的角度来说，风险是指（　　）。

A.获取预期投资收益的不确定性　　B.房地产投资结果的好坏程度

C.房地产投资项目的激烈竞争程度　　D.房地产的开发程度

5.一般而言，随着家庭人口规模小型化，房地产价格有（　　）的趋势。

A.下降　　B.不变　　C.不一定　　D.上涨

二、简答题

1.房地产投资有哪些特点？

2.简述房地产投资环境分析的基本内容及基本任务。

3.为什么需要制订房地产投资规划？

三、案例分析题

王先生看好一处100平方米的房屋，该房屋可租、可售，租金每月2 000元，押金为3个月的房租，房款总价60万元，可办理银行按揭贷款40万元，贷款利率为6%，首付款20万元，假设存款利率为3%。

要求：1.租房与购房的年成本各是多少？

2.未来房租超过多少时，购房比租房划算？

3.如果购房，王先生选择20年期的房贷，则每月本利和平均摊还额是多少？

参考答案

第九章

教育投资规划

学习目标

1. 了解教育投资规划的概念及特点；
2. 掌握教育投资规划的基本原则；
3. 熟悉教育投资规划工具的种类；
4. 掌握教育投资规划的基本步骤和内容；
5. 树立终身学习意识。

【引导案例】

“望子成龙，望女成凤”，父母都希望自己的孩子能够在学业上出类拔萃，在事业上出人头地。然而，说起来容易，做起来难。从胎教到幼儿园、小学、初中、高中、大学甚至出国留学，孩子的每一步成长都需要资金的投入。

在我国，以中等收入家庭为例，孩子从出生到大学毕业，教育费用总额在40万元左右，如果大学毕业后继续出国深造，这笔费用将超过60万元[①]。近年来，随着学费等教育相关费用的上涨，家庭教育金的需求进一步扩大。如果到了使用的时点，还没有完成积累怎么办？比如家庭需要买房、换车，或者家人生病，这些情况都需要用钱。如果平日没有强制储蓄，教育金很可能无法如期实现积累，因此，及早做好教育金规划，能够保证家庭到时获得足够的教育金。

本章主要讲述子女教育的投资规划。

第一节 教育投资规划概述

一、教育投资规划的概念

教育投资是一种人力资本投资，它不仅可以提高人们的文化水平与生活品位，更重要

① 付鹏. 教育金保险的五大优势［J］. 大众理财顾问，2018（12）：66-67.

的是其可以使受教育者在现代社会激烈的竞争中占据有利的位置。

教育投资规划，也称教育规划，是指为实现预期教育目标所需要的费用而进行的一系列的资金管理活动。早在20世纪60年代，就有经济学家将家庭对子女的培养看作是一种经济行为，即在子女成长初期，家长将财富用于子女的成长培育，使其能够获得良好的教育。这样，当子女成年后，可以获得的收益远大于当年家长投入的财富。事实上，一般情况下，受过良好教育的人，无论在收入或者地位上，往往都确实高于没有受过良好教育的同龄人，从这个角度来看，教育投资是个人理财中最富有回报价值的一种。

教育投资规划包括为个人自身安排的教育投资规划和为子女安排的教育投资规划两类。人们往往提及教育规划就认为是给孩子的教育安排，而完全忽视自身的职业发展和培养，这其实反映了我国居民注重学历教育而忽视终身职业教育的特点。事实上，终身职业教育将是现代教育的潮流和趋势。

二、教育投资规划的特点

（一）缺乏时间弹性

按照《中华人民共和国义务教育法》第十一条的规定，凡年满六周岁的儿童，其父母或者其他法定监护人应当送其入学接受并完成义务教育；条件不具备的地区的儿童，可以推迟到七周岁。个人或者家庭只有履行国家规定的法律义务，没有权利违反这一法律规定。在接受了九年制义务教育以后，接下来就是高中、大学等阶段的学习。多数家庭都必须按照这个节奏来安排子女的教育，不会因为家庭资金安排上有困难，而将子女教育延后安排，这是不现实的。因此，教育投资规划必须提早准备。

（二）费用高且缺乏弹性

子女教育规划，最基本的需要接受公立学校的教育。从这个意义上说，多数家庭都无法调整相关的学费、杂费，这些费用都是政府统一规定的。除非少数家庭因为经济困难，有条件申请减免学费、杂费。从这个意义上说，教育费用弹性不大。相比一般的投资理财，没有时间弹性、没有费用弹性是教育规划的两大特色。面对日益高涨的学费，时间将是最好的朋友，越早规划，教育投资规划越容易见到成效。

（三）长期面临通货膨胀的影响

教育投资规划是一项需要长期规划的投资，风险不能过高，而学费却是在年复一年地上涨。因此，教育规划中的资产必须具备较好的增值速度，这样才能紧跟学费上涨的步伐，至少应该能够对抗通货膨胀率。

反观教育投资现状，多数父母的理财渠道狭窄或者理财观念陈旧，他们更多地将目光聚焦到教育基金的储备和保值上，对增值明显考虑不足。其实，即便是教育理财，也可以做到在规避风险的同时，根据家庭收入状况、个人风险偏好以及距离教育支出时间的长短进行合理规划。比如，典型的教育周期是15年，在周期的起步阶段，父母受到年龄、收入及支出等因素的影响，风险承受能力较强，可以充分利用自身生命周期时段的优势，做出积极灵活的理财规划。这个时期可以以长期投资为主，以中短期投资为辅，较高风险及较高收益的积极类投资品种可占较高比例，而保守类投资品种所占的投资比重应相对较低。到了教育周期的中后期，则应相应地调整理财规划中积极类品种与保守类品种的比例，使其与所处阶段相适应，并以获取稳定收益为主。

（四）教育费用无法事先预测

子女教育具体需要多少资金很难准确估算，除了父母对子女的期望外，还在很大程度上取决于子女的资质、学习能力和兴趣爱好，而且父母不会因为子女接受更好的教育需要花费更多的资金而让子女放弃学习，因此，父母在进行子女教育规划时需要留有余地。首先，充裕的经费是保证子女接受良好教育的财务基础；其次，教育投资规划与退休规划往往是同步进行的，当子女大学毕业时，父母也即将或已经迈入退休年龄，因此，多余的子女教育经费完全可以划入退休账户，以备退休养老使用。

（五）教育费用支出持续时间长、金额大

如果从怀孕进行胎教开始算起，到子女大学毕业，教育时间可能长达25年。不算对子女的抚养，仅仅考虑教育费用支出，按照每年平均1万元计算，25年的教育费用总额是25万元。至于有些家庭考虑培养孩子学习各种技能、兴趣方面的花费，将会使教育费用大幅度上升，费用总额完全可能超过50万元。

三、教育投资规划的原则

虽然每个孩子及其家庭的情况千差万别，但是，在制订教育规划时均需要注意以下几个重要原则：

（一）目标合理原则

教育规划目标的设定要合理，需要考虑家庭实际经济情况、风险承受能力，尤其是孩子自身的兴趣。父母的期望与子女的兴趣、能力可能会有差距，而且在小学和初中阶段，子女的兴趣爱好并未定型，并且转换极快。有些子女选择先工作，工作后根据职业需要再进行继续教育，这样就减轻了父母的负担。

在制订教育规划时，应采用相对灵活的教育基金积累方式。因为子女是就读普通大学还是选择艺术、医学类院校，或是决定在国内上学还是选择出国留学，并且出国留学是就读公立大学还是选择私立大学，这些都是未知的，而且子女的资质及潜能也在不断地变化。

（二）基金充足原则

子女教育基金随着子女年龄的增长，会变得越来越缺乏弹性，而成为家庭一笔必要的开销。子女教育基金不仅包括学费，而且包括住宿费、餐饮费、交通费、服装费、通信费、娱乐费、各类考试培训费等。另外，随着市场经济的进一步发展，学费有进一步上涨的趋势，所以还要考虑通货膨胀的因素。因此，在准备子女教育基金时，应尽可能充足，在保证家庭日常开支的基础上，尽可能多地积累教育基金。

如果子女的独立性较强，可能会选择在大学寒暑假期间打工赚取学费，在学校勤工俭学，或者申请到奖学金，但由于这些都是不确定性因素，在制订教育规划时不能提前做出这样的假定。若准备的教育基金有剩余，可将剩余的部分转为退休基金，以降低退休后对子女的依赖程度。

（三）定期定投原则

由于子女上学有一定的年龄规定，且教育费用金额较多，因此，子女教育基金是一项硬性指标。子女教育基金的准备具有储蓄的性质，需要家庭采取强制性的储蓄措施，按月存款，保证每月存入部分，虽然单次储蓄的金额并不多，但是坚持下去就能聚沙成塔，为子女积累一笔可观的教育基金。目前，市场上有很多教育储蓄类理财产品，如教育储蓄、教育保险等。

(四) 稳健投资原则

在准备教育基金时，由于这部分基金未来才需使用，因此，可以利用其中的一部分进行投资，从而获得较高的投资报酬，增加教育基金。但是，投资具有高风险高收益、低风险低收益的特点，若将教育基金投资于高收益的投资产品，会使这部分资金面临较高的投资风险，有可能遭受损失，从而对未来子女教育产生不利影响。因此，教育基金的投资要坚持稳健投资原则。

第二节 教育规划的工具

一、短期教育规划工具

短期教育规划工具主要包括国家助学贷款、学生贷款、一般商业性助学贷款三类。

(一) 国家助学贷款

国家助学贷款是由政府主导、财政贴息，银行、教育行政部门与高校共同操作的专门帮助高校贫困学生的银行贷款。借款学生不需要办理贷款担保或抵押，但需要承诺按期还款并承担相关的法律责任。

目前，在国家助学贷款中，很多地区采用生源地信用助学贷款。生源地信用助学贷款是指国家开发银行向符合条件的家庭经济困难的普通高校新生和在校生发放的、在学生入学前户籍所在县（市、区）办理的助学贷款。贷款资金主要用于学生缴纳在校期间的学费和住宿费。生源地信用助学贷款是国家助学贷款的重要组成部分。

【政策指引】

关于调整完善助学贷款有关政策的通知（节选）

为进一步健全学生资助政策体系，更好满足学生贷款需求，减轻学生经济负担，经国务院同意，决定调整完善助学贷款有关政策。现将有关事项通知如下：

一、提高国家助学贷款额度

自2023年秋季学期起，全日制普通本专科学生（含第二学士学位、高职学生、预科生，下同）每人每年申请贷款额度由不超过12 000元提高至不超过16 000元；全日制研究生每人每年申请贷款额度由不超过16 000元提高至不超过20 000元。学生申请的国家助学贷款优先用于支付在校期间学费和住宿费，超出部分用于弥补日常生活费。

国家助学贷款额度调整后，服兵役高等学校学生学费补偿、用于学费的国家助学贷款代偿和学费减免标准以及基层就业学费补偿、用于学费的国家助学贷款代偿标准，相应调整为本专科学生每人每年最高不超过16 000元、研究生每人每年最高不超过20 000元。

二、调整国家助学贷款利率

国家助学贷款利率由同期同档次贷款市场报价利率（LPR）减30个基点，调整为同期同档次LPR减60个基点。对此前已签订的参考LPR的浮动利率国家助学贷款合同，承办银行可与贷款学生协商，将原合同利率调整为同期同档次LPR减60个基点。

三、开展研究生商业性助学贷款工作

为更好满足研究生在校期间合理的学习生活需求，切实减轻研究生家庭经济负担，银行业金融机构可向在校研究生发放商业性助学贷款。鼓励银行业金融机构有针对性地开发完善手续便捷、风险可控的研究生信用助学贷款产品，并在贷款额度、利率、期限、还款方式等方面给予一定优惠。

本通知自印发之日起施行。此前规定与本通知不一致的，以本通知为准。本通知未规定事项，按照原政策执行。

教育部　财政部

中国人民银行　金融监管总局

2023年9月11日

政策出台背景及利好信息

（二）学生贷款

学生贷款是学生所在学校为无力解决在校学习期间生活费的全日制本科、专科在校学生提供的无息贷款。

（三）一般商业性助学贷款

一般商业性助学贷款是银行对正在接受非义务教育的学生或其直系家属或法定监护人发放的商业性贷款，主要有学生的出国留学贷款、再教育进修贷款等。

二、长期教育规划工具

长期教育规划工具主要包括教育储蓄、教育保险、教育信托基金、基金定投、政府债券等。这些工具的特点是风险相对较低和有稳定的收入。

（一）教育储蓄

教育储蓄是按国家有关规定在指定银行开户存入规定数额资金用于教育目的的专项储蓄，是一种专门为学生支付非义务教育所需资金的专项储蓄。

教育储蓄的开户对象为在校小学四年级（含四年级）以上的学生，采用实名制，开户时储户要持本人（学生）户口簿或身份证，到银行以储户本人（学生）的姓名开立存款账户。到期支取时，储户须凭存折及有关证明一次性支取本息。每份“证明”只能享受一次利息税优惠。

与普通储蓄相比，教育储蓄的优点是执行整存整取的优惠利率，且免征利息税（个人储蓄存款暂免征收），收益率相对较高，其缺点是储蓄金额有限。使用教育储蓄时，需要组合搭配教育保险或者基金定投等方式进行积累，以达到预期目的。

（二）教育保险

教育保险，又称教育金保险、子女教育保险、孩子教育保险，是以为子女准备教育基金为目的的保险。教育保险是储蓄型的险种。

教育保险的保障对象为0周岁（即出生满28天且已健康出院的婴儿）至17周岁的少儿。有些保险公司的教育保险所针对的对象为出生满30天至14周岁的少儿。

目前，教育保险主要有三种：一是纯粹的教育金保险，可以提供初中、高中和大学期间的教育费用，通常以附加险的形式出现；二是可固定返还的保险，其返还的保险金不仅可以作为孩子上学期间的教育费用，而且在以后还可以持续提供生存金；三是理财型保险，如万能人寿保险、投资连结保险等，具有较强的投资理财功能，也可作为教育基金的储备，在子女初中、高中或者大学的某个阶段领取作为其教育金使用。

教育保险的优点是兼具强制储蓄、保障功能。强制储蓄是指父母必须每年存入约定金额，从而保证储蓄计划能够按时完成。教育保险最能体现保障功能的是其保费豁免条款，即投保教育保险的家庭，一旦父母因特定原因而无力再继续承担保费时，保险公司会豁免剩余应缴保费，而保单中对孩子的一切保障权益均不改变（日后孩子的教育基金照领）。其缺点是短期内不能提前支取，资金流动较差，早期退保，本金可能遭受损失。

（三）教育信托基金

信托基金是教育规划的重要工具，家长委托专业信托机构帮助管理资金，并通过合同约定这笔资金用于将来子女的教育和生活费用，受益人是其子女，专业机构也要为提供的服务收取费用，但子女在成年之前对该资金没有支配权。许多国家都规定，该类基金的收益可以享受税收优惠。家长在投资此类基金时，按照有关法规将资金的受益人转到子女名下，才能保证将来基金的收益用于子女教育。如果子女未能考上大学，基金收益则按合同规定转为子女的房地产购置资金或其他资产。

设立教育信托基金，具有以下多方面的积极意义：

第一，鼓励子女努力奋斗。家长在设立教育信托基金时，可以给孩子设定一个目标，若未能实现预定目标，则不能得到相应的资金，便可以此激励子女努力学习和工作；若家长仅向子女提供必要的生活和学习开支，其他费用则由子女自己设法取得，便可以此培养孩子勤俭节约、靠自己辛勤工作实现愿望的价值观念。

第二，家长对资金的用途有一定的控制权，防止子女养成不良嗜好。子女大学阶段或留学海外期间，对金钱的使用、管理技能尚不成熟，一旦无法抵制诱惑，就会随意挥霍钱财而并非将主要的时间和精力用于学习，并对子女未来的人生观和价值观产生不好的影响。设立教育信托基金后，通过受托人定期支付给子女相关的费用，能够满足孩子学习和生活开支即可，可以免去家长的忧虑。

第三，避免家庭财务危机。设立教育信托基金后，可以实现风险隔离，避免家庭财务危机给孩子的学习和生活造成影响，这是教育信托基金最大的优势。信托财产不会因家庭财务危机而发生改变，不用担心债权人的追偿清算，可以保证子女将来的学业顺利完成。

第四，专业理财管理。受托人一般是具有雄厚实力的资深机构或投资理财领域的理财规划师，其丰富的经验可以使信托财产得到最好的规划和配置，可谓一举两得。

（四）基金定投

基金定投有“懒人理财”之称，源于华尔街流传的一句话——要在市场中准确地踩点入市，比在空中接住一把飞刀更难。如果采取分批买入法，就克服了只选择一个时点进行买进和卖出的缺陷，可以均衡成本，使自己在投资中立于不败之地，这就是“定投法”。

基金定期定额投资是一种值得推荐的教育规划工具，其具有类似长期储蓄的特点，能够积少成多，平摊投资成本，降低整体风险。其还具有自动逢低加码、逢高减码的功能，无论市场价格如何变化，总能获得一个比较低的平均成本，因此，基金定期定额投资可以抹平基金净值的高峰和低谷，消除市场的波动性。只要选择的基金有整体增长，投资人就会获得一个相对平均的收益，而不必再为入市的择时问题而苦恼。

（五）政府债券

政府债券的发行主体是政府，是指政府财政部门或其他代理机构为筹集资金，以政府名义发行的债券，主要包括国库券和公债两类。一般国库券是由财政部发行的，用以弥补财政收支的不平衡。公债是指为筹集建设性资金而发行的一种债券。有时，也将二者统称为公债。中央政府发行的，称为中央政府债券（国家公债）；地方政府发行的，称为地方政府债券。

政府债券不仅安全性高、流通性强、收益稳定，而且可以享受免税待遇（利息收入免纳个人所得税），因此其是子女教育规划的主要投资工具之一。

需要注意的是，子女教育规划并不鼓励家庭采用风险过高的投资工具，如股票和公司债券等，但如果教育规划期较长，则可以采用这些工具，可以使用定投的方式适当规避风险，相对较高的收益率可以帮助家庭较早地完成教育规划的财务目标。

三、选择教育规划工具时应注意的问题

在选择教育规划工具时，应该全面权衡，不能仅从收益方面考虑，更重要的是考虑安全性和风险性。

（一）收益性

教育投资是一项长期投资，在时间允许的前提下，可以选择一些期限较长的投资，如投资于长期国债，通过复利计息，可以获得可观的稳定收益。

（二）安全性

选择教育规划工具，首先应考虑安全性，不能投资风险过高的理财产品，如股票、期货等投资产品。如果为了获得较高的收益而投资高风险的产品，有可能使教育基金遭受巨大损失，从而耽误子女的教育。

（三）风险性

在进行长期投资时，存款利率有可能上调，若在利率较低时买入教育保险或持有长期银行存款，就会出现不可避免的利息损失。因此，在教育规划工具的选择上，不要将全部的教育基金投入到利率不变的产品上，可以适当扩大投资范围，如投资于货币基金、债券基金、国债等。

如果父母有意愿让子女到国外留学，还要考虑汇率问题。若本币贬值，留学成本就会增加，因此，汇率波动因素不容忽视。

第三节　教育规划方案的制订

一、明确子女培养目标

子女教育是一项长期且复杂的事情，很多家庭在子女还没出生时就已经制订了很多计划。但是，往往实际情况是看到他人学什么，然后就安排子女学什么，最终使得子女没有学习到实质性的内容，甚至造成了逆反心理。导致这种结果的很大一部分原因是这些父母没有很好地确定子女的培养目标。

因此，根据子女的兴趣爱好和实际情况，确定适合子女发展的培养目标，然后按照这个设定的目标进行财务规划，做到有备无患，并能有针对性地引导子女朝着这个既定方向发展，这才是正确的做法。

二、明确子女接受何种类型的教育

教育投资规划，源于子女的教育规划。子女教育的类型、层次等决定了教育所需要支付的费用。子女教育可以分为三个阶段：出生后到小学阶段、中学阶段、大学与研究生阶段。按照我国的法律规定，小学、初中阶段实行九年制义务教育。如果子女接受九年制义务教育，那么相关的教育费用是非常低廉的。如果父母追求高质量的教育，那么就需要为此支付昂贵的费用。高中阶段的教育，是子女能否考上名牌高校的关键时期。许多家长不惜投入巨额资金，支持子女就读好的高中。我国的高等院校的录取制度公正、透明，使得优秀的青年能够进入这些高校进行学习深造。如果无法考上名牌高校，有些家长选择资助子女出国留学。大学毕业以后，如果子女选择考研深造，那么是选择国内高校还是选择国外高校，又是一项重要的教育支出。现阶段，有些家长选择资助子女从高中阶段开始就出国留学，甚至小学阶段就支持子女出国留学。出国留学出现低龄化趋势，教育费用也在不断上升。当然，目前大学与研究生阶段出国留学的情况还是比较普遍的。

美国、日本、澳大利亚等国家，以及我国香港，这些经济发展水平比较高的国家和地区的教育机构拥有大量的优质资源。因此，这些国家和地区的教育质量比较高。一些高收入的家庭希望子女可以接受国外良好的教育，是无可厚非的，一些收入水平并不高的家庭也希望子女可以出国留学。然而，这些规划需要较多的资金支持。因此，子女教育规划是家庭理财规划的重要组成部分。

三、估算子女教育所需的费用

子女所需教育投资的具体数额取决于子女所读大学的类型和初始投资距离子女接受教育的时间。目前，许多基金公司和保险公司都有教育投资规划方案，并附有不同通货膨胀率下计算现值的贴现因子。通过计算投资总额的终值和现值，可以求出一次性投资计划所需的费用或者分期投资计划每月所需支付的费用。

在确定教育费用时，可以明确以下几个基本问题：

（1）一般大学目前的学费、生活费和住宿费是多少？

（2）目前和未来10年内我国的通货膨胀率是多少？大学费用的实际增长率是多少？

（3）大学毕业后，是否要接受更多的后续教育？

参考答案

【实训任务9-1】理财规划师预计客户的子女将在18岁上大学，有两种类型的高校可供选择：专业型大学和综合型大学。其他条件如下：

（1）客户选择的教育投资方式是储蓄，税后年利率为9%。

（2）客户每月存入一笔固定存款，用于教育投资。

（3）该项投资的利息是每月支付的，并且和原投资本金一起用于教育投资。

（4）每年大学费用的预计增长率为6%（包含通货膨胀率和大学学费的实际增长率），且保持不变。

（5）如果现在入学，4年大学期间所需要的生活费与学费以入学第1年的初值计算，专业型大学为30 000元，综合型大学为40 000元。

请计算子女不同阶段（15岁、12岁、8岁、4岁、1岁）的教育费用。

四、预测未来通货膨胀率的基础上对子女教育费用增长率进行调整

要准确地预测未来的通货膨胀率并不容易，一般情况下，该数据每年都会发生变化。然而，教育投资规划并不需要非常精确的数值，因为教育基金规划的目标是确保投资的收

益能够保证子女未来的教育支出。个人可以将近年来的通货膨胀率进行平均，再结合未来的经济发展趋势，对未来教育规划期内的通货膨胀率做出合理的预测。近年来，随着经济的发展，各国的大学费用也在不断上涨，涨幅通常都高于通货膨胀率，因此，在制订教育基金规划时，应该在通货膨胀率的基础上再加上2至3个百分点。如果预测未来的通货膨胀率为每年5%，则估计大学费用至少每年应该增加7%或8%，根据不同国家和不同学校的具体情况，这一数值也会有所差异。总体来说，对大学费用增长率的预测越高，子女的教育投资就越有保障。当然，过高的预测也不适宜，因为那会增加客户的负担，从而使整个教育投资计划变得不切实际。

虽然对通货膨胀率的预测并不需要十分精确，但是从财务规划的合理性角度出发，对大学费用增长率的预测却是越准确越好，建议采用保守的估计值，以避免出现无法支付费用的情况。如果子女上大学后，客户发现教育投资规划所筹集的资金大于实际的支付额，则可以将多余的部分用于其他计划。

五、估计客户未来所需支付的教育投资额

个人通过对现在和未来的财务状况进行分析，估算计划期间每期（月或年）需要投资的金额并确定投资方式。一般而言，当教育费用不变时，投资工具的收益率越高，每期所需的投资金额就越少；反之，投资工具的收益率越低，则每期所需的投资金额就越多。当然，收益率越高的投资工具，通常其风险也会越大。如果客户的财务状况只能承担每期较低的投资金额，则必须选择收益率较高的投资工具，同时，在进行该投资的风险管理时，必须投入更多的精力和时间。

【案例展示9-1】

刘某准备外出打工，为孙子5年后上小学筹集学费。她每年从工资中拿出5元存入银行，年利率为10%。在孙子小学阶段6年的学习中，每年学费为10元。假如刘某5年后不再工作，这笔钱是否能供孙子读完小学？如果这笔钱不够，那么刘某还需要继续工作几年？

孙子学费的总需求（学费支出是典型的期初年金）：

PV（0.1，6，-10，0，1）=47.9079（元）

刘某资金的总供给（银行储蓄为期末年金）：

FV（0.1，5，-5，0，0）=30.5255（元）

因此，这笔钱不能完成目标，资金缺口=47.9079-30.5255=17.3824（元）。

解决方案1（目标基准点法）：提高每年定期定额的投资额。

PMT（0.1，5，0，47.9079，0）=-7.8472（元）

解决方案2（目标现值法）：增加工作年限。

学费总需求的现值：

PV（0.1，5，0，47.9079，1）=-29.7470（元）

刘某的总工作年限：

NPER（0.1，5，-29.7470，0，0）=9.48（年）

所以，刘某还需要继续工作约5年。

【案例展示9-2】

黄女士在一家私企上班，年收入10万元。由于离异，黄女士目前独自照顾刚初中毕业的女儿，家庭每月开销5 000元（包括房贷）。在家庭资产方面，黄女士现有银行存款10万元、国债5万元（明年到期）。

理财目标：

黄女士准备将来送女儿出国读大学，因此需要准备一笔教育基金，她希望理财规划师能够提供一个合理的理财规划方案。

理财分析：

首先，黄女士家庭的可支配收入情况是年收入10万元，每月开销5 000元，每年结余4万元。

其次，未来7年黄女士的家庭金融资产及收入结余在女儿出国留学时的预期价值（假设高中3年的家庭支出不变）为银行存款10万元，按年收益4.25%计算，共计11.27万元；国债5万元，2年理财期按年收益4%计算，共计5.41万元；7年累计的收支结余按增长率4%计算，3年后的价值为28.80万元（其中大学期间的家庭结余折算到读大学时，便于比较）。那么，3年后的家庭可支配收入约为45万元。

最后，测算国外留学4年所需的费用情况（暂不考虑汇率因素）：目前，如果选择北美留学，一般预计每年花销为25万元，考虑教育成本增长率一般为每年3%，预计3年后出国留学4年所需的教育成本为115万元，如果通过理财的方式来实现，需要在获得较高年收益率的同时，承担较高的理财投资风险，作为中短期的教育基金规划，其实现的难度比较大；而欧洲一些国家的留学成本相对较低，一般在10万元～13万元，同样考虑教育成本增长率为每年3%，预计3年后出国留学4年所需的教育成本为41.80万元～52.80万元，通过理财比较容易实现这一教育基金规划目标。

建议中期的教育基金规划以稳健的理财配置为主，具体如下：

（1）银行存款10万元可以选择3年期的银行定期存款，年利率4.25%（如果能够购买到3年期的国债更好），此存款到期用于支付大学第1年的费用。

（2）可以采用基金定投的投资理财方式规划大学后半程或最后1年的费用。比如，每月定投1 500元～3 000元，若处于投资低迷期，可以适当采用积极的定投策略，如指数型基金和股票型基金各占50%，预期年收益率10%以上，同时要注意控制风险，达到预期收益时建议终止。

（3）保留1万元～2万元的3个月定期存款，作为家庭备用金。

（4）明年到期的国债与以后家庭收入结余的部分可以选择1年期以内的稳健型理财产品，预计平均年收益率4%左右，通过这种方式满足大学期间较大的费用支出。

（5）建议抽出一些资金为黄女士自身购买一份定期寿险，保险金额等同于房贷的剩余贷款额，保险期限等同于贷款的剩余期限。

资料来源：裴文静，史安玲. 个人理财概论［M］. 西安：西安交通大学出版社，2017.

【本章小结】

1.教育投资规划，也称教育规划，是指为实现预期教育目标所需要的费用而进行的一系列资金管理活动。教育投资规划包括为个人自身安排的教育投资规划和为子女安排的教育投资规划。

2.教育投资规划的特点包括：缺乏时间弹性；费用高且缺乏弹性；长期面临通货膨胀的影响；教育费用无法事先预测；教育费用支出持续时间长、金额大。

3.教育投资规划的原则有目标合理原则、基金充足原则、定期定投原则、稳健投资原则。

4.短期教育规划工具主要有国家助学贷款、学生贷款、一般商业性助学贷款；长期教育规划工具主要有教育储蓄、教育保险、教育信托基金、基金定投、政府债券。

5.在选择教育规划工具时，应该全面权衡，不能仅从收益方面考虑，更重要的是考虑安全性和风险性。

6.教育规划方案的制订步骤包括：明确子女培养目标；明确子女接受何种类型的教育；估算子女教育所需的费用；预测未来通货膨胀率的基础上对子女教育费用增长率进行调整；估计客户未来所需支付的教育投资额。

【复习与思考题】

一、单项选择题

1.一般而言，教育投资的资金来源不包括（　　）。

A.私募基金　　B.教育资助　　C.奖学金　　D.贷款

2.由于（　　）取得的时间、金额都不容易确定，因此，在制订教育规划时不应将其计算在内。

A.减免学费政策　　B.国家教育助学贷款

C.工作收入　　D.奖学金

3.为子女择校时，需要考虑的因素不包括（　　）。

A.师资力量　　B.学校面积　　C.学费高低　　D.子女兴趣

4.教育投资规划的特征是（　　）。

Ⅰ.一般期限较长

Ⅱ.投资期限较短

Ⅲ.在前期采取较为积极的投资策略

Ⅳ.在后期采取稳健保守的投资策略

A.Ⅰ、Ⅲ、Ⅳ

B.Ⅱ、Ⅲ、Ⅳ

C.Ⅲ、Ⅳ

D.Ⅰ、Ⅱ、Ⅲ、Ⅳ

5.当教育费用不变时，投资工具回报率和所需投资金额的关系是（　　）。

A.正相关　　B.不变　　C.没有相关性　　D.负相关

二、简答题

1.简述教育投资规划的含义及特点。

2.简述教育规划方案制订的步骤。

3.子女教育投资规划可借助的投资工具有哪些？

三、案例分析题

张先生夫妇均为医护人员，人到中年，收入中等，张先生每月收入5 000元，其妻子每月收入3 500元。他们有一对令人羡慕的双胞胎女儿，两个孩子刚上初中，目前的开销还不大，每月约800元；家庭的每月基本生活开销维持在3 000元左右。房屋贷款上个月刚还清，房屋物业管理费每月100元。估算下来，家庭每月能有约4 000元的结余。年终，他们还能拿到奖金，共计6 000元。

在家庭资产方面，他们有20万元人民币的定期存款，以及5万元人民币和1万美元的活期存款。由于工作繁忙，他们在理财方面并不擅长，没有购买过任何理财产品。

在保险方面，他们自身没有投保过商业保险，只是给双胞胎女儿各投了一份综合险，保费的每年总支出为6 000元，已缴费10年，现金价值为30 000元。

要求：1.对客户未来的教育资金需求进行测算。

2.选择适当的教育规划工具，了解各种工具的优缺点。

3.假设张先生夫妇年储蓄额为39 975元，请为其制订教育规划方案。

参考答案

第十章

税收规划

学习目标

1. 了解纳税人的界定，熟悉征税范围；
2. 掌握个人所得税应纳税额的计算；
3. 掌握税收规划的原则与方法；
4. 理解税收规划的风险；
5. 树立依法纳税的法治意识。

【引导案例】

浙江省杭州市税务局稽查局查明，网络主播黄某在2019年至2020年期间，通过隐匿个人收入、虚构业务转换收入性质虚假申报等方式偷逃税款6.43亿元，其他少缴税款0.6亿元，依法对黄某做出税务行政处理处罚决定，追缴税款、加收滞纳金并处罚款共计13.41亿元。

国家税务总局坚决支持杭州市税务部门依法严肃处理黄某偷逃税案件。同时，要求各级税务机关对各种偷逃税行为，坚持依法严查严处，坚决维护国家税法权威，促进社会公平正义；要求认真落实好各项税费优惠政策，持续优化税费服务，促进新经济新业态在发展中规范，在规范中发展。

近年来，某些行业的偷税漏税行为频出。国外类似事件也不少，最有名的就是足球“巨星”马拉多纳因欠税而险遭意大利警方逮捕。这些案例说明，个人税收筹划不可小觑。

资料来源：新京报. 国家税务总局坚决支持依法严肃查处黄某偷逃税案件［EB/OL］.［2021-12-20］. https://baijiahao.baidu.com/s?id=1719651574213701637&wfr=spider&for=pc.

第一节 税收基础

随着我国经济的快速发展，个人收入水平不断提高，收入来源和形式也日趋多样化。除工作收入以外，一些人还利用自己的各种技能，在业余时间获取合法的劳务报酬。在取得收入的同时，依法纳税也是每个公民应尽的义务。在个人理财规划中，税务筹划也是重要的组成部分之一。

一、个人所得税的概念

个人所得税是以自然人及个体工商户取得的各类应税所得为征税对象而征收的一种所得税，是政府利用税收对个人收入进行调节的一种手段，也是个人税收规划的主要对象。

个人所得税的纳税人不仅包括自然人，还包括具有自然人性质的个体工商户。

二、个人所得税的特点

从世界范围来看，个人所得税的税制模式有三种：分类征收制、综合征收制和混合征收制。分类征收制，是将纳税人不同来源、性质的所得项目，分别规定不同的税率征税。综合征收制，是对纳税人全年的各项所得加以汇总，就其总额进行征税。混合征收制，是对纳税人不同来源、性质的所得先分别按照不同的税率征税，然后将全年的各项所得进行汇总征税。三种不同的税制模式各有其优缺点。税制模式的改革方向是由分类征收制向分类与综合相结合的模式转变。我国现行的个人所得税税制有以下特点：

1. 实行分类与综合相结合的征收方法

我国的税制将个人工资薪金、劳务报酬、稿酬、特许权使用费四项所得项目实行综合征收制；其他的财产租赁所得、偶然所得等应税项目采用分类征收制。

2. 累进税率和比例税率并用

综合所得适用3%～45%的七级超额累进税率；个体工商户的生产、经营所得，对企事业单位的承包经营、承租经营所得，个人独资企业和合伙企业投资者的生产、经营所得，适用5%～35%的五级超额累进税率；利息、股息、红利所得，财产租赁所得，财产转让所得，偶然所得和其他所得均适用比例税率。

3. 费用扣除额较宽

居民个人的综合所得，以每一纳税年度的收入额减除费用6万元以及专项扣除、专项附加扣除和依法确定的其他扣除项目；经营所得，以每一纳税年度的收入总额减除成本、费用以及损失；非居民个人的工资、薪金所得，以每月的收入额减除费用5 000元；财产租赁所得，每次收入不超过4 000元的减除800元，每次收入在4 000元以上的减除20%的费用。

4. 计算简便

应税所得的收入减去允许扣除的，剩下的部分作为所得额乘以规定的税率。

5. 采取自行申报和源泉扣缴两种征纳方法

自行申报是指没有扣缴义务人的以及个人在两处以上取得工资、薪金所得的，由纳税人自行申报纳税。源泉扣缴是指由支付单位代扣代缴或代收代缴的税款。目前，我国实行个人所得税支付以单位代扣代缴为主，以纳税义务人自行申报为辅的征税方法。

三、纳税义务人的界定

个人所得税的纳税义务人包括中国公民、个体工商户、个人独资企业、合伙企业投资者、在中国有所得的外籍人员（包括无国籍人员，下同）和中国香港、澳门、台湾同胞。上述纳税义务人依据住所和居住时间两个标准，区分为居民和非居民，分别承担不同的纳税义务。

（一）居民纳税义务人

在中国境内有住所的个人（由于户籍、家庭、经济利益关系而在中国境内习惯性居住的个人），或者在中国境内无住所而在中国境内居住期满1年的个人，应当就其从中国境内、境外取得的全部所得缴纳个人所得税。

例如，中国公民张某受其所在公司的委派，前往公司驻瑞士的机构工作，任职时间为2年。但是，由于张某的家庭和主要经济利益关系仍然在中国境内，并且他只是为了履行职务才在瑞士居住，任期届满以后会返回中国。因此，按照我国税法的规定，张某在瑞士居住期间仍然属于中国个人所得税的居民纳税人，其取得的来源于中国境内、境外的所得都应当依法在中国缴纳个人所得税。

（二）非居民纳税义务人

在中国境内无住所又不居住，或者无住所而一个纳税年度内在中国境内居住累计不满183天的个人，为非居民个人。非居民个人从中国境内取得的所得，依法缴纳个人所得税。

在中国境内没有住所，但是一个纳税年度内在中国境内连续或者累计居住不超过90天的个人，其来源于中国境内的所得，由境外雇主支付并且不由该雇主在中国境内的机构、场所负担的部分，可以免纳个人所得税。

例如，中国某企业从德国引进一台大型设备，购买合同上规定：上述设备德方派技术人员来指导调试，直到机组正常运行。德方在中国期间的食宿、交通统一由中方安排，不领取任何报酬。在设备调试期间，德方采取分批向中方派出技术人员的方法，每批人员在中国居住时间均控制在90天之内。这样，这些外国技术人员在中国就无须纳税。这是利用居所转移避税的典型例子。表面上，德方人员在中国没有获得报酬。实际上，在中方支付的设备款项中已经包含了德方技术人员的费用，德方技术人员从其本国雇主领取的报酬就是来自中国境内的所得。

四、征税范围

我国的个人所得税采取分类列举的办法确定个人所得税的征税范围。其中，列举征税的范围包括以下九项：

（一）工资、薪金所得

工资、薪金所得，是指个人因任职或受雇而取得的工资、薪金、奖金、年终加薪、劳动分红、津贴、补贴以及与任职或受雇有关的其他所得。

一般来说，工资、薪金所得属于非独立个人劳动所得。所谓非独立个人劳动，是指个人所从事的是由他人指定、安排并接受管理的劳动。工作或服务于公司、工厂、行政事业单位的人员（私营企业主除外）均为非独立劳动者。他们从上述单位取得的劳动报酬，是以工资、薪金的形式体现的。在这类报酬中，工资和薪金的收入主体略有差异。通常情况下，将直接从事生产、经营或服务的劳动者（工人）的收入称为工资，即所谓的“蓝领阶层”所得；而将从事社会公职或管理活动的劳动者（公职人员）的收入称为薪金，即所谓的“白领阶层”所得。

除工资、薪金以外，奖金、年终加薪、劳动分红、津贴、补贴也被确定为工资、薪金所得范畴。年终加薪、劳动分红不分种类和取得情况，一律按工资、薪金所得征税。津贴、补贴等则有例外，根据我国目前个人收入的构成情况，规定对于一些不属于工资、薪金所得性质的补贴、津贴或者不属于纳税人本人工资、薪金所得项目的收入，不予征税。这些项目包括：（1）独生子女补贴；（2）执行公务员工资制度未纳入基本工资总额的补贴、津贴差额和家属成员的副食品补贴；（3）托儿补助费；（4）差旅费津贴、误餐补助。其中，误餐补助是指按照财政部的规定，个人因公在城区、郊区工作，不能在工作单位或返回就餐的，根据实际误餐顿数，按规定的标准领取的误餐费。单位以误餐补助名义发放给职工的津贴不能包括在内。

公司职工取得的用于购买企业国有股权的劳动分红，按工资、薪金所得项目计征个人所得税。

出租汽车经营单位对出租车驾驶员采取单车承包或承租方式运营，出租车驾驶员从事客货运营取得的收入，按工资、薪金所得征税。

（二）劳务报酬所得

劳务报酬所得，是指个人独立从事各种非雇佣的劳务所取得的所得。其内容包括设计、装潢、安装、制图、化验、测试、医疗、法律、会计、咨询、讲学、新闻、广播、翻译、审稿、书画、雕刻、影视、录音、录像、演出、表演、广告、展览、技术服务、介绍服务、经济服务、代办服务以及其他劳务取得的所得。

（三）稿酬所得

稿酬所得，是指个人因其作品以图书、报刊形式出版、发表而取得的所得。这里所说的“作品”，包括中外文字、图片、乐谱等能以图书、报刊方式出版、发表的作品。个人作品包括本人的著作、翻译作品等。个人取得的遗作稿酬，应按稿酬所得项目计税。

将稿酬所得独立划归为一个征税项目，而对不以图书、报刊形式出版、发表的翻译、审稿、书画所得归为劳务报酬所得，主要是考虑了出版、发表作品的特殊性：第一，它是一种依靠较高智力创作的精神产品；第二，它具有普遍性；第三，它与社会主义物质文明和精神文明密切相关；第四，它的报酬相对偏低。因此，稿酬所得应当与一般劳务报酬所得相区别，并给予适当的优惠。

（四）特许权使用费所得

特许权使用费所得，是指个人提供专利权、著作权、商标权、非专利技术以及其他特许权的使用权取得的所得。提供著作权的使用权取得的所得，不包括稿酬所得。

作者将自己的文字作品手稿原件或复印件公开拍卖（竞价）取得的所得，应按特许权使用费所得项目计税。这类收入不同于一般所得，所以将其单独列为一类征税项目。

个人取得特许权的经济赔偿收入，应按特许权使用费所得项目征收个人所得税，税款由支付赔偿款的单位或个人代扣代缴。

编剧从电视剧的制作单位取得的剧本使用费，不再区分剧本的使用方是否为其任职单位，而统一按特许权使用费所得项目计征个人所得税。

（五）经营所得

1. 个体工商户的生产、经营所得

（1）个体工商户从事工业、手工业、建筑业、交通运输业、商业、饮食业、服务业、修理业以及其他行业取得的所得。

（2）个人经政府有关部门批准，取得执照，从事办学、医疗、咨询以及其他有偿服务活动取得的所得。

（3）上述个体工商户和个人取得的与生产、经营有关的各项应税所得。

（4）个人因从事彩票代销业务而取得的所得，应按照个体工商户的生产、经营所得项目计征个人所得税。

（5）从事个体出租车运营的出租车驾驶员取得的收入，按个体工商户的生产、经营所得项目缴纳个人所得税。出租车属于个人所有，但挂靠出租汽车经营单位或企事业单位，驾驶员向挂靠单位缴纳管理费的，或出租汽车经营单位将出租车所有权转移给驾驶员的，出租车驾驶员从事客货运营取得的收入，比照个体工商户的生产、经营所得项目征税。

（6）个体工商户和从事生产、经营的个人，取得与生产、经营活动无关的其他各项应税所得，应分别按照其他应税项目的有关规定计征个人所得税。例如，取得银行存款的利息所得、对外投资取得的股息所得，应按利息、股息、红利所得项目的规定单独计征个人所得税。

（7）个人独资企业、合伙企业的个人投资者以企业资金为本人、家庭成员及其相关人员支付与企业生产经营无关的消费性支出以及购买汽车、住房等财产性支出的，视为企业对个人投资者的利润分配，并入投资者个人的生产、经营所得，依照个体工商户的生产、经营所得项目计征个人所得税。

2. 对企事业单位的承包经营、承租经营所得

对企事业单位的承包经营、承租经营所得，是指个人承包经营或承租经营以及转包、转租取得的所得。承包项目可分为多种，如生产经营、采购、销售、建筑安装等各种承包。转包包括全部转包或部分转包。

（六）利息、股息、红利所得

利息、股息、红利所得，是指个人拥有债权、股权而取得的利息、股息、红利所得。利息，是指个人拥有债权而取得的利息，包括存款利息、贷款利息和各种债券的利息。按照税法规定，个人取得的利息所得，除国债和国家发行的金融债券利息外，应当依法缴纳个人所得税。股息、红利，是指个人拥有股权而取得的股息、红利。按照一定的比率对每股分发的息金，称为股息；公司、企业应分配的利润按股份分配的，称为红利。股息、红利所得除另有规定外，都应当缴纳个人所得税。

除个人独资企业、合伙企业以外的其他企业的个人投资者，以企业资金为本人、家庭成员及其相关人员支付与企业生产经营无关的消费性支出以及购买汽车、住房等财产性支出的，视为企业对个人投资者的红利分配，依照利息、股息、红利所得项目计征个人所得税。

个人在个人银行结算账户的存款孳生的利息，应按利息、股息、红利所得项目计征个人所得税，税款由办理个人银行结算账户业务的储蓄机构在结付利息时代扣代缴。按照税法规定，暂免征收储蓄存款利息的个人所得税。

（七）财产租赁所得

财产租赁所得，是指个人出租建筑物、土地使用权、机器设备、车船以及其他财产取得的所得。财产包括动产和不动产。

个人取得的财产转租收入，属于财产租赁所得的征税范围，由财产转租人缴纳个人所得税。

（八）财产转让所得

财产转让所得，是指个人转让有价证券、股权、建筑物、土地使用权、机器设备、车船以及其他财产取得的所得。

对个人取得的各项财产转让所得，除股票转让所得以外，都要征收个人所得税。根据《中华人民共和国个人所得税法实施条例》的规定，对股票转让所得征收个人所得税的办法，由财政部另行制定，报国务院批准施行。鉴于我国证券市场尚不成熟，股份制还处于试点阶段，对股票转让所得的计算、征税办法和纳税期限的确认等都需要做出深入的调查

研究后，结合国际通行的做法，制定出符合我国实际的规定。因此，国务院决定对股票转让所得暂不征收个人所得税。

（九）偶然所得

偶然所得，是指个人得奖、中奖、中彩以及其他偶然性质的所得。得奖，是指参加各种有奖竞赛活动，取得名次而得到的奖金；中奖、中彩，是指参加各种有奖活动，如有奖销售、有奖储蓄或者购买彩票，经过规定的程序，抽中、摇中号码而取得的奖金。依照偶然所得项目计征个人所得税，一律由发奖单位或机构代扣代缴。

五、个人所得税的纳税方法

（一）综合课征法

居民个人取得的工资、薪金所得，劳务报酬所得，稿酬所得，特许权使用费所得为综合所得，按纳税年度合并计算个人所得税。

（二）分类课征法

非居民个人取得的工资、薪金所得，劳务报酬所得，稿酬所得，特许权使用费所得，按月或者按次分项计算个人所得税；纳税人取得的利息、股息、红利所得，财产租赁所得，财产转让所得，偶然所得，依照规定分别计算个人所得税。

六、税率

（一）综合所得适用税率

综合所得适用3%～45%的七级超额累进税率。个人所得税税率表（综合所得适用）见表10-1。

表10-1　　**个人所得税税率表（综合所得适用）**

级数	全年应纳税所得额	税率（%）	速算扣除数（元）
1	不超过36 000元的	3	0
2	超过36 000元至144 000元的部分	10	2 520
3	超过144 000元至300 000元的部分	20	16 920
4	超过300 000元至420 000元的部分	25	31 920
5	超过420 000元至660 000元的部分	30	52 920
6	超过660 000元至960 000元的部分	35	85 920
7	超过960 000元的部分	45	181 920

注1：本表所称全年应纳税所得额是指依照《中华人民共和国个人所得税法》第六条的规定，居民个人取得综合所得以每一纳税年度收入额减除费用6万元以及专项扣除、专项附加扣除和依法确定的其他扣除后的余额。

注2：非居民个人取得工资、薪金所得，劳务报酬所得，稿酬所得和特许权使用费所得，依照本表按月换算后计算应纳税额。

（二）经营所得适用税率

个体工商户包括依法取得个体工商户营业执照，从事生产经营的个体工商户；经政府有关部门批准，从事办学、医疗、咨询等有偿服务活动的个人以及其他从事个体生产、经营的个人。个体工商户以业主为个人所得税纳税义务人，个体工商户的生产、经营所得和对企事业单位的承包经营、承租经营所得适用5%～35%的五级超额累进税率。个人所得税税率表（经营所得适用）见表10-2。

表10-2　个人所得税税率表（经营所得适用）

级数	全年应纳税所得额	税率（%）	速算扣除数（元）
1	不超过30 000元的	5	0
2	超过30 000元至90 000元的部分	10	1 500
3	超过90 000元至300 000元的部分	20	10 500
4	超过300 000元至500 000元的部分	30	40 500
5	超过500 000元的部分	35	65 500

注：本表所称全年应纳税所得额是指依照《中华人民共和国个人所得税法》的规定，以每一纳税年度的收入总额减除成本、费用以及损失后的余额。

（三）其他所得适用税率

利息、股息、红利所得，财产租赁所得，财产转让所得和偶然所得，适用比例税率，税率为20%。

七、个人所得税应纳税额的计算

（一）工资、薪金所得应纳税额的计算

自2019年1月1日起，个人所得税新政策正式施行，个人所得税改革措施完善了“基本扣除+专项扣除”的税前扣除制度。在新政策中，将执行每月5 000元（外籍人员4 800元）的个税起征点和新的个税税率表，同时增加了子女教育、赡养老人等专项附加扣除，进一步增进税收的公平性。个人所得税税率表（每月工资、薪金所得适用个人所得税累进税率）见表10-3。

表10-3　个人所得税税率表（每月工资、薪金所得适用个人所得税累进税率）

级数	全月应纳税所得额	税率（%）	速算扣除数（元）
1	不超过3 000元的	3	0
2	超过3 000元至12 000元的部分	10	210
3	超过12 000元至25 000元的部分	20	1 410
4	超过25 000元至35 000元的部分	25	2 660
5	超过35 000元至55 000元的部分	30	4 410
6	超过55 000元至80 000元的部分	35	7 160
7	超过80 000元的部分	45	15 160

应纳税额的计算公式为：

应纳税所得额=税前工资收入金额-五险一金（个人缴纳部分）-费用减除额

应纳税额=应纳税所得额×税率-速算扣除数

【例10-1】张三2×19年10月的税前工资为12 000元，需要缴纳各项社会保险金1 100元，无其他扣除项，适用每月5 000元的个税起征点和新的个税税率表。则有：

应纳税所得额=税前工资收入金额-五险一金（个人缴纳部分）-起征点（5 000元）-累计依法扣除项

=12 000-1 100-5 000=5 900（元）

参照表10-3中的税率及速算扣除数可知，超过3 000元至12 000元的部分，则适用税率为10%，速算扣除数为210元。

应纳个人所得税税额=应纳税所得额×税率-速算扣除数

=5 900×10%-210=380（元）

【政策指引】

国务院关于提高个人所得税有关专项附加扣除标准的通知（节选）

国发〔2023〕13号

各省、自治区、直辖市人民政府，国务院各部委、各直属机构：

为进一步减轻家庭生育养育和赡养老人的支出负担，依据《中华人民共和国个人所得税法》有关规定，国务院决定，提高3岁以下婴幼儿照护等三项个人所得税专项附加扣除标准。现将有关事项通知如下：

一、3岁以下婴幼儿照护专项附加扣除标准，由每个婴幼儿每月1 000元提高到2 000元。

二、子女教育专项附加扣除标准，由每个子女每月1 000元提高到2 000元。

三、赡养老人专项附加扣除标准，由每月2 000元提高到3 000元。其中，独生子女按照每月3 000元的标准定额扣除；非独生子女与兄弟姐妹分摊每月3 000元的扣除额度，每人分摊的额度不能超过每月1 500元。

四、3岁以下婴幼儿照护、子女教育、赡养老人专项附加扣除涉及的其他事项，按照《个人所得税专项附加扣除暂行办法》有关规定执行。

五、上述调整后的扣除标准自2023年1月1日起实施。

政策出台背景及利好信息

国务院

2023年8月28日

（二）劳务报酬所得应纳税额的计算

1. 应纳税所得额的计算

（1）每次收入不足4 000元的：

应纳税所得额=每次收入额-800

（2）每次收入在4 000元以上的：

应纳税所得额=每次收入额×（1-20%）

2. 应纳税额的计算

如果纳税人的每次应税劳务报酬所得超过20 000元的，应实行加成征税，其应纳税总额应依据相应税率和速算扣除数计算。个人所得税税率表（劳务报酬所得预扣预缴适用）见表10-4。

表10-4　　**个人所得税税率表（劳务报酬所得预扣预缴适用）**

级数	预扣预缴应纳税所得额	预扣率（%）	速算扣除数（元）
1	不超过20 000元的	20	0
2	超过20 000元至50 000元的部分	30	2 000
3	超过50 000元的部分	40	7 000

注：按照《中华人民共和国个人所得税法》的规定，向居民个人支付劳务报酬时由扣缴义务人按月或按次预扣预缴个人所得税。劳务报酬所得属于一次性收入的，以取得该项收入为一次；属于同一项目连续性收入的，以一个月内取得的收入为一次。

应纳税额的计算公式为：

应纳税额=应纳税所得额×适用税率-速算扣除数

根据不同收入水平和应纳税额计算公式，可知：

（1）每次收入不足4 000元的：

应纳税额=应纳税所得额×适用税率=（每次收入额-800）×20%

（2）每次收入在4 000元以上的：

应纳税额=应纳税所得额×适用税率=每次收入额×（1-20%）×20%

（3）每次收入额的应纳税所得额超过20 000元的：

应纳税额=应纳税所得额×适用税率-速算扣除数

=每次收入额×（1-20%）×适用税率-速算扣除数

【例10-2】刘某一次性取得表演收入40 000元，扣除20%的费用后，应纳税所得额为32 000元。请计算其应缴纳的个人所得税。

应纳税额=每次收入额×（1-20%）×适用税率-速算扣除数

=40 000×（1-20%）×30%-2 000

=7 600（元）

对劳务报酬所得一次性收入超高（应纳税所得额超过20 000元）的，要实行加成征收办法，具体做法为：一次性取得的劳务报酬收入，减除费用后的余额（应纳税所得额）超过2万元至5万元的部分，按照税法规定计算的应纳税额，加征五成；超过5万元的部分，加征十成。

【例10-3】王某一次性取得劳务报酬收入5万元，需要扣除20%的费用。请计算其应缴纳的个人所得税。

应纳税所得额=50 000×（1-20%）=40 000（元）

应纳税额=40 000×30%（30%的税率为20 000元对应的20%的税率加征五成）-2 000

=10 000（元）

（三）稿酬所得应纳税额的计算

稿酬所得以个人每次取得的收入，定额或定率减除规定费用后的余额为应纳税所得额。每次收入不超过4 000元的，定额减除费用800元；每次收入在4 000元以上的，定率减除20%的费用，其余额为应纳税所得额。稿酬所得适用20%的比例税率，并按应纳税额减征30%，因此，其实际适用税率为14%（20%-20%×30%）。

1. 应纳税所得额的确定

（1）每次收入不足4 000元的：

应纳税所得额=每次收入额-800

（2）每次收入在4 000元以上的：

应纳税所得额=每次收入额×（1-20%）

2. 应纳税额的计算

（1）每次收入不足4 000元的：

应纳税额=（每次收入额-800）×20%×（1-30%）

（2）每次收入在4 000元以上的：

应纳税额=每次收入额×（1-20%）×20%×（1-30%）

稿酬所得一般按照如下规定确定：

个人每次以图书、报刊方式出版、发表同一作品（如文字作品、书画作品、摄影作品以及其他作品），不论出版单位是预付还是分笔支付稿酬，或者加印该作品后再付稿酬，均应合并其稿酬所得按一次计征个人所得税。在两处或两处以上出版、发表或再版（改版）同一作品而取得的稿酬所得，则可分别各处取得的所得或再版（改版）所得按分次（两处或两处以上）所得计征个人所得税。

个人的同一作品在报刊上连载，应合并其因连载而取得的所有稿酬所得为一次，按税法规定计征个人所得税。在其连载之后又出书取得的稿酬所得，或先出书后连载取得的稿酬所得，应视同再版稿酬分次计征个人所得税。

作者去世后，对取得其遗作稿酬的个人，按稿酬所得征收个人所得税。

【实训任务10-1】江某与北京一家杂志社签订了2年期的合作协议，在杂志上连载长篇小说，每月刊登4章，每章稿酬3 500元，按月结算。请问2×19年杂志社每月支付稿酬时该如何进行预扣预缴个人所得税？

参考答案

（四）特许权使用费所得应纳税额的计算

1. 特许权使用费所得适用税率

应纳税额的计算公式为：

应纳税额=应纳税所得额×适用税率（比例税率20%）

2. 费用减除标准

（1）每次收入不足4 000元的：

应纳税额=应纳税所得额×适用税率=（每次收入额-800）×20%

（2）每次收入在4 000元以上的：

应纳税额=应纳税所得额×适用税率=每次收入额×（1-20%）×20%

对于个人在技术转让中所支付的中介费，若能提供有效合法的凭证，则允许从其所得中扣除。

【例10-4】2×19年9月，王某出让一项专利权，取得收入50 000元。则有：

应纳税所得额=50 000 ×（1-20%）=40 000（元）

应纳税额=40 000×20%=8 000（元）

【实训任务10-2】张某2×19年取得特许权使用费收入两次：一次收入为3 000元；另一次收入为4 500元。请计算其在特许权使用费所得中预扣的个人所得税。

参考答案

（五）经营所得应纳税额的计算

个体工商户的生产、经营所得是每一纳税年度的收入总额，减除成本、费用以及损失后的余额。个体工商户的生产、经营所得的筹划方法主要包括合理摊销费用，以使成本、费用的抵税效应得到最大程度的发挥。个人独资企业和合伙企业的生产、经营所得都适用五级超额累进税率，税率为5%～35%（见表10-2）。其计算公式为：

应纳税所得额=全年收入总额-（成本+费用+损失+准予扣除的税费）

应纳税额=应纳税所得额×适用税率-速算扣除数

从上述计算公式可以看出，在个体工商户的生产、经营所得应纳税所得额的计算中，如何确定成本、费用以及损失，存在许多值得推敲的地方。如果个体工商户，如个人独资企业和合伙企业，有下列情形之一的，主管税务机关应当采取核定征收个人所得税的方法：企业依照国家有关规定应当设置但未设置账簿的；企业虽然设置账簿，但是账目混乱或者成本资料、收入凭证、费用凭证残缺不全，难以查证的；纳税人发生纳税义务，未按照规定的期限办理纳税申报，经税务机关责令限期申报，逾期仍不申报的。核定征收方式包括定额征收、核定应税所得率征收以及其他合理的征收方式。

对企事业单位的承包经营、承租经营所得，按年计算。对企事业单位的承包经营、承租经营所得应纳税额的计算公式为：

应纳税额=应纳税所得额×适用税率-速算扣除数

（六）利息、股息、红利所得应纳税额的计算

利息、股息、红利所得，按次计算。利息、股息、红利所得应纳税额的计算公式为：

应纳税所得额=利息、股息、红利每次收入总额

应纳税额=应纳税所得额×适用税率（20%）

（七）财产租赁所得应纳税额的计算

1. 应纳税所得额的确定

财产租赁所得一般以个人每次取得的收入，定额或定率减除规定费用后的余额为应纳税所得额。每次收入不超过4 000元的，定额减除费用800元；每次收入在4 000元以上的，定率减除20%的费用。财产租赁所得以1个月内取得的收入为一次。

在确定财产租赁所得应纳税所得额时，纳税人在出租财产过程中缴纳的税金及附加，可持完税凭证，从其财产租赁收入中扣除。准予扣除的项目除了规定费用和有关税费外，还准予扣除能够提供有效、准确的凭证，证明是由纳税人负担的该出租财产实际开支的修缮费用。允许扣除的修缮费用，以每次800元为限。一次扣除不完的，准予在下一次继续扣除，直到扣完为止。

个人出租财产取得的财产租赁收入，在计算缴纳个人所得税时，应依次扣除以下费用：①财产租赁过程中缴纳的税费；②由纳税人负担的该出租财产实际开支的修缮费用；③税法规定的费用扣除标准。

应纳税所得额的计算公式为：

（1）每次（月）收入不超过4 000元的：

应纳税所得额=每次（月）收入额-准予扣除项目-修缮费用（800元为限）-800

（2）每次（月）收入在4 000元以上的：

应纳税所得额=（每次（月）收入额-准予扣除项目-修缮费用（800元为限））×（1-20%）

2. 应纳税额的计算

应纳税额=应纳税所得额×20%

注意：个人按照市场价格出租的居民住房取得的所得，暂减按10%的税率征收。

（八）财产转让所得应纳税额的计算

财产转让所得以转让财产的收入额，减除财产原值和合理费用后的余额为应纳税所得额。财产转让所得以一次转让所得的收入为一次。

应纳税所得额=每次财产转让收入额-财产原值-合理费用

应纳税额=应纳税所得额×20%

（九）偶然所得应纳税额的计算

应纳税额=应纳税所得额（每次收入额）×20%

【知识拓展10-1】

税收优惠

一、免征项目

1.省级人民政府、国务院部委和中国人民解放军军以上单位，以及外国组织、国际组织颁发的科学、教育、技术、文化、卫生、体育、环境保护等方面的奖金。

2.国债和国家发行的金融债券利息。

3.按照国家统一规定发给的补贴、津贴。

4.福利费、抚恤金、救济金。

5.保险赔款。

6.军人的转业费、复员费、退役金。

7.按照国家统一规定发给干部、职工的安家费、退职费、基本养老金或者退休费、离休费、离休生活补助费。

二、减税项目

1.残疾、孤老人员和烈属的所得。

2.因自然灾害遭受重大损失的。

3.经国务院批准的其他减税情形。

减税项目的减征幅度和期限，由省、自治区和直辖市人民政府规定。对残疾人员个人取得的劳动所得适用减税规定。

三、暂免征税项目

1.个人举报、协查各种违法、犯罪行为而获得的奖金。

2.个人办理代扣代缴手续，按规定取得的扣缴手续费。

3.个人转让自用达5年以上，并且是唯一的家庭生活用房取得的所得。

4.对个人购买福利彩票、赈灾彩票、体育彩票，一次性中奖收入在1万元以下的（含1万元），暂免征收个人所得税；超过1万元的，全额征收个人所得税。

5.生育妇女取得符合规定的生育津贴、生育医疗费或其他属于生育保险性质的津贴、补贴，免征个人所得税。

6.超国民待遇（仅外籍人士享有的待遇）：

（1）外籍个人以非现金形式或实报实销形式取得的住房补贴、伙食补贴、搬迁费、洗衣费。

（2）外籍个人按合理标准取得的境内、境外出差补贴。

（3）外籍个人取得的语言培训费、子女教育费等，经当地税务机关审核批准为合理的部分。

（4）外籍个人取得的探亲费，每年不超过两次。

（5）外籍个人从外商投资企业取得的股息、红利所得。

7.对内地个人投资者通过沪港通投资香港联交所上市股票取得的转让差价所得，暂免征收个人所得税；对香港市场投资者（包括企业和个人）投资上交所上市A股取得的转让差价所得，暂免征收个人所得税。

8.对符合地方政府规定条件的低收入住房保障家庭从地方政府领取的住房租赁补贴，免征个人所得税。

第二节　税收规划策略

个人所得税筹划的任务是通过各种策略合法地将个人所得税税负降到最低。个人税收规划的总体思路是对个人的资产或收入结构进行调整，以及通过投资有税收优惠的产品来获得税收利益。我国的个人所得税是一个多项目课征的复税制体系，纳税人的所得可能涉及多个应税项目，仅仅考虑某项所得的税负最低，不一定会带来纳税人整体税负的减轻，所以，在实施税收规划的过程中，应当树立整体、全局的规划观。

一、税收规划的含义

税收规划，是指纳税人在税法允许的范围内以适应政府税收政策导向为前提，采用税法所赋予的税收优惠或选择机会，并借助一定的方法和技术，通过对尚未发生或已经发生的应税行为进行合理的筹划和安排，以达到节税目的的一种理财活动。税收规划具体包括两个方面的含义：一是在合法的前提下整体税负最轻；二是在规范的基础上涉税损失最少。

所谓个人所得税筹划，也称个人税收规划，是指个人根据政府的税收政策导向，通过对经营结构和交易活动的安排，对纳税方案进行优化选择，对纳税地位进行低位选择，从而减轻税收负担，取得正当的税收利益的一种个人理财活动。

个人所得税筹划的主体是具有纳税义务的个人，即纳税义务人，但参与的主体也可以是专业的税务筹划师。

二、税收规划的原则

税收规划是纳税人在充分了解和掌握税收政策法规的基础上，当存在多种纳税方案可供选择时，指导纳税人以税收负担最轻的方式来处理财务、经营、组织及交易事项的复杂筹划活动。要做好税收规划活动，必须遵循以下基本原则：

（一）合法性原则

税收规划必须在合法条件下进行，是以国家制定的税法为对象，对不同的纳税方案进行精细比较后做出的优化选择。一切违反法律规定、逃避税收的行为都属于偷税、逃税范畴，要坚决反对和制止。税收规划必须坚持合法性原则。

坚持合法性原则必须注意以下三个方面：①全面、准确地理解税收条款和税收政策的立法背景，不能断章取义；②准确地分析判断采取的措施是否合法，是否符合税法规定；③注意把握税收筹划的时机，要在经营、投资、理财活动的纳税义务发生之前，通过周密精细的筹划来达到节税目的，不能在纳税义务已经发生时，再人为地通过所谓的补救措施来推迟或逃避纳税义务。

（二）节税效益最大化原则

税收规划的本质是对税款的合法节省。在税收规划中，当有多种纳税方案可以比较时，通常选择节税效益最大的方案作为首选方案。坚持节税收益最大化原则，并非单就某一税种而言，也并非单就某一税收问题而言，而是应该综合考虑其他指标。不仅要“顾头”，还要“顾尾”，从而理解和把握好这一原则。

（三）筹划性原则

筹划性原则是由税收的社会政策所允许和引发的。国家贯彻社会政策，以促进国家经济发展和实现其社会目的，从而运用税收固有的调节功能，作为推进国家经济政策和社会政策的手段，税收的政策性和灵活性是非常强的。纳税人通过事先计划、设计和安排，在进行筹资、投资等活动之前，将这些行为所承担的相应税负作为影响最终财务成果的重要因素来考虑，通过趋利避害来选取最有利的方式。

（四）综合性原则

综合性原则是纳税人在进行税务规划时，必须综合规划以使纳税人整体税负水平降低。纳税人进行税务规划时，不能只以税负轻重作为选择纳税方案的唯一标准，而应该着眼于实现纳税人的综合利益目标。在进行税务规划时，还要考虑与之有关的其他税种的税负效应，进行整体筹划、综合衡量，力求整体税负和长期税负最轻。

三、个人税收规划的基本方法

个人税收规划的基本方法可以归纳为七种：利用免税的方法、利用减征的方法、利用税率差异的方法、利用扣除技术的方法、利用抵免技术的方法、利用缓税技术的方法和利用税收优惠政策的方法。在具体操作中，这七种方法不是一成不变的，而是可以相互转化的。

（一）利用免税的方法

免税是指国家对特定地区、行业、企业、项目或情况给予纳税人完全免征税收优惠，或扶持或照顾的一种措施。免税一般分为法定免税、特定免税和临时免税三种。在这三类免税方式中，法定免税是主要方式，特定免税和临时免税是辅助方式，其是对法定免税的补充。世界各国一般对特定免税和临时免税都有严格的控制，尽量避免这类条款产生的随意性和不公正性。由于我国正处于转型时期，因此，税法中存在大量的特定免税条款和临时免税条款。

免税实质上相当于财政补贴，一般有照顾性免税和奖励性免税两类。照顾性免税一般是在比较严苛的条件下取得的，因此，税收规划不能利用这项条款达到节税的目的，只有取得国家奖励性免税，才能达到节税的目的。

运用免税的过程中，尽量注意做到以下两点：一是尽量使免税期最长化。在合法合理的情况下，尽量使其最长化，免税期越长，节减的税款就越多。二是尽量争取更多的免税待遇。在合法合理的情况下，尽量争取免税待遇，争取尽可能多的免税项目，免税项目越多，节减的税款也就越多。

（二）利用减征的方法

税收减征是指按照税收法律、法规减除纳税人一部分的应纳税款，是对某些纳税人、征税对象进行扶持、鼓励或照顾，以减轻税收负担的一种特殊规定。与免税一样，减征也是税收的灵活性与严肃性相结合的一项措施，是各个国家尤其是我国目前采取的一种最普遍的措施。由于免税和减征在税法中经常结合使用，人们习惯上统称其为减税技术。

减税技术在使用时应注意把握以下两点：一是尽量使减税期最长化。在合法合理的情况下，尽量使减税期最长化，因为减税时间越长，节减的税款越多。二是尽量使减税项目最多化。减税项目越多，节减的税款也就越多。

（三）利用税率差异的方法

利用税率差异是指在合法合理的情况下，利用税率的差异而直接节减税收的规划技术。个人可以利用税收中税率之间的差异来节减税款，实现税收规划的目的。例如，甲地区的税率为33%，乙地区的税率为24%，丙地区的税率为15%，那么在其他条件相似或基本相同的条件下，投资者到丙地区进行投资，就比在甲、乙地区投资节减不少的税款。

税率差异在运用中应注意以下两点：一是尽可能寻找税率最低的地区、产业，使其适用税率最低化。税率差异越大，个人的获利能力就越强。二是尽量寻求税率差异的稳定性和长期性。税率差异一般具有时间性和稳定性两个特征，但并不是一成不变的，随着时间的推移和税收制度的改革，如政策的变化和享受优惠政策时间的到期，税率也会发生变化，因此应想办法使税率差异的时间最长化和应用稳定化。

（四）利用扣除技术的方法

扣除技术，即税前扣除技术，是指在计算缴纳税款时，对于构成计税依据的某些项目，准予从计税依据中扣除的那一部分税收。扣除技术是税收制度的重要组成部分，许多税种对扣除项目、扣除金额都做出了比较详细的规定。这些准予扣除项目的扣除范围，有些是对所有纳税人通用的，有些只是为某些特定的纳税人或征税对象设计的，应严格区分开来。

在运用扣除技术时，一般应注意以下三点：一是扣除金额最大化。在税法允许的情况下，尽量使各种扣除项目按照上限扣除，因为扣除金额的最大化，意味着应交税基的最小化，扣除的金额越大，缴纳的税款就越少。二是扣除项目最多化。个人应尽量将税法允许的扣除项目一一列出，凡是符合扣除标准的项目，都要依法给予扣除，因为扣除项目越多，计税基数就越小，节减的税款就越多。三是扣除最早化。在税法允许的范围内，尽可能使各种允许扣除的项目尽早得到扣除，因为扣除越早，缴纳的税款就越少。

（五）利用抵免技术的方法

抵免技术是指当对纳税人来源于国内外的全部所得或财产课征所得税时，允许以其在国外已经缴纳的所得税或财产税税款抵免应纳税款的一种税收优惠方式，是解决国际所得或财产重复征税的一种措施。

在运用抵免技术时应注意以下两点：一是抵免项目最多化。在税法规定的可以抵免的范围内，尽可能将能够参与抵免的项目全部抵免，因为抵免的项目越多，意味着节减的税款就越多。二是抵免金额最大化。在税法允许的范围内，尽可能使抵免项目的金额最大化，抵免的金额越多，应纳税额就越少，因而节减的税款也就越多。

（六）利用缓税技术的方法

缓税技术，又称延期纳税技术，是指对纳税人应纳税款的部分或全部的缴纳期限适当延长的一种特殊规定。为了照顾某些纳税人缺少资金或其他特殊原因造成的纳税困难，许多国家都制定了有关延期纳税的条款。有的是对某个税种规定了准予缓税，有的是对所有税种都可以缓税。尽管采用缓税技术不能使应纳税款免纳或少纳，但是其可以使应纳税款的缴纳向后推迟一段时间，而且不需要支付任何费用，这就相当于从政府手中得到了一笔无息贷款，不仅节省了利息支出，而且因通货膨胀而变相降低了应纳税额。

缓税技术在使用中应注意以下两点：一是缓税时间最长化。在税法规定的时间内，尽量争取缓税的时间最长化，因为缓税的时间越长，相对节减的税款也就越多。二是缓税项目最多化。在税法允许的范围内，寻找各种项目，经税务机关批准，使这些项目纳入缓税的范围，因为缓税的项目越多，节减的税款也就越多。

(七) 利用税收优惠政策的方法

税收优惠是国家税制的一个组成部分，是指政府为了达到一定的政治、社会和经济目的，而对纳税人实行的税收鼓励。个人所得税规划可以通过合理设计，享受税收优惠，主要应争取更多的减免税待遇，充分利用起征点、免征额，递延纳税时间，缩减纳税依据等。

四、税收规划的风险

税收规划面临各种不确定的因素，不论是理财规划师还是客户在进行税收规划时，都必须关注这些不确定的因素，避免对双方的利益造成损害。税务规划过程中可能会遇到的一些风险如下:

(一) 违反反避税条款风险

尽管税收规划是完全合法的，但是并不代表其不需要考虑反避税条款。一般来说，政府为了规范税收的征缴，防止纳税人利用税法漏洞逃避纳税义务，制定了相应的反避税条款，凡有违反行为者，都将受到法律的制裁。理财规划师或客户在制订税收规划方案时，应当充分考虑这一点，避免提出的税收规划方案违反相关条款，从而损害理财规划师或客户的利益。理财规划师或客户在进行税收规划时，若对具体的法律事宜不清楚，应当主动寻求律师或税务专业人士的帮助。

(二) 法律、法规变动风险

税收规划受到法律、法规的影响，主要源自法律、法规的不确定性，尤其是关于养老金、利息费用的抵减等方面的法律、法规具有明显的不确定性。市场经济比较成熟的发达国家，法律、法规的变动一般较少。发展中国家因其整个经济体系尚不成熟，社会、政治、经济状况变动比较频繁，法律、法规的变动风险就会较大。税务规划受到法律、法规的约束，而法律、法规本身又存在变动的风险，在税收规划的过程中，理财规划师应当将所有可能潜在的法律、法规变动风险向客户进行充分的揭示。

(三) 经济波动风险

税收规划是与经济状况紧密相关的，宏观或微观的经济波动都可能对客户的税负产生一定影响。在采用杠杆投资策略时，客户可能会面临借入资金利率上升的风险，或者因收入减少而无法归还贷款。经济波动风险通常是由国家的整体经济状况决定的，个人理财规划师凭借一己之力是无法改变的。理财规划师在进行税务筹划时，应当对未来的经济波动风险有着清晰的认识，避免当风险来临时手足无措，给客户的利益造成损害。

(四) 资产失控风险

收入分解转移策略可以通过他人的名义取得资产或将资产转移给他人、信托投资公司、合伙实体，使从资产中获得的收入在一个较低的边际税率上征税，从而减少客户的税负支出。但是，这种安排同时意味着客户需要通过捐赠或转让放弃资产的所有权。资产失控风险是客户在决定是否转移资产及转移给何人时必须考虑的重要因素，因为某些潜在的受赠者和受让人可能并不具备管理资产的能力。此外，某些国家或地区的法律限制未成年人作为赠与程序参与者签署合同的权力。从这些转移资产上获得的收入，未成年人通常要以比较高的税率纳税。资产所有权的变化除了涉及印花税、资本利得税等税收问题外，还会引出许多家庭问题，如可能导致婚姻的破裂等。在理财规划师进行税务规划时，这些问题很容易被忽视。

（五）婚姻破裂风险

当发生婚姻破裂或其他家庭变故时，夫妇双方共同拥有的资产和承担的债务会成为关键性问题。例如，一旦夫妇双方离婚，一方又被要求偿还大额贷款时，就会给夫妇双方共同经营的业务带来风险。因此，当夫妇双方在决定运用信托或转移资产等策略减少税负支出时，应当清楚地认识到今后一旦婚姻破裂，可能带来的各种法律问题。

【本章小结】

1.个人所得税是以自然人及个体工商户取得的各类应税所得为征税对象而征收的一种所得税，是政府利用税收对个人收入进行调节的一种手段，也是个人税收规划的主要对象。个人所得税的征税范围包括：工资、薪金所得；劳务报酬所得；稿酬所得；特许权使用费所得；经营所得；利息、股息、红利所得；财产租赁所得；财产转让所得；偶然所得。

2.税收规划，是指纳税人在税法允许的范围内以适应政府税收政策导向为前提，采用税法所赋予的税收优惠或选择机会，并借助一定的方法和技术，通过对尚未发生或已经发生的应税行为进行合理的筹划和安排，以达到节税目的的一种理财活动。税收规划的原则包括合法性原则、节税效益最大化原则、筹划性原则、综合性原则。

3.个人税收规划的基本方法包括利用免税的方法、利用减征的方法、利用税率差异的方法、利用扣除技术的方法、利用抵免技术的方法、利用缓税技术的方法和利用税收优惠政策的方法。

4.税收规划的风险包括：违反反避税条款风险；法律、法规变动风险；经济波动风险；资产失控风险；婚姻破裂风险。

【复习与思考题】

一、单项选择题

1.下列各项中，应当按照“工资、薪金所得”项目征收个人所得税的是（　　）。

A.个人兼职取得的收入

B.个人因从事彩票代销业务而取得的所得

C.退休人员再任职取得的收入

D.编剧从其任职的电视剧制作单位取得的剧本使用费收入

2.下列各项中，应当按照“特许权使用费所得”项目征收个人所得税的是（　　）。

A.作者去世后，财产继承人取得的遗作稿酬

B.个人取得特许权的经济赔偿收入

C.个人出租土地使用权取得的收入

D.个人发表摄影作品取得的所得

3.房地产开发企业与商用房屋购买者个人签订协议，以优惠价格出售其开发的商用房屋给购买者个人，购买者个人在一定期限内必须将购买的商用房屋无偿提供给房地产开发企业对外出租使用。根据《中华人民共和国个人所得税法》的有关规定，对于购买者个人少支出的购房价款，下列表述正确的是（　　）。

A.不需要缴纳个人所得税

B.按照“偶然所得”项目缴纳个人所得税

C.按照“财产转让所得”项目缴纳个人所得税

D.按照“财产租赁所得”项目缴纳个人所得税

4.根据《中华人民共和国个人所得税法》的有关规定，对于银行和其他金融机构以超过国家规定的利率支付给储户个人的揽储奖金，下列税务处理正确的是（　　）。

A.暂不征收个人所得税

B.按照“偶然所得”项目征收个人所得税

C.按照“利息、股息、红利所得”项目征收个人所得税

D.按照“其他所得”项目征收个人所得税

5.我国现行个人所得税所采用的税制类型是（　　）。

A.分类所得税制　　B.综合所得税制

C.混合所得税制　　D.单一所得税制

二、简答题

1.个人所得税的征税范围有哪些？

2.个人税收规划有哪些基本方法？

3.税收规划的风险有哪些？

三、案例分析题

作家李某2×19年出版了一部长篇小说，1月份取得预付稿酬25 000元；4月份该小说正式出版，取得稿酬收入10 000元；因该小说销量良好，4月中旬又加印了7 000册，获得稿酬收入15 000元；6月份该小说被某导演看中，获得电视剧制作中心支付的剧本使用费60 000元；10月份李某将该小说手稿原件在美国公开拍卖，获得收入100 000元，并按当地税法有关规定缴纳了个人所得税10 000元。同年，李某和另一位作家王某合写了一部悬疑小说，共同授权某晚报连载200天，取得稿酬收入500元/天，双方约定稿酬均分。

要求：1.计算李某出版长篇小说取得的所得应缴纳的个人所得税。

2.计算剧本使用费收入按照“特许权使用费所得”项目征收的个人所得税。

3.计算长篇小说手稿原件拍卖所得按照“特许权使用费所得”项目征收的个人所得税。

4.计算个人的同一作品在报刊上连载应缴纳的个人所得税。

5.计算李某2×19年在我国应缴纳的个人所得税。

参考答案

第十一章

退休与遗产规划

学习目标

1. 了解退休规划和遗产规划的含义及重要性；
2. 了解退休规划的原则；
3. 熟悉遗产规划的工具；
4. 掌握退休规划和遗产规划策略的制定；
5. 熟悉遗产规划风险与控制；
6. 树立长远意识及退休养老风险防范意识。

【引导案例】

随着时间的推移，我国的人口结构正在发生重大变化。从广郡通城市数据平台提供的数据中，我们可以得知，65岁及以上人口的数量正在逐年增加，从2014年的13 902万人增长到2022年的21 035万人，8年间增加了近7 133万人。此外，65岁及以上人口占总人口比重也在持续上升，从2014年的10.1%上升到2022年的14.9%。这意味着我国的老龄化人口数量正在不断攀升。

人口老龄化对我国的社保体系提出了新的挑战。随着退休人口数量的增加，我国的养老金等社保支出将大幅增加，这将对我国的财政造成一定的压力。此外，随着老年人比例的增加，医疗保障等方面的需求也将不断增长，这将对我国的医疗卫生体系提出更高的要求。

人口老龄化已成为全世界面临的共同难题，养老问题日趋严峻。工作人口的减少，使老年人的养老保障更加不足。因此，退休规划已成为个人在理财规划时必须考虑的重要问题。

资料来源：佚名. 我国65岁及以上人口数量2亿人占人口比重14.9% 如何应对？[EB/OL]. [2023-09-14]. https://www.163.com/dy/article/IEJQB94A05563JZX.html.

第一节 退休规划

一、退休规划的含义

退休规划是指在分析退休后的需求的基础上，对每年所需的资金数额及其投资方式做出最佳决策的过程。退休规划的目的是保证规划者在将来退休后有一个自立或较高品质的生活。

在大多数国家，人们一般在55~65岁之间退休，就目前的人均寿命而言，一般人们在退休之后还有10~20年的退休生活。但是，大多数人在退休之后就失去了正常的工资收入来源。为了使退休生活更有保障，尽早开始规划退休后的生活，可以避免许多不必要的、严重的财务困难，使自己的退休生活更有质量，而且时间价值所带来的投资获利会更多，将老年时各种不确定性因素对生活的影响程度降到最低，同时也可减轻子女的负担。

二、退休规划的重要性

（一）我国已提前步入老龄化社会

国家统计局对我国人口年龄结构的统计显示，我国人口已呈现出老龄化趋势。1982年，我国年龄在65岁及以上人口占总人口的比例为4.91%；2000年该比例上升至6.96%；到2014年，我国年龄在65岁及以上人口达1.38亿人，占总人口的10.06%；到2020年，我国老年人口达2.3亿人，占总人口的15.6%。据预测，到2050年，我国老年人口将达6.9亿人，占总人口的25.8%，2030年至2050年将是我国人口老龄化最严峻的时期。目前我国“未富先老”的现实，带来了严峻的问题与挑战：既要解决发展经济实现富起来和现代化的问题，又要解决老龄化社会面临的一系列新问题，整个社会的消费结构、劳动力总量、社会保障体系等都将面临巨大的变化和挑战。老龄化社会对保障老年人生活质量提出了崭新的课题，我国养老保险金的缺口会越来越大，中央财政用于养老保险的拨款是有限的。因此，如何谋求一份令人满意的退休生活，特别是对于即将步入养老阶段的中年人，退休规划更为重要和紧迫。

（二）基本养老保险和企业年金制度尚不完善

各国都有符合自身国情的退休保障制度，制度体系各不相同，但均无法保证所有人的退休生活能够获得完善的保障。由于我国目前实行的是“广覆盖、低保障”的社会养老保障制度，国家统一的养老政策仅能为老年人提供最基本的生活保障，而很难满足高品质的生活需求。而企业年金制度更大程度上是一种针对未来预期的承诺。事实上，企业的发展状况处在不断变化之中，企业很可能在个人退休时处于倒闭或者入不敷出状态，那么之前的养老承诺就成为一句空话。因此，基本的退休金可能无法提供安度晚年的生活保障，迫切需要其他养老储蓄手段加以补充。

（三）计划生育政策使依靠子女养老不易实现

“积谷防饥，养儿防老”是我国自古以来传统的家庭养老方式。在传统的自然经济下，家庭作为社会的基本单位，理所当然地担当起了赡养老人的义务，通过家庭代际之间的承接实现养老保障。事实上，我国古老的“养儿防老”，就是最原始的退休生活规划。然而，随着社会的发展，这种养老模式越来越显露出其弊端。据调查，目前我国的老年人，“空巢”率已经超过25%，这就意味着有四分之一的老年人身边无子女照料；而且随着我国家庭人口数量的减少，“空巢”家庭增多是必然趋势。特别是我国实施计划生育政策以后，20世纪70年代末80年代初出生的第一代独生子女们已经长大成人，以每年数以百万计的数量步入生儿育女的生命周期。由四位老人、一对夫妇、一个孩子组成的“421”家庭模式越来越多，劳动人口对非劳动人口的赡养率不断提高。在这种情况下，延续代际转移的养老方法将给下一代带来沉重的赡养压力，将导致整个社会的生活水平下降，甚至引发一些深层次的社会问题。所以，为了让每个人的晚年生活更有保障、更有质量，“养儿防老”应该转为“理财养老”。

（四）退休生活时间增加而退休后收入减少

改革开放以来，随着医疗卫生事业的不断发展，我国人口的平均寿命一直在稳步上升。1949年，我国人口平均寿命仅为35岁，到2010年，我国人口平均寿命延长至75岁。2017年，我国居民人均预期寿命由2016年的76.5岁提高到76.7岁。《“健康中国2030”规划纲要》中更是进一步提出了到2030年，我国居民人均预期寿命达到79岁的目标。由此可见，随着人均寿命的提高，退休后的社会平均生活时间延长，如果用于退休养老的资金不变，就会出现养老金不足，退休生活质量随之下降的现象。因此，如何未雨绸缪，进行更好的退休规划显得非常重要。

（五）通货膨胀带来压力

2008年2月，居民消费价格指数（CPI）总体水平同比上涨8.7%，创1997年以来月度新高。2009年，受世界金融危机的影响，居民消费价格指数逐月回落，但从2010年下半年起又逐月上升，维持在3.5%以上的高位运行，到2011年7月，居民消费价格指数达到6.5%，再创新高。中国人民银行公布的年通货膨胀率为：2014年7.5%、2015年12.8%、2016年8.5%、2017年7.5%。假设年通货膨胀率为4%，那么现在的1 000元在20年后仅相当于456元。在持续通货膨胀的经济环境下，财富在时间面前严重“缩水”，人们在退休之后不再工作而失去了稳定的收入来源，仅仅依靠统筹的社会保障系统来维持漫长的晚年生活是非常有压力的。因此，越是在通货膨胀时期，理财规划越是显得重要，而对于20年、30年以后的养老金的合理规划，更是不容忽视的。

（六）退休后医疗费用增加

无论年轻时身体多么强壮，随着年龄的增长，身体机能也会逐渐衰退，体质逐渐减弱，可能会面临各种疾病。按照一般统计，老年人花费的医疗费用是年轻人的3倍以上。随着医疗体制的改革和医疗技术的发展，医疗费用的上涨速度较快。因此，退休后的医疗费用支出将成为退休规划的重要组成部分，人们必须预备一大笔资金用于支付退休后的医疗费用。

三、退休规划的原则

在个人理财业务中，退休规划始于职业生涯的中期，而见效于金色晚年。个人发现退休规划出现差错常常是在临近退休或者办理退休的时候，因此，在制订退休规划时需要格外慎重，应注意以下原则：

（一）及早规划原则

退休规划是人生最重要的规划之一，不能指望在短期内一蹴而就，应越早规划越好。及早规划原则，是指退休规划启动的时间越早越好。多数人认为距离退休尚有数十年，而不愿牺牲现有的生活品质去规划未来的退休生活。其实，退休规划的起步是越早越好的。在许多发达国家，公民一般较早就具备这种理财养老意识，而且做得也比较好。如果在成家立业以后开始考虑退休规划，或者在40岁以后开始考虑退休养老，二者相比较，前者运作的空间大，规划成功的概率高。对大多数人而言，工作收入增长率会随着工资、薪金收入水平的提高而降低，而理财收入增长率则会随着资产水平的提高而增加。因此，最晚应从40岁起，以未来20年的工作收入储蓄来准备60岁退休后20年的生活规划。

（二）弹性规划原则

弹性规划原则，是指退休规划要留有充足的余地，不要因为少考虑某一个因素，而影响晚年的退休生活质量。强调弹性规划的原因是，退休规划至少受到两个因素的影响：一是规划的不完善。由于客观因素的限制，退休规划不可能十全十美，肯定会存在不少缺陷。二是未来经济发展变化的不确定性。退休规划对资金的流动性要求较低，但对安全性的要求却非常高。因此，在具体规划退休养老的时候，只有采取多样化的退休金储备方式，才可以使退休金不断积累并升值，从而减轻养老负担。

（三）收益最大化原则

收益最大化原则，是指在投资风险保持不变的情况下，投资者总是追求收益最大化；在收益保持不变的情况下，投资者总是追求风险最小化。在实施退休规划时，理财规划师应该把握好这样的原则，以提高投资收益。

在具体的投资操作过程中，如果从众多投资工具中选择投资对象，较好的选择应该是风险最小和收益率最高的组合投资品种。一般情况下，收益率越高，风险越大，因此可以以收益率较低，但风险也偏低的养老保险或退休年金来满足基本支出，以收益率较高的投资，如股票或股票型基金，来满足较高生活品质的支出。

四、退休规划需要考虑的因素

（一）月生活标准

每月退休生活费用越高，退休金筹备压力就越大。然而，降低退休后的每月生活支出不是积极的策略，个人应在其能力范围内，尽量在退休之前努力提高资产增值效率以保障退休后的生活品质。

（二）资金收入来源

每月退休生活费用若有固定收入支持，则退休金筹备压力会减小。一般每月固定收入来源包括月退休金、房租收入、资产变卖现金收入等。个人理财规划师在进行退休理财规划服务时，要通过各种渠道来保障客户的固定收入来源。

（三）通货膨胀的影响

通货膨胀率越高，退休金筹备压力就越大。退休规划的第一条原则就是必须能够抵抗通货膨胀，否则将没有任何保障作用。个人进行退休规划时，一定要充分考虑通货膨胀及其他外界因素的影响。

（四）生存期的长短

退休后的生存期越长，所需的退休总费用就越高，退休金筹备压力也就越大。虽然寿命的长短不是个人所能预料的，但是根据对个人的健康状况及家族遗传等方面因素的判断，再考虑人口平均寿命，是可以有一个大概的预期的。个人在进行退休规划时，要注意在预期寿命的基础上加5～10岁，以防因长寿而导致退休金不足。

（五）退休计划期间

距离退休日的期间越短，积累工作收入的期间就越短，退休金筹备压力也就越大。个人在进行退休规划时，应该尽早考虑和规划自己的退休生活。

（六）需求标准

退休规划应该以自己及配偶的需求为优先考虑，在退休之前通过省吃俭用来提高储蓄、增加资产，以保障退休后的生活品质是相对消极的。个人应该在保证生活质量的前提下，通过科学合理的规划来保障退休后的生活品质。

五、退休规划策略的制定

（一）确定退休目标

退休目标，是指人们所追求的退休后的一种生活状况，具体地说，可以从以下两个方面来考察：

1. 退休时间

退休时间会直接影响退休计划的其他内容，退休时间越早，需要积累的退休储备金就越多，也就意味着需要每年为退休预留更多的资金，或者在投资中冒更高的风险来达到退休目标。近年来，许多国家普遍有推迟退休年龄的趋势，某些行业的员工可能需要工作到70岁，甚至更久。此外，不同的人群对退休时间的选择也不相同，如一些个体从业人员对退休时间的选择就有更大的自主权，但是对于大多数人来说，退休年龄一般在55~60岁之间。

2. 退休生活水平

退休生活水平的设定需要考虑两个方面的开支：经常性开支和非经常性开支。经常性开支包括基本生活用品开支、医药费用开支等；非经常性开支的确定比较困难，客户可以根据自身的情况进行评估，如计划在哪里度过退休生活，是否打算搬到一个社区较小、生活标准较低的地区生活，是否有周游世界的计划，计划为孩子预留多少遗产等。客户退休后的生活水平，既取决于客户所制订的退休计划，也受到客户职业特点和生活方式的约束。在制订退休计划时，需特别注意不要为了短期利益而损害未来退休生活。

（二）预测资金需求

退休后选择不同的生活方式，必然对应着不同的资金需求。确定退休目标以后，就应当进一步预测退休后的资金需求。退休养老生活的支出包括居住费用、日常生活费用、医疗费用、参与各种社会活动费用、学习和兴趣活动费用、旅游费用等。在预测退休后的资金需求时，由于受许多不确定性因素的影响，不可能规划得非常准确，只能进行估算。最简单的方法就是以当前的支出水平和支出结构为依据，将通货膨胀等各种因素考虑进来，分析退休后的支出水平和支出结构的变化，并进行差额调整后，就可以得出退休后大体上的资金需求。

理论上，退休支出的预测方法有以收入为标准的方法和以支出为标准的方法。这两种方法的计算结果应该是一致的，其差别仅在于计算的方法和所考虑的对象不同。

1. 以收入为标准的方法

该方法是基于个人退休前收入的某一百分比进行计算的，一般将个人退休后支出设定为最终退休前收入的60%～70%，以维持相同的生活水准，这一比例被称为工资替换率。该方法是基于退休后某些生活费用将有一定程度的降低的假设，包括服装费、差旅费、交际费、房贷费、子女教育费用的降低等。

2. 以开支为标准的方法

该方法是基于个人退休前支出的某一百分比进行计算的，利用个人当前或退休后的消费与开支替换率（标准范围70%～80%）来评估退休后的消费支出。一般来说，退休后人们日常的消费支出会相应减少。其具体步骤如下：

（1）计算当前每月日常支出A。

（2）因为退休后很多活动会减少，支出也会相应降低，将A乘以开支替换率，如70%，计算出当前退休时所需的每月支出B，即A×70%=B。

（3）考虑从现在开始到退休时通货膨胀的影响，计算出退休时需要的每月支出C，即B×通货膨胀率=C。

（4）假设退休后的投资回报率基本可以抵消通货膨胀的影响，则C×12×退休生活年限=D，其中D就是所需的退休金总数。

（三）预测退休收入

对个人而言，养老资金的收入基本来源于以下几个方面：①退休后能够一次性或每隔固定时间领取的养老保险金；②退休前自己的资产积累所得（包括现金、有价证券及不动产）；③退休后自己资产的投资收益。

在衡量收入时，不应以现在的收支看待未来，因为随着经济的发展，资产有可能升值或贬值，收入水平有可能增加，也有可能面临通货膨胀压力。所以，在评估退休后的收入时，也应以发展的眼光进行评估。

（四）计算退休资金缺口

通过对比预测的退休后收支差额，就可以清楚退休资金缺口，即个人需要弥补的部分。如果收支差额为正，就意味着收入足以实现退休目标，那么注意资金的安全是首要的；如果收支差额为负，则要制订相应的理财方案赚取收入以弥补缺口。需要提醒的是，在计算退休资金缺口时，要考虑利率的变动和通货膨胀的影响。

（五）制订计划弥补资金缺口

如何为估算的退休资金寻找资金来源是退休规划的最后步骤，个人应该制订一个相应的理财规划，选择适合的报酬率和风险投资工具，以达到弥补资金缺口的目的。退休资金缺口的弥补，可以通过提高储蓄比例、降低退休后开销、延长工作年限、提高投资收益、参加额外的商业保险计划等方式来实现。

【案例展示11-1】

张先生今年30岁，目前财务状况不错，现金流充沛，但工作压力较大，希望40岁退休。按照目前人口平均寿命预计，活到80岁是比较乐观的，他至少需要准备40年的退休金，留给张先生的预备时间是10年。假设通货膨胀率采用CPI（居民消费价格指数），按4%计算，则可以给张先生算笔账如下：

（1）假设张先生目前每月支出：

A=3 000元

（2）当前退休每月支出：

B=A×70%=2 100（元）

（3）10年后退休每月支出：

C=B×通货膨胀率=2 100×1.48（通货膨胀率为4%，经过10年的复利终值系数）=3 108（元）

（4）需要准备的退休金总额：

D=C×12×40=3 108×12×40=1 491 840（元）

（5）为了简化计算，假设张先生没有其他资金储蓄，则养老金缺口：

E=D=1 491 840元

（6）每月投资额：

F=E÷（13.21（投资回报率为5%，经过10年的年金终值系数）×12）

=1 491 840÷（13.21×12）=9 411.05（元）

张先生只要坚持每月投资9 411.05元，在其他条件不变的情况下，就可以在40岁的时候享受目前生活水准的退休生活。

【案例展示11-2】

金先生去年家庭可支配收入15万元，目前距离退休尚有15年，退休后收入目标替代率为70%。假设退休后从国家养老保险计划中领取养老金的收入替代率为28%，从单位企业年金计划中每年还可领取24 000元，退休前收入增长率为3%（暂不考虑退休后的收入增长），退休后预期寿命为19年，退休前养老金投资回报率为7.3%，退休后为4.5%。请问金先生现在每年还应从家庭可支配收入中预留多少资金用于退休规划？

第一步，退休第1年的养老金缺口：

150 000×（1+3%）^{15}=233 695.11（元）

233 695.11×70%=163 586.58（元）

233 695.11×28%=65 434.63（元）

163 586.58−65 434.63=98 151.95（元）

98 151.95−24 000=74 151.95（元）

第二步，经计算，退休时点养老金总赤字的现值：

PMT=−74 151.95元，i=4.5%，n=19，期初模式，PV=975 839.05元。

第三步，积累养老金的储蓄：

FV=975 839.05元，i=7.3%，n=15，期末模式，PMT=−37 944.69元。

【实训任务11-1】吴先生今年40岁，是某国有企业的员工，年收入8万元，月基本工资5 000元，其35岁的妻子为一名中学教师，年收入5万元，月基本工资3 000元，他们计划20年后退休。假定退休后，他们的寿命均为20年。目前家庭月支出4 000元，现在居住的房屋面积为90平方米，价值55万元，按揭已还清，并按照传统将房屋作为遗产。另外，吴先生和吴太太的社保养老金账户资金分别为5万元和1.2万元。吴先生夫妇工作稳定，目前家庭无任何负债，无赡养老人的负担，孩子已经独立生活不需照顾。请为吴先生做出退休规划分析。

任务要求：

1. 了解社会保险的养老金领取办法，计算退休时吴先生夫妇可以领到的社保养老金金额。

2. 计算退休资金缺口。

3. 选择适合的退休规划工具。

4. 形成完整的退休规划报告。

参考答案

第二节 遗产规划

一、遗产规划概述

（一）遗产的含义

遗产是指自然人死亡时遗留的个人合法财产，包括不动产、动产和其他具有财产价值的权利。

在确定遗产的范围时，需要注意以下问题：第一，查明公民死亡后所遗留的财产，其取得方式是否合法。公民生前非法取得的财产不能作为遗产用于继承。第二，查明公民对其生前实际占有的财产，是否确实享有所有权，如果是向他人租借的财产，则不能作为遗产用于继承。第三，严格区分公民个人的财产及与他人共有的财产，如属共有财产，则应先析产，后继承。第四，某些被继承人不可转让的人身权利，如受抚养、赡养的权利，领取养老金、退休金、病残人员补助金等权利是不能被继承的。第五，明确公民死亡后所遗留的财产在其生前是否已经发生所有权的转移。另外，还要清楚抚恤金、生活补助费及保险金是否已经明确受益人，如果已经明确受益人，则这些抚恤金、生活补助费及保险金均属该受益人所有，而不属于遗产的范围。

（二）遗产规划的含义

遗产规划是指当事人在其健在时通过选择遗产管理工具和制订遗产规划，将拥有或控制的各种资产或负债进行安排，确保在自己去世或丧失行为能力时能够实现一定的目标。在西方国家，政府对民众的遗产有严格的管理和税收规定，所以，一般民众对遗产管理服务有一定的需求，遗产管理计划是财务策划中相当重要的一部分。但是，对于一些发展中国家来说，遗产数额并不大，政府对遗产的征税也较为单一，加上受人们心理因素的影响，对遗产规划的需求相对较低。

二、遗产规划的重要性

对每个人而言，死亡都是不可避免的，死亡时间往往又难以预料。若在生前未能对遗产做出妥善安排，则可能会受税收、管理费、诉讼费等原因的影响将遗产耗尽，或者使亲人之间为争夺遗产而发生纠纷，或者使遗产落入不当继承人之手。为避免这种现象的发生，事先的遗产规划是很有必要的。

（一）使遗产分配符合意愿

许多人会在生前明确个人的遗产分配方案，以使其符合自己的意愿。理财规划师全面了解客户的目标期望、价值取向、投资偏好、财务状况和其他有关事宜，应当是协助客户制订遗产规划的最佳人选。

每个国家对居民遗产税的课征都有相应的法律规定，一般而言，如果居民没有在遗嘱中特别指定，则法律上会将其财产平均分配给子女和配偶。但在现实生活中，实际情况却和多数客户的期望相距甚远。例如，某客户的财产高达500万元，他有一个不满5岁的女儿，他担心自己去世后，女儿没有能力管理和支配这笔遗产，因此希望能够指定监护人，在照顾女儿的同时管理好这笔遗产，等到女儿成年后再将遗产转交给她。如果该客户没有制订遗产规划，那么他的上述愿望将难以实现。

（二）有遗产规划优越于无遗产规划

有遗产规划和无遗产规划的差异是很大的。精心策划的遗产规划至关重要，遗产规划就是用最佳的方式来保护遗产，并最终能够最大限度地按照自己的心愿对遗产进行分配。有无遗产规划的利弊比较见表11-1。

表11-1　有无遗产规划的利弊比较

有遗产规划	无遗产规划
由客户亲自决定谁来继承遗产	由法庭判决遗产继承人，但这可能违背客户的心愿
由客户亲自决定何时并以哪种方式继承遗产	由法律规定何时继承，继承人可能无法控制客户的遗产
由客户亲自决定谁来管理遗产	由法庭任命执行人员，其安排可能与客户的设想不完全相同
客户本人可能设法减少遗产税的缴纳，减少遗嘱执行费用	可能产生某些不必要的税费，遗嘱执行费用和遗产税可能很高
由客户本人挑选子女的监护人	由法庭任命客户子女的监护人
客户可以有条不紊地将家庭经营投资事项安排妥当，或者将其出售	因缴纳高额遗产税而不得不廉价变卖财产，最终导致损失

（三）减少遗产税的缴纳

在征收遗产税的国家和地区，人寿保险在缴纳遗产税和保全遗产方面起着重要的作用。美国联邦政府规定，当遗产超过规定金额后需要征收遗产税。死者的遗产中没有足够的现金支付这些费用和税收时，遗嘱执行人必须变卖部分资产以满足现金需求。这种被迫变卖的资产的价格可能远低于市场价值，使遗产继承人的利益受损。同时，降低遗产处置的费用和应纳税金额，增加实际获取遗产的价值。

目前，由于我国公众的收入水平还相对较低，遗产数额并不大，因此，政府对遗产税的征收尚未开始。

各国的遗产税征收制度，对高收入人群，尤其是豪富阶层的征税是相对较高的。例如，美国著名的“猫王”，其遗产总额约1 000万美元，征税及其他相关处置费用高达737万美元，占总遗产的73.7%。同样地，美国著名的华特·迪士尼，其遗产总额约2 300万美元，经过适当的节税后，税额占总遗产的比例下降到30%，大为缩减。

（四）减轻死亡后给家人带来的负担

当某人身故后，遗嘱执行人或遗产管理人会负责清理死者的所有财产及负债，并将剩余资产分配给死者的继承人。法律程序上的安排只是遗产规划具体行为的落实，从财务角度进行的合理规划才是遗产规划的核心内容。遗产规划涉及的内容很多，在理财规划师的帮助下通过制订和执行遗产规划，不但可以帮助当事人实现遗产的合理分配，还可以减轻当事人的亲友在面对其死亡时的不安情绪，降低当事人亲友的心理和财务负担。遗产规划的缺失会直接影响个人事业、家庭、退休计划，并可能导致个人一生的积蓄被纳税、诉讼费及继承人以外的他人侵吞。适当的遗产规划能够在个人的有生之年，甚至在其去世后很好地惠及家人。

【政策指引】

《中华人民共和国民法典》继承一般规定（节选）

第一千一百二十条 【继承权受国家保护】国家保护自然人的继承权。

第一千一百二十一条 【继承开始的时间及死亡先后的推定】继承从被继承人死亡时开始。

相互有继承关系的数人在同一事件中死亡，难以确定死亡时间的，推定没有其他继承人的人先死亡。都有其他继承人，辈份不同的，推定长辈先死亡；辈份相同的，推定同时死亡，相互不发生继承。

第一千一百二十二条 【遗产的定义】遗产是自然人死亡时遗留的个人合法财产。

依照法律规定或者根据其性质不得继承的遗产，不得继承。

第一千一百二十三条 【法定继承、遗嘱继承、遗赠和遗赠扶养协议的效力】继承开始后，按照法定继承办理；有遗嘱的，按照遗嘱继承或者遗赠办理；有遗赠扶养协议的，按照协议办理。

第一千一百二十四条 【继承的接受和放弃】继承开始后，继承人放弃继承的，应当在遗产处理前，以书面形式作出放弃继承的表示；没有表示的，视为接受继承。

受遗赠人应当在知道受遗赠后六十日内，作出接受或者放弃受遗赠的表示；到期没有表示的，视为放弃受遗赠。

政策出台背景及利好信息

三、遗产规划的工具

遗产规划的主要工具包括遗嘱、遗产委托书、遗产信托、人寿保险和赠与五种。

（一）遗嘱

遗嘱是指遗嘱人生前在法律允许的范围内，按照法律规定的方式对其遗产或其他事务所作的个人处分，并于遗嘱人死亡时发生效力的法律行为。遗嘱分为五种形式，包括公证遗嘱、自书遗嘱、代书遗嘱、录音遗嘱和口头遗嘱。由于法律并不限制公民立遗嘱的次数及形式，实质上为尊重公民随时改立遗嘱的意愿，因此，在现实生活中会存在多份遗嘱并存的情况。对于多份遗嘱效力的认定，规定遗嘱人以不同形式立有数份内容抵触的遗嘱，其中有公证遗嘱的，以最后所立的公证遗嘱为准；没有公证遗嘱的，以最后时间所立的遗嘱为准。值得注意的是，如果遗嘱中所确定的被继承人先于继承人死亡的，该遗嘱即告失效。在继承人死亡后，遗嘱中所涉及的遗产应按法定继承办理。不管遗嘱以什么形式成立，都应具备下列五项内容：遗产的名称和数量；遗嘱人或受遗赠人的称谓；遗产的分配方法和具体份额；明确某项遗产的用途和使用目的；明确遗嘱执行人。同时，上述五种形式的遗嘱中，公证遗嘱的效力最高。立有数份遗嘱，且其内容相互抵触的，以最后时间所立的公证遗嘱为准。一般而言，遗嘱具有以下特征：

1. 遗嘱是单方法律行为

遗嘱是遗嘱人单方面的意思表示，并且对发生预期法律后果的法律行为承担责任。

2. 设立遗嘱的当事人必须具备完全民事行为能力

限制行为能力人和无民事行为能力人不具有遗嘱能力，不能设立遗嘱。因此，对于老人在弥留之际所立的遗嘱，常常存在诸多争议。

3. 遗嘱人对遗嘱所处分的财产必须是有处分权的

在现实生活中，常常发生丈夫立遗嘱不经妻子同意便处分了全部夫妻共同财产的现象，这样的遗嘱是无效的。另外，遗嘱人生前的行为与遗嘱的意思表示相反而使遗嘱处分的财产在继承开始前灭失、部分灭失或所有权转移、部分转移的遗嘱，视为被撤销或部分被撤销。

4. 内容不合法的遗嘱

内容不合法的遗嘱主要有三种情况：一是遗嘱取消了缺乏劳动能力又没有生活来源的继承人的继承权；二是遗嘱没有为胎儿保留必要的继承份额；三是遗嘱内容违反了其他法律。

5. 遗嘱是遗嘱人死亡时才发生法律效力的行为

因为遗嘱是遗嘱人生前以遗嘱方式对其死亡后的财产归属问题所作的处分，死亡前还可加以变更、撤销，所以，遗嘱必须以遗嘱人的死亡为生效条件。

如果遗嘱人没有事实死亡，而是在具备相关的法律条件下，经有关利害关系人的申请，由人民法院宣告死亡的，遗嘱也发生法律效力。这样，利害关系人可以处分遗嘱当事人的财产。如果在短期内遗嘱人重新出现，那么相应的财产可以退还遗嘱人；如果时间较长，如超过2年以及财产出现了无法退还的情况，则受益人应当对遗嘱人的基本生活在其受益的范围内提供帮助，但法定义务人不受此限。

虽然遗嘱的设立主要依靠律师来协助当事人完成，理财规划师不能直接协助客户设立遗嘱，但是，理财规划师仍有义务为客户提供有关的信息，如所需的文件、在遗嘱订立过程中可能出现的问题等。这就需要理财规划师对遗嘱术语、影响遗嘱的因素和有关的法律法规有充分的了解。

（二）遗产委托书

遗产委托书是遗产规划的另一种工具，是授权当事人指定的一方在一定条件下代表当事人指定其遗嘱的订立人，或者直接对当事人的遗产进行分配。客户通过遗产委托书，可以授权他人代表自己安排和分配其财产，从而不必亲自办理有关的遗产手续。被授权人代表当事人处理其遗产的，称为代理人。在遗产委托书中，当事人一般要明确代理人的权利范围，后者只能在此范围内行使其权利。

个人理财规划涉及的遗产委托书有普通遗产委托书和永久遗产委托书两种。如果当事人去世或丧失了行为能力，普通遗产委托书就不再有效。因此，当事人在必要时可以拟订永久遗产委托书，以防范突发意外事件对遗产委托书有效性的影响。永久遗产委托书的代理人，在当事人去世或丧失行为能力后，仍有权处理当事人的有关遗产事宜。所以，永久遗产委托书的法律效力要高于普通遗产委托书。在许多国家，对永久遗产委托书的拟订有着严格的法律规定。

（三）遗产信托

遗产信托是一种法律上的契约，当事人通过指定自己或他人来管理自己的部分或全部遗产，从而实现各种与遗产规划有关的目标。遗产信托可以作为对遗嘱的补充来规定遗产的分配方式，或用于回避遗嘱验证程序，或增强遗产规划的可变性，或减少遗产税的支出。采用遗产信托所分配的遗产，被称为遗产信托基金。被指定为受益人管理遗产信托基金的个人或机构，被称为托管人。

此类信托的形式主要是由遗产继承问题所引起的。遗产信托有“继承未定”和“继承已定”两种情况。所谓的“继承未定”，是指在没有遗嘱、遗产继承存在纠纷或遗嘱中的继承人尚未找到的情况下，遗嘱中指定的受托人在处理分割遗产前暂时代为管理遗产。所谓的“继承已定”，是指继承人虽然继承了遗产，但由于种种原因不能自行有效地保管和经营其财产，以至无法运用这些财产提供自身的生活和教育费用，甚至使财产蒙受损失时，事先由遗嘱人或其亲属或法院指定或选任受托人，在遗产继承后的一定期限内代继承人管理遗产。信托期限视继承人情况而定，对未成年人，至其成年之时为止；对无行为能力的成年人，至其恢复行为能力或死亡为止。

【知识拓展 11-1】

为什么人们对遗产采用信托形式?

在美国，遗产采用信托形式至少可以列出下面几个最为常见的理由：

1.信托可以规避遗嘱验证程序。

2.在法庭审理过程中，对信托提出质疑要比质疑遗嘱难得多。

3.信托财产可以免缴遗产税。

4.信托可以获得专家的管理服务。如果某人的配偶对管理财产一窍不通，或者根本不愿意管理财产，那么办理信托财产可以获得专家的理财服务。

5.信托能够保证机密性。遗嘱的内容是需要公开的，而信托协议的内容可以不对外公开。因此，如果想要保密（也许是为了避免某亲戚获得了遗产但因没有达到其预期目的而感到不高兴），那么信托就是再合适不过的选择了。

6.利用信托财产为具有特殊需求的孩子提供生活来源。

7.签订信托协议代为保管钱财，受托人可以按照委托人的指令在规定年限内一点点地将信托财产移交给受益人。

资料来源：基翁. 个人理财 [M]. 郭宁，汪涛，张茵凝，译. 8版. 北京：中国人民大学出版社，2021.

（四）人寿保险

人寿保险是人身保险的一种。和所有保险业务一样，被保险人将风险转移给保险人，接受保险人的条款并支付保险费。与其他保险不同的是，人寿保险转移的是被保险人的生存或者死亡的风险。人寿保险产品在遗产规划中也起着至关重要的作用。被保险人购买了人寿保险后，若发生了保险事故，则由保险人支付保险金。这样，当事人投保人寿保险就可以为家庭提供一份保障。最初的人寿保险，是为了减轻由不可预测的死亡所造成的经济负担。后来，人寿保险引进了储蓄的成分，所以，对保险期满时仍然生存的被保险人，保险人也会给付约定的保险金。目前，人寿保险已经成为一种社会保障制度，是以人们的生命和身体为保险对象的保险业务。人寿保险作为一种兼有保险和储蓄双重功能的投资手段，也可以为人们解决养老、医疗、意外伤害等各类风险的保障问题。这样，当发生意外时，家庭可以得到生活保障；当年老时，当事人可以得到养老金；当生病住院时，当事人可以得到经济保障。由于上述优点，人寿保险在遗产规划中受到了理财规划师和客户的重视。

（五）赠与

赠与是当事人为了实现某种目标将某项财产作为礼物赠送给受益人，而使该项财产不再出现在遗嘱条款中。客户采取这种方式处理遗产，一般是为了减少税收支出。因为在许多国家，对赠与财产的征税要远低于对遗产的征税。但是这种方式也有其缺点，那就是财产一旦赠与他人，当事人就失去了对该项财产的控制，将来也无法将其收回。尤其是当事人还在世，并需要得到受益人的继续照顾，而赠与之后，当事人将难以约束受益人的行为。

四、遗产规划策略的制定

（一）计算和评估遗产价值

计算和评估遗产价值的目的是：通过计算遗产价值，对资产的种类和价值有一个总体了解；了解与遗产有关的税收支出，避免支付过多的遗产税；遗产的种类和价值是选择遗产规划工具时需要考虑的重要因素。

在计算和评估遗产价值时，一方面要明确资产价值是其目前的市场价值或重置价值，而不是其购买时的价值，另一方面要关注某些容易被遗漏的资产和负债项目。

列出拥有的资产项目并确认其价值的最简单的方法是查看个人资产负债表。在个人资产负债表上，用资产的总价值减去负债的总价值，就可以计算出净资产数额，即资产净价值=资产的总价值-负债的总价值。

在遗产规划过程中，资产净价值的计算方式与上面的等式略有不同。需要特别注意的是，被保险人去世后，其所购买的人寿保险将要给付一笔保险金。在计算人寿保险金的数额时，必须使用死亡保险金的数额作为替代，而不能使用人寿保单的现金价值或退保金额作为计算的依据。

（二）确定遗产规划的目标

在计算和估计客户的遗产价值后，理财规划师对客户现时的遗产状况有了大致的了解，确定客户的遗产管理目标就成了理财规划师的首要任务，可以通过邀请客户填写调查表的形式来完成。但是，由于遗产管理的特殊性，建议理财规划师采取与客户面谈的方式来了解其遗产管理目标。如果客户在表达自己的愿望时有所顾忌，理财规划师应该进行适当的推测，并征求客户的意见。

遗产规划的最终目标是帮助客户在其去世或丧失行为能力后，分配和安排其资产和债务，并通过适当的方式使遗产的税额支出最小化。

下面列示了具体的遗产规划目标，对于大多数人来说，其中或者全部目标都是适用的。

（1）确定谁将是遗产所有者的继承人（或者受益人），以及每位受益人获得的遗产份额。

（2）确定遗产转移的方式。

（3）在与遗产所有者的其他目标保持一致的情况下，将遗产转移的成本降到最低水平。

（4）为遗产提供足够的流动性资产以偿还其债务，保持遗产规划的可变性，并确定由谁来清算遗产，这将涉及选择遗嘱执行人的问题。

（5）计划慈善赠与。

遗产管理目标和其他财务目标的区别在于：其他财务目标是客户仍健在时通过实施个人理财规划实现的，并且实现目标的预期时间也是客户的有生之年。而遗产管理目标只有在客户去世或丧失行为能力后才能实现，且该目标的实现需要在遗嘱执行人的帮助下进行。

首先，客户的遗产管理目标要考虑其直接债务的偿还。如果客户突然去世，其债务不会因此解除，而是将其遗产或人寿保险的金额变现后加以偿还。其次，遗产管理目标要包括客户的长期责任。长期责任是指在可以预见的将来，客户需要承担的义务以及负担这些义务所带来的开支，同时，这些开支应该是可以估计和衡量的。

（三）选择最有助于实现个人目标的遗产规划工具

一般来说，需要同时使用多种遗产规划工具。绝大多数人使用的遗产规划工具包括遗嘱、遗产委托书、赠与、遗产信托和人寿保险等。

在使用上述遗产规划工具时，需要掌握一定的技巧，其实绝大多数遗产规划工具的使用都是建立在税收考量基础之上的。

（四）定期检查、评估和调整

通常，财务状况和遗产规划目标处于不断变化之中，遗产规划必须能够满足其不同时期的需求。所以，对遗产规划的定期检查是必要的，并且需要根据新的情况对遗产规划进行修订，这样才能保证遗产规划与时俱进。

五、遗产规划的风险与控制

相较于其他金融财务规划，遗产规划的风险要低一些。但是，这类风险一般都在当事人去世后才发生，因此无法为此采取补救措施。在制订遗产规划时，需要尽量避免相关风险的发生。遗产规划面临的风险有：

（一）客户没有留下遗嘱或遗嘱无效

在这种情况下，继承人就遗产分配事项发生纠纷时，因为此时不可能有当事人在场，所以不得不报经有关部门，根据有关法律处理当事人的遗产分配，但其结果很可能背离了当事人的初衷。

（二）客户未能将有效的遗产委托书授权他人

这一风险在客户突然生病或去世时经常发生。此时，客户已经签署了有关文件如遗产委托书，但没有委托代理人经管此事，或者代理人持有的只是普通的遗产委托书。在这种情况下，没有客户信任的人为其处理遗产，因此，客户原有的遗产规划目标很可能落空。

（三）遗嘱中未能全面反映客户实际资产的种类和价值

客户的资产状况一直处于变动之中，遗嘱中对资产和债务的安排也需要定期加以修改。一旦由于某些原因，客户未能及时调整遗嘱，那么就无法充分满足客户的需求。

（四）客户购买的保单中的保险条款未能保障当事人的利益

这种现象有两种情况：（1）保单中的条款过于严苛，当事人去世时赔偿金的数额低于期望值，影响了遗产规划的实施；（2）保单中对受益人的安排不妥当，导致收益额下降和税收支出增加。当事人在指定保单受益人时应该慎重，决定是将保险赔偿金直接交给受益人，还是先将该笔赔偿金并入遗产中再一同分配。

在上述几种情况下，缺乏有效的遗嘱或遗产委托书，可能会导致客户无法完全控制遗产的分配。理财规划师有必要帮助客户完善相关文件，并定期检查，确保这些文件的有效性和及时性。

【案例展示11-3】

陈先生已退休多年，他有两个儿子、一个女儿，都已成年并参加工作。3年前，他的夫人过世，目前他常年居住在中国台湾。陈先生的身体状况不错，拥有一栋自住的不动产（市值约800万元新台币），还有外币存款约10万美元（等值约320万元新台币）、本币存款约1 000万元新台币、股票投资约500万元新台币。他的日常生活开支主要依靠退休金，每月约有7万元新台币。

陈先生有一个女友，交往了快2年，对方想同他结婚，但其女儿反对再婚。陈先生既不想失去这段老年挚爱，又担心财产成为“未来太太的嫁妆”。

陈先生希望通过理财规划达到以下目标：一是说服女友婚后不继承遗产，陈先生会采取逐年赠与的方式让其生活有保障；二是三个子女中，由于两个儿子长年定居国外，陈先生想将全部财产留给女儿。

解析：

（1）婚前不规划遗产：女友婚后可以拿到陈先生5/8的遗产，陈先生需要缴纳约160万元新台币的遗产税。

遗产总额=1 000+320+500+800=2 620（万元新台币）

遗产税=（遗产总额−免税额−配偶扣除额−三位子女免税额−丧葬费）×税率−累进扣除额

=（2 620−779−445−45×3−111）×26%−139=160（万元新台币）

（2）婚前进行信托规划：设定女儿为受益人即可，从而规避夫妻财产纠纷以及赠与税的支出。

【本章小结】

1.退休规划是指在分析退休后的需求的基础上，对每年所需的资金数额及其投资方式做出最佳决策的过程。退休规划的目的是保证规划者在将来退休后有一个自立或较高品质的生活。

2.退休规划的重要性：我国已提前步入老龄化社会；基本养老保险和企业年金制度尚不完善；计划生育政策使依靠子女养老不易实现；退休生活时间增加而退休后收入减少；通货膨胀带来压力；退休后医疗费用增加。退休规划的原则有及早规划原则、弹性规划原则、收益最大化原则。

3.退休规划需要考虑的因素包括月生活标准、资金收入来源、通货膨胀的影响、生存期的长短、退休计划期间、需求标准。退休规划策略的制定包括确定退休目标、预测资金需求、预测退休收入、计算退休资金缺口、制订计划弥补资金缺口。

4.遗产规划是指当事人在其健在时通过选择遗产管理工具和制订遗产规划，将拥有或控制的各种资产或负债进行安排，确保在自己去世或丧失行为能力时能够实现一定的目标。

5.遗产规划的重要性包括：使遗产分配符合意愿；有遗产规划优越于无遗产规划；减少遗产税的缴纳；减轻死亡后给家人带来的负担。遗产规划的工具包括遗嘱、遗产委托书、遗产信托、人寿保险、赠与。

6.遗产规划策略的制定包括：计算和评估遗产价值；确定遗产规划的目标；选择最有助于实现个人目标的遗产规划工具；定期检查、评估和调整。

【复习与思考题】

一、单项选择题

1.刘先生退休后，决定将个人账户资产全部取出，在随后的资产配置中，下列不必要的做法是（　　）。

A.通过理财规划师，寻求合理建议

B.适当持有股票，以规避通货膨胀的风险

C.不再持有股票，以持有债券和现金为主

D.保持较好的流动性

2.（　　）是个人理财规划中持续时间最长、涉及范围最广的部分。

A.保险规划　　B.遗产规划　　C.退休规划　　D.税务规划

3.关于退休规划的影响因素，下列说法不正确的是（　　）。

A.通货膨胀率越高，退休金筹备压力越小

B.每月退休生活费用若有固定收入支持，则退休金筹备压力减小

C.每月退休生活费用越高，退休金筹备压力越大

D.退休后生活时间越长，所需的退休总费用越高

4.下列关于遗产的说法，错误的是（　　）。

A.遗产是可以与人身分离而独立转移给他人所有的财产

B.遗产包括自然人死亡时遗留的一切合法的不动产、动产和生前享有的民事权利

C.自然人死亡时遗留的财产必须是合法财产才具有遗产的法律地位

D.遗产不仅包括利益，也包括义务的内容

5.遗产规划的程序是（　　）。

A.确定遗产管理目标—评估遗产价值—制订遗产计划—执行遗产计划

B.评估遗产价值—确定遗产管理目标—制订遗产计划—执行遗产计划

C.制订遗产计划—评估遗产价值—确定遗产管理目标—执行遗产计划

D.制订遗产计划—执行遗产计划—确定遗产管理目标—评估遗产价值

二、简答题

1.为什么要进行退休规划？

2.简述退休规划的原则。

3.什么是遗产规划？为什么要进行遗产规划？

三、案例分析题

陈旺（男）和梁华（女）夫妇生育有三个儿子：陈忠、陈豹、陈实。陈忠早已成家，和妻子赵花生育了一个女儿陈楠；陈豹刚刚大学毕业参加工作；陈实身有残疾，一直与父母共同生活。2×10年8月，陈忠遭遇车祸去世，赵花带女儿陈楠改嫁，很少和陈家联系。2×11年10月，陈豹在当地一家报纸上宣布和父亲陈旺脱离父子关系。2×13年4月，陈旺突发心脏病去世。在外地工作的陈豹闻讯赶了回来，协助料理丧事后，要求分割遗产。经

过估算，陈旺的家庭财产总值为200万元。

要求：如果陈旺生前聘请你为其订立一份遗产规划，你将如何为其制订完善的遗产规划。

参考答案

第十二章

综合理财规划案例分析

学习目标

1. 掌握人生不同阶段理财的重点；
2. 熟悉理财规划具体案例的分析步骤；
3. 了解各类不同家庭的理财规划情况；
4. 能够对不同类型家庭分析其理财需求及目标；
5. 能够为不同类型家庭制订适当的理财规划；
6. 树立长远意识和大局意识。

【引导案例】

理财规划要关注“时间线”。就像每个人都要经历出生、成长、成熟、衰老这几个不同阶段一样，个人收入、家庭财产、家庭支出也都有这样一条“时间线”。刚走出校园的职场新人，随着经验的积累、资历和职务的提升，收入水平会不断提高，但在达到事业的顶峰后，收入又会随着年龄的增长而缓慢回落。同样地，一个新家庭，随着子女的出生，支出也会逐渐增加，但到子女独立时，家庭开支也将从顶部逐步回落。

由此看来，因收入不同、心态不同、生活方式不同、风险承受能力不同，不同年龄段的人群，应该根据各自不同的行为特征和理财趋向制订不同的理财规划。因此，在制订家庭理财规划和配置家庭资产时，一定要充分考虑个人的事业发展、家庭的成长等多方面因素，选择适合不同家庭时期的资产组合。一般而言，风险承受能力较弱时，在投资组合中应以风格稳健的资产为主，如存款、债券、货币市场型基金等；风险承受能力较强时，在投资组合中可以选择一些收益高、风险高的资产，如股票、股票型基金等。

第一节　单身族的理财规划案例分析

单身族做好理财规划尤为重要，这是因为一个人的生活较为松散、自由，如果没有制订合理的理财计划用于管理收入，那么很可能就会成为"月光族"。单身族理财最重要的就是要将钱用在刀刃上，做好节流与储蓄计划，同时做好投资与保险计划，这样，不仅不会成为"月光族"，而且还会让单身生活变得多姿多彩。

下面以李小姐为例，详细介绍单身族的理财规划。

一、客户基本情况

李小姐是某外企的白领，从表面上看，她的生活令人羡慕，但她也有自己的烦恼。尽管年过三十，但她还没有找到属于自己的伴侣。李小姐开始慎重地规划自己的未来，她的想法是，如果能够找到合适的另一半最好，如果近期没有找到，她也不想将就凑合。她认为与其身处不幸的婚姻中，还不如过着快乐的单身生活。但随着年龄的增长，李小姐也意识到了保障和财富的重要性。

家庭状况：李小姐，33岁，某外企白领，单身。

资产状况：李小姐在市中心区有一套60平方米的房子，市值约50万元；已购置一辆轿车，市值约10万元；存款有5万元，没有任何投资。

收支状况：李小姐每月税后收入7 000元；每月支出主要有基本生活费用1 500元、房贷1 500元、车辆相关费用1 500元、通信费200元、其他支出1 000元；每月结余在1 000元左右；房贷还需8年还清，大约还需还贷10万元。

保障状况：李小姐已交社保8年，社保账户目前累计余额约2万元；公司为李小姐缴纳了"四险一金"，本人没有购买其他的商业保险。

二、个人理财需求

李小姐计划50岁退休。如果到时候她依然单身，仍想保持现有的生活水准，并得到充分的医疗保障，在这样的情况下，李小姐该如何投资理财，如何规划保障？

三、个人财务状况分析

单身族的财务资源主要表现为个人资产负债表与收入支出表。从李小姐的个人资产负债表（见表12-1）的情况来看，其总资产为65万元、总负债为10万元、净资产为55万元。

表12-1　**个人资产负债表**　单位：万元

资产项	金额（市值）	负债项	金额
生息资产项	5	消费负债	—
金融性资产	—	投资负债	—
企业股权	—	自用负债	10
实物类投资资产	—		
自用资产	60		
总资产	65	总负债	10
净资产	55		

目前，李小姐的税后年收入为8.4万元，年支出为6.84万元，年收支结余为1.56万元，平均月收入为7 000元。李小姐的个人收入支出表见表12-2。

表12-2 个人收入支出表 单位：万元

收入项（税后）	金额	支出项	金额
工作年收入	8.4	年生活支出	3.84
理财年收入	—	年理财支出	—
		年还贷本息	1.8
		年保费支出	—
		定期定额投资支出	—
		投资实物支出	—
其他收入	—	其他支出	1.2
总收入	8.4	总支出	6.84
现金结余		1.56	

通过分析李小姐的资产负债、收入支出情况，可以得出个人财务状况诊断分析结果，具体见表12-3。

表12-3 个人财务状况诊断分析结果

指标	数值	理想经验值
负债比率（%）	15.4	<50
负债收入比率（%）	—	<40
清偿比率（%）	84.6	60~70
流动性比率（%）	877	>300
净资产流动比率（%）	9.1	15
储蓄率（%）	18.6	40
投资与净资产比率（%）	9.1	50
失业保障月份（个）	8.77	3~6

通过以上分析可以看出，李小姐目前的收入和支出比较平衡，但收支结余很少；有少量负债，债务处于财务状况可控的范围内；最大的问题是储蓄率过低，主要体现为每月收支结余过少，不能给将来或现在的理财规划提供足够的支持；净资产流动比率偏离理想经验值，说明手中的流动性资产过少，很容易出现流动性不足的问题；投资与净资产比率的数值过低，表明生息资产过少，会对一些长期规划，如养老、保险规划造成影响；保障计划中只有基本保险，而缺少重疾、医疗等保险品种。

四、客户理财规划设计

（一）养老规划

李小姐希望50岁退休，她还需要工作17年。她希望到时能够保持现有的生活水准，并得到充分的医疗保障。假设年通货膨胀率为3.2%，因此，她退休后每年的生活水平和现在的38 400元一样，考虑到通货膨胀因素，她退休时的年生活支出约为65 597元。

1.退休金缺口分析

根据李小姐的风险承受能力，假设年通货膨胀率为3.2%，退休后投资年收益率为

4.4%，退休前投资年收益率为9%，退休规划的截止时间为李小姐80岁，那么李小姐的退休金缺口则为348 535元，具体见表12-4。

表12-4　**退休金缺口**　单位：元

退休时退休生活总需求	退休时已备资源总额	退休时退休金缺口	退休金缺口（现值）
1 672 545	288 754	1 383 791	348 535

2.养老金规划方案

上述分析表明，李小姐的退休金需求缺口在50岁时为1 383 791元。

筹集退休资金的方式有一次性投资与定期定额投资两种。一次性投资的好处在于未雨绸缪，能够尽早为实现未来的财务目标做准备，但与实现其他中短期理财目标在现金流方面可能会有冲突。定期定额投资的好处在于有规律地从收支结余中留出一笔钱，专款专用，减少各项理财目标在现金流方面的冲突，在市场波动情况下降低投资风险，达到理想目标。

根据李小姐的具体情况，有两种方案可供选择：

方案一：将每月结余的资金设置到最大可接受的范围，即800元，但要满足李小姐的退休需求，她的一次性投资的资金需求是259 135元。依据平衡性检测，目前她的金融性资产无法满足其一次性投资的需求。

方案二：考虑到李小姐需要准备一定的紧急预备金，可将她的一次性投资方案设置到最大可接受范围，即30 000元，但每月还需要定期定额投资2 850元。依据平衡性检测，目前她的收支结余也无法满足其养老需求。

理财规划师的建议如下：

目前，李小姐可以利用的财务资源相对较少，因此，她的养老计划受到一定的限制。李小姐目前处于还贷的特殊时期，相应的财务资源会受到一些限制，手中的收支结余不能给她带来更多的储蓄，加上目前的资本市场低迷，在短时间内增加其金融性资产是比较困难的。所以，目前最重要的策略是提高她的收支结余，具体有以下建议：

① 开源。李小姐现在还比较年轻，事业和收入都处于一个上升的阶段，因此，开源显得尤为重要。李小姐需要更多地充实自己，提高收入，以保证自己的退休计划能够比较顺利地实施。

② 节流。李小姐可以对自己的开销进行管理，适当地减少不必要的开销。如果李小姐能够将自己的收支结余保持在3 500元左右，那么30 000元的一次性投资完全可以解决。

③ 适当降低退休后的生活要求。如果李小姐从现在开始进行开源节流，同时适当地降低退休后的生活需求，如将退休后的生活支出调整到现在的80%的水平，这样，退休规划的资金缺口可以相应地减小。

如果李小姐能够将退休后的生活目标调整为每年支出30 720元，那么她的退休金缺口则为264 282元。调整后的退休金缺口见表12-5。

表12-5　**调整后的退休金缺口**　单位：元

调整后的退休生活总需求	退休时已备资源总额	调整后的退休金缺口	退休金缺口（现值）
1 338 036	288 754	1 049 282	264 282

调整后的理财规划策略如下：

为了顺利实现上述退休规划目标，李小姐可将一次性投资与定期存储的资金放到专门的退休储蓄账户中。由于退休规划的期限较长，可以适当投资于较高风险的资产，因此建议将部分退休储蓄资金投资于基金等产品，而不是仅用于银行存款。然而，为了保证退休资金的安全性，建议将部分退休资金投资于保险，可以在获得较高收益的同时控制风险。

理财规划师建议李小姐的一次性投资可以购买基金，定期存储可以购买投连险。养老理财产品组合见表12-6。

表12-6　**养老理财产品组合**

产品类型	推荐产品	产品占比	投资金额
稳健型	配置型基金	100%	30 000元
稳健型	投连险	100%	2 100元/月

（二）保险规划

由于李小姐目前处于单身阶段，需要自我照顾，因此，她的健康状况显得尤为重要。为了增强应对风险的能力，建议她适当购买医疗类、重疾类的保险。

李小姐可以购买一份保额15万元的重疾险作为主险，缴费20年，每年缴费5 600元；另可附加一份消费型的住院津贴医疗保险，每年缴费200元，住院期间可以每天获得津贴100元。两种保险的加总基本上就可以满足李小姐目前的保障需求。

（三）证券投资规划

如果李小姐能够对自己的财务资源进行整理，其中包括缩减开支为每月4 560元以内，或者增加收入为每月9 000元以上，那么她就可以做出以下的财务安排来实现自己的养老和保障规划。一次性投资组合见表12-7，定期定额投资组合见表12-8。

表12-7　**一次性投资组合**

产品类型	推荐产品	产品占比	投资金额	投资目的
保守型	银行存款或货币型基金	40%	20 000元	家庭紧急准备金
稳健型	配置型基金	60%	30 000元	养老规划

表12-8　**定期定额投资组合**

产品类型	推荐产品	产品占比	投资金额
稳健型	投连险	100%	2 100元/月
保守偏稳健型	重疾险（附加住院医疗津贴）	100%	5 800元/年

第二节　年轻家庭的理财规划案例分析

年轻夫妇为家庭制订一份适合的理财规划是不容易的，一方面，他们的收入水平偏低，另一方面，组建一个新家庭的巨额花费，不但耗用了他们绝大部分的积蓄，更有可能使许多家庭背负了沉重的债务。此外，年轻家庭还需要面对育儿费用激增、职业环境不稳定等多方面因素的影响。因此，根据家庭成员情况的不同做好家庭理财规划，就成了一门学问。

下面以张先生的家庭为例，介绍年轻家庭的理财规划。

一、客户基本情况

张先生今年28岁，某事业单位职员，前不久刚和26岁的某外贸公司职员陈小姐结婚，他们计划2年后生养孩子，当下考虑制订一份适合的理财计划。他们的家庭基本状况如下：

（一）资产负债表

因为结婚，双方父母凑钱给他们买了一套小户型的房子，市值100万元左右，目前商业房贷为60万元，贷款期为20年，月供为3 686元。另外，他们目前拥有活期存款5万元，股票和基金市值约为15万元。

1.收入与支出

张先生每月收入为5 000元，年终奖为2万元；陈小姐每月收入为4 000元，年终奖为1万元。另外，他们的住房公积金合计每月900元。目前，他们的开销合计每月4 000元左右，双方父母不需要赡养费。

2.保险保障

他们均只有单位提供的社会保险，而无商业保险。

（二）理财需求

（1）他们计划2年后生养孩子，需要为孩子的养育和教育资金做出合理安排。

（2）考虑到有小孩后的出行方便，他们希望2年后也能购买一辆汽车代步。

（3）他们始终感觉房贷压力比较大，希望可以增加一些保障计划。

二、家庭财务状况分析

表12-9列示了张先生目前的家庭财务状况（表中支出不含住房公积金，房贷利息本金为当前情况的简单计算）。从中可以发现，张先生已有一定的资产积累，其主要负债为房贷，资产负债率为50%，为合理范围，但要警惕收支的平衡状态；自由储蓄率为33%，比较良好，可以为将来的理财计划打下一个基础。从资产来看，固定资产比重较大，可以用来投资理财的流动性资产不多，仅为5万元的存款和15万元的股票、基金；从收支情况来看，月储蓄比较少，主要的储蓄为年终奖部分；同时，张先生夫妇均只有基本的社会保险，而无其他商业保险，他们又面临50%的资产负债率，因此需要制订一份合理的保障计划。

表12-9　**年轻家庭财务状况**

净资产	60万元	资产负债率	50%
月收入	9 000元	年收入（含奖金，税后）	13万元
月支出（含房贷利息）	6 079元	年支出	7.3万元
年储蓄（含住房公积金）	6.5万元	月储蓄	1 314元
年储蓄（扣除住房公积金）	4.3万元	储蓄率	33%
总资产	120万元	总负债	60万元

从家庭生命周期阶段来看，张先生的家庭正处于家庭形成期，该阶段是从结婚开始一直到孩子出生为止。在此阶段，家庭开支比较低，主要为家庭日常开支和房贷支出，同时，家庭收入不断提高。但是，一旦小孩出生，他们会面临不断高涨的养育和教育费用的压力，因此，应该在此阶段未雨绸缪，做好规划准备，特别是在保险保障和教育资金上。可以说，人的一生的家庭财务规划，就是从此时开始的。

三、家庭理财规划设计

从张先生家庭目前的三个理财需求来看，主要是短期目标准备（购买汽车）和长期目标准备（孩子教育），还有一个就是保障计划。

（一）消费支出规划

2年后购车代步，是张先生家庭理财的短期目标。以目标车价10万元为例，投资期限可以为2年，考虑到张先生家庭的实际收支情况，建议动用现有资金完成该储备。一项为期2年的投资，可以考虑基金类型的投资，风险中等的平衡型基金是比较好的选择，按年收益率10%计算，需要8.3万元就可以完成该储备。

（二）教育规划

孩子的养育和教育费用，可以说是一个家庭最为刚性的需求，从孩子呱呱落地就要开始着手准备。其中，不同类型学校的学费支出弹性很大，按照国内目前最基本的学费标准，至少需要26万元，如果就读私立学校或者选择出国留学，费用还要高出几倍。

虽然学费支出是相对固定的，但其不是即时性的，因此可以通过长期准备，依靠时间的复利作用来实现，建议采用基金定投的方式。一是投资时间比较长，采用平均成本法可以降低风险，提高投资收益率；二是可以做好日常的资金积累工作，起到强制储蓄、专款专用的作用。按照学费增长率5%、基金定投平均收益率7%来计算，只要每月投入1 500元就可以满足大学4年期间的学费需求。除了基金定投外，也可以考虑孩子出生后，购买一份教育险，虽然收益不高，但是比较稳定，并且可以提供保费豁免功能，保障性比较强。

（三）保险规划

目前，张先生的家庭没有购买任何商业保险，仅有社会保险可以提供基本保障。孩子出生后，张先生夫妇的必要保障还是不可缺少的。由于他们目前的财务状况相对紧张，资金不是很充裕，因此建议可以选择性价比较高的定期寿险和意外伤害保险。

定期寿险性价比较高，较少投资可以获得较高保障，购买定期寿险主要是为了缓解房贷的负债压力。考虑到他们的收入比例大致为6∶4，建议张先生投保35万元的定期寿险，其妻子投保25万元的定期寿险；他们还可以购买意外伤害保险，附加意外医疗补偿，建议张先生夫妇各投保30万元的意外伤害保险。

孩子出生后，他们可以给孩子投保意外伤害保险。如果资金充裕，他们还可以各投保25万元左右的重疾险。

第三节 中年家庭的理财规划案例分析

中年家庭处于理财的成熟期。通过较长时间的积累，家庭资产已经具有一定的规模，未来会面临子女读大学、购买新房等支出，家庭支出将会在一定时期内维持较高水平。要有充足的保障以维持家庭的生活品质，中年家庭更需要全面而合理的理财规划。

下面以李先生的家庭为例，介绍中年家庭的理财规划。

一、家庭基本情况

这是一个令人羡慕的三口之家，李先生夫妇生活在一个中等城市，均为34岁，他们有一个读小学一年级的女儿，今年7岁。李先生在外资企业做管理工作，月薪3 977.5元（税后），年终奖64 375元（税后）；其妻子是某事业单位的财务主管，月薪3 245元（税后），年终奖3 800元（税后）。每人每月按照税前工资的15%缴纳“三险一金”。李先生有一套自有产权住房，每年的租金收入为9 600元，如果现在出售能够卖到18万元；如果10年后出售，由于房龄较久，预计只能卖到10万元。一家人目前住在一套于2015年1月购买的目前市场价值为40万元的房屋里，从购买当月开始还款，当时首付16万元，以住房公积金贷款24万元，因为考虑到未来女儿的教育支出会越来越高，为减少后期开支，所以选择了以等额本金方式还款，还款期限15年。

李先生的家庭财务支出比较稳定，除了基本的伙食、交通、通信费用外，就是不定期的服装购置和旅游支出。女儿每年的教育费用（含特长班支出）在1万元左右，妻子办理的美容卡每年需要8 000元，一家人平均每月的日常生活开支为3 000元，家庭应酬支出平均每月500元，每年旅游支出为1万元。

由于工作繁忙加上对理财并不擅长，李先生夫妇没有投资过股票，只是3年前经人介绍以20 000元买入过一只债券型基金，目前市值为21 500元，其中近1年的收益为1 000元。家庭有即将到期的定期存款15万元，活期存款2万元。李先生夫妇除了房贷外，目前无其他贷款。除了单位缴纳的“三险一金”外，他们没有投保其他商业保险，女儿的人身意外保险是由学校统一购买的。

二、家庭理财目标

一是李先生夫妇认为最近2年的房价已经上涨得比较高了，考虑目前用于出租的房产是现在出售，还是10年后再出售。他们想请理财规划师分析一下，如果每年租金收入不变，以年投资回报率4%计算，是否应该出售这套房产。

二是李先生想了解目前仅依靠单位福利的风险保障是否充足，如果不足，还需要补充哪些保险。

三是孩子是家庭的希望，李先生夫妇希望女儿能够茁壮成长，并接受良好的教育。由于小学和中学阶段的教育开支并不太大，因此，李先生想请理财规划师着重为其解决女儿的高等教育费用问题提出建议。由于家庭财力一般，因此，他们希望女儿在国内读到研究生毕业，暂不考虑让其出国留学。他们的女儿距离读大学还有差不多11年的时间，教育资金的目标额度为50万元。

四是尽管李先生夫妇的单位福利不错，但是考虑到养老费用是一笔不小的开支，同时想为女儿留有遗产，所以，他们还是想在退休时能够积攒一笔财富。他们希望25年以后退休，届时积攒资金的目标额度为80万元。

五是李先生夫妇希望能够对现金等流动资产进行有效管理。

三、家庭财务状况分析

由于中年家庭的财务信息较为复杂，因此，在计算时可以采用较为简单的方式，即不考虑存款利息收入；月支出均转化为年支出的1/12；假定住房公积金贷款利率为4.59%；计算过程仅保留两位小数，计算结果保留到整数位。

（一）编制家庭财务报表

家庭资产负债表见表12-10。

表12-10　**家庭资产负债表**　单位：元

资产	金额	负债与净资产	金额
现金及现金等价物		负债	
活期存款	20 000	住房贷款（未还贷款本金）	208 000
定期存款	150 000		
其他金融资产			
基金	21 500		
实物资产		负债总计	208 000
自住房	400 000		
投资房产	180 000	净资产总计	563 500
资产总计	771 500	负债与净资产总计	771 500

（二）编制家庭现金流量表

家庭现金流量表见表12-11。

表12-11　**家庭现金流量表**　单位：元

年收入	金额	年支出	金额
工薪类收入		房屋按揭还贷	25 945
李先生	47 730	日常生活支出	36 000
李太太	38 940	子女教育费用	10 000
奖金收入		旅游开支	10 000
李先生	64 375	其他	14 000
李太太	3 800		
投资收入	10 600		
收入总计	165 445	支出总计	95 945
年结余		69 500	

（三）家庭财务状况比率分析

家庭财务状况的比率见表12-12。

从表12-12中可以看出以下分析结果：

（1）李先生家庭目前的结余比率为42%，即每年的税后收入有42%能够节省下来。一方面说明李先生家庭控制支出的能力较强；另一方面说明李先生家庭累积净资产的能力较强。这部分结余资金也是理财的重点规划对象。

（2）李先生家庭的投资与净资产比率为36%，从以往的经验来看，投资与净资产比率达到50%是比较合适的。

表12-12　家庭财务状况的比率

项目	数值
结余比率	42%
投资与净资产比率	36%
清偿比率	73%
负债比率	27%
即付比率	82%
负债收入比率	16%
流动性比率	21%

（3）李先生家庭的清偿比率为73%，这个比率非常高，如有需要，该家庭还可以承受一定的负债。

（4）负债比率与清偿比率一样，反映了家庭的偿债能力。李先生家庭的负债比率为27%，说明李先生家庭的债务负担不重，通常的经验显示，50%以下的负债比率即为合理。

（5）李先生家庭的即付比率为82%，略高于参考值70%，说明流动资产规模可以降低。

（6）16%的负债收入比率，说明李先生家庭的短期偿债能力很强。

（7）李先生家庭的流动性比率为21%，说明在不动用其他资产时，李先生家庭的流动资产可以支付家庭近2年的开支。就李先生夫妇的工资收入都比较稳定的情况来说，这个比率偏高，在制订理财规划时，可以对这部分资产进行调整。

（四）家庭财务状况预测

李先生夫妇正处于事业的上升阶段，尤其是李先生收入上涨的空间更大，李太太的收入比较稳定，有上升的空间，但是在短期内上升的潜力不大。随着时间的推移，女儿的成长支出会不断增加，未来十几年李先生家庭的其他支出也会随之增加。如果没有其他债务安排，房贷的偿还压力会越来越小，家庭的债务负担会逐渐减轻。

（五）家庭财务状况总体评价

李先生的家庭属于收入、结余均处于中等水平的中年家庭，财务状况较好。但是，李先生家庭的财务状况也存在一些问题，主要是流动性比率过高、家庭成员和财产的风险管理保障不充分、家庭收入有限。如果希望顺利地实现李先生家庭的理财规划目标，还需要细致规划。

四、分项理财规划方案

（一）现有出租住房的规划

由于出售和出租是两种不同性质的投资方式，具有不同的时间价值，因此必须将二者的收益放在同一时间范围内进行比较。出售现房所得为18万元，如果选择继续出租，年租金收入为9 600元，10年后还可获得售房收入10万元，则其现值为PMT=9 600元，I/Y=4，FV=100 000元，N=10，计算可得PV=145 421元。因此，建议出售该套房产。

（二）家庭成员的保险规划

由于李先生夫妇已有基本的社会保险和较好的单位福利，因此，他们主要考虑购买人寿保险、意外伤害保险和重大疾病保险。建议李先生夫妇每人购买保额为20万元的重大疾病保险，保费支出为每人每年5 000元；同时，可以购买卡式意外险，李先生选择保额20万元、年缴费200元的保险品种，李太太选择保额10万元、年缴费100元的保险品种。因为家庭中有经济依赖者，所以还可以考虑夫妻双方均购买定期两全保险，每人每年缴纳保费10 000元，年限20年，保额30万元，以防止发生意外时女儿的生活、学习费用没有保障。如果没有发生意外，到期后可以领取约30万元的赔偿金用于退休养老。这样，既达到了退休前的保障目的，又兼顾了退休后的补充养老金需求，一举两得。

（三）女儿的高等教育规划

李先生夫妇应该从现在开始着手准备女儿的高等教育资金。建议李先生从其出售住房的收入中拿出15万元作为女儿高等教育规划的启动资金，不足部分以定期定投的方式从年结余中提取，并进行风险适中的平衡型基金组合投资，预期收益率为6%，则每年李先生夫妇还需投入143 778元。

（四）李先生夫妇的退休养老规划

由于家庭条件尚可，在支付上述支出后，家庭还有20多万元的现金类资产，因此可以开始着手进行退休养老规划。李先生夫妇可以从到期的定期存款中拿出10万元作为夫妻退休养老规划的启动资金，不足部分同时以定期定投的方式从年结余中提取，并进行风险适中的平衡型基金组合投资，预期收益率为6%，则每年李先生夫妇还需投入6 759元。

（五）家庭资产的流动性规划

通过保留相当于家庭3个月支出的现金及现金等价物的方式，来保证家庭资产的流动性。李先生夫妇可以拿出3万元的现金，其中，1万元以活期存款的形式存在，2万元以货币市场型基金的形式存在。

经过上述规划，李先生夫妇还有大约10万元的现金类资产，可以进一步进行投资，获取更高的收益，以备不时之需。

通过以上的理财方案，家庭的五项理财目标均可以得到实现；突破家庭现有的财务资源和以后年份中持续增加的财务资源的限制；家庭资产的综合收益率比较理想，可以抵御通货膨胀。

第四节　老年家庭的理财规划案例分析

随着“70后”“80后”“90后”纷纷组建自己的家庭，社会上出现了越来越多的“空巢”老人家庭。老年家庭因子女已经成家，各项费用支出逐渐减少，家庭的各项资产也达到一定的规模，此时家庭的理财需求发生了根本性的变化。随着城市化进程的加快和社会逐渐步入老龄化，“空巢”老人家庭的理财需求成为社会倍加关注的热点。

下面以王先生的家庭为例，介绍老年家庭的理财规划。

一、家庭基本情况

王先生今年59岁，两个儿子都已经结婚成家，今年还抱上了一个孙子。由于子女各自购置了房产，王先生与老伴进入了“空巢期”。王先生夫妇拥有一套房产，目前市价约

110万元；银行存款和股票类资产合计约40万元，没有其他投资；两人月收入合计约3 000元。由于王先生夫妇均有社保，子女每月也会补贴1 000元的家用，因此，退休后两人每月也能有接近4 000元的收入。在支出方面，由于平时消费不多，王先生夫妇每月花销约1 000元。王先生已临近退休年龄，工作不忙，投资理财主要以股票为主，将家庭的一半资产投入到股市中，由于去年市场行情不好，投资效果并不理想，今年略有好转，但仍然有一定的损失。

二、家庭理财目标

（1）养老生活无忧，希望能够度过一个舒适的晚年生活。

（2）投资股市目前并不成功，希望理财规划师提供一些投资建议。

（3）出于对第三代的关爱，希望能够为孙子筹措部分教育资金。

三、家庭财务状况分析

王先生的家庭资产负债表和月度现金流量表，分别见表12-13和表12-14。

表12-13　**家庭资产负债表**　单位：万元

资产	金额	负债与净资产	金额
流动资产		负债	
存款	20	住房贷款	—
投资资产			
股票	20	负债总计	—
自用性资产			
住房	110	净资产总计	150
资产总计	150	负债与净资产总计	150

表12-14　**月度现金流量表**　单位：元

月收入	金额	月支出	金额
工资收入	3 000	日常消费	1 000
孩子补贴	1 000		
收入总计	4 000	支出总计	1 000
月结余		3 000	

从上述家庭财务状况可以看出，王先生目前已临近退休，家庭每月的支出不多，每月的收入有很大一部分可以结余下来。从整体资产的配置来看，王先生投资股市的资产比例略高，可以看出王先生的股票投资已经不是单纯的家庭投资，而是附有消磨时间的目的。除此之外，王先生的投资类型较为单一，仅将积蓄存入银行。

四、家庭理财规划设计

（一）现金规划

建议保留一定的活期存款，留作家庭备用金，按照王先生的家庭消费情况，6 000元左右比较合适。另外，可以考虑投资银行的一些风险较低的理财产品，如债券产品、政府建设项目的信托理财计划等，在稳健的基础上提高收益率。同时，由于目前市场上该类产品在购买后不能中途退出，因此建议王先生尽量购买不同期限的产品，以保持资产的流动性，以防需要用钱时无钱可取。

（二）保险规划

在保险保障方面，除了非常重要的社会保险外，补充适当的商业保险也是必要的。但以王先生目前的年龄，在市场上已经较难购买到价格理想的保险品种。政府相继推出了一些针对老年人的保险品种，价格也比较低廉。因为随着年龄的增长，医疗费用会逐渐增加，并且社会保险无法涵盖所有的医疗项目，有些药物和医疗手段只能自费，王先生夫妇可以适当关注，尽量为自己多增加一份保障，同时也是减轻子女负担的最佳途径。

（三）证券投资规划

资本市场投资对于王先生来说，风险较大，尤其是临近退休年龄，将如此高比例的资金投入证券市场，风险不容忽视。王先生可以在今年相对不错的市场情况下，逐步降低家庭投资股票的比例。另外，王先生可以选择一些如保本基金或证券集合理财产品变相投资股票市场，相较于自己投资股票市场，这些理财产品会更加安全。此外，王先生可以尝试购买新股。目前，新股申购中签以后第一天的回报率还是可以接受的。另外，建议王先生短期内不要参与创业板投资，毕竟创业板的风险较主板市场更高，不适合老年家庭。

（四）孙子教育规划

王先生和许多长辈一样，非常关心第三代的未来。王先生夫妇每月的结余也完全足够为孙子的教育资金进行专门的投资。鉴于孙子年龄尚小，可以有较长的时间进行投资，建议王先生夫妇通过基金定投的方式为孙子筹措未来的教育资金。资金的具体数目可以同子女一起商量，至于未来出国留学等费用可以不用急于准备。

（五）遗产传承规划

妥善处理身后遗产是现代许多老年人关注的话题。按照王先生家庭目前的现金流状况，身后需要处置的可能只有一套自住房产。王先生夫妇有两个儿子，在财产分配上可能会遇到一些问题，希望王先生夫妇可以提前有所考虑。

（六）消费支出规划

建议适当消费，提高生活品质。不难看出，王先生夫妇有着众多老一辈人的优良传统，生活非常节俭，消费支出不多。建议王先生夫妇多参加一些业余活动，如参加老年大学，培养一些兴趣爱好；非节假日的许多旅游线路非常优惠，可以安排每年定期旅游。

王先生夫妇的家庭财务压力并不大，主要目标是颐养天年。“空巢期”的老年家庭理财一定要“稳”字当先，理财规划师建议减少股票投资，同时增加活期存款和流动性较高的银行理财产品，值得参考。另外，应急资金和意外伤害保险的增加同样值得关注，由于老人年纪较大，为自己购买一份意外伤害保险非常必要，并且意外伤害保险属于消费型保险，每人每年支出在150元～250元之间，并不会给家庭带来压力。另外，对于第三代的教育资金问题，建议有条件地尝试，毕竟解决自身的养老问题，不给子女增添负担，才是老年家庭理财的重要目标之一。

【本章小结】

个人的理财目标无外乎六大方面，房子、车子、伴侣、子女、老人和自己的一辈子。人生的不同阶段、不同层次的人群，其理财重点也各有不同。

1.对于单身族，应当做好节流与储蓄计划，同时做好投资与保险计划。

2.对于年轻家庭，需要筹备育儿费用、未来购房购车消费及生活保障计划。

3.中年家庭会有子女读大学、购买新房等支出，同时需要关注未来退休养老的财务规划。

4.老年家庭的理财规划应当侧重于遗产传承、储蓄和稳健型投资等。

【复习与思考题】

一、单项选择题

1.单身族理财的优先顺序是（　　）。

A.职业规划、现金规划、投资规划、大额消费规划

B.现金规划、职业规划、投资规划、大额消费规划

C.投资规划、职业规划、现金规划、大额消费规划

D.大额消费规划、职业规划、现金规划、投资规划

2.家庭与事业形成期理财的优先顺序是（　　）。

A.应急款规划，房产规划；保险规划，现金规划；大额消费规划，税务规划；子女教育规划

B.保险规划，现金规划；应急款规划，房产规划；大额消费规划，税务规划；子女教育规划

C.大额消费规划，税务规划；应急款规划，房产规划；保险规划，现金规划；子女教育规划

D.子女教育规划；保险规划，现金规划；大额消费规划，税务规划；应急款规划，房产规划

3.财务规划的最终目标是（　　）。

A.财务独立　　B.财务自由　　C.财务安全　　D.个人收入最大化

4.年轻家庭理财规划的核心策略是（　　）。

A.防守型　　B.攻守兼备型　　C.进攻型　　D.无法确定

5.个人理财规划的首要目的是（　　）。

A.个人价值最大化　　B.个人收入最大化

C.财务状况健康合理　　D.降低财务危机

二、简答题

1.个人理财的核心是什么？其过程包括哪些步骤？

2.理财规划师需要掌握哪些宏观经济信息？

3.基本的家庭模型有哪些？

三、案例分析题

马先生今年40岁，在一家公司担任高级管理人员，每月税后收入为10 000元。其妻子刘女士为某高校知名教授，每月税后收入为8 000元。马先生夫妇的孩子今年12岁，目前读小学六年级。马先生一家居住在其2013年贷款购置的第二套房产中，目前市值为90万元，贷款余额为15万元，计划2年后还清。他们的第一套房产的市值为110万元，目前租给一对外籍白领夫妇，每月可获租金收入6 000元（税后）。目前他们除了两处房产外，

还有30万元的国债，每年可获利息10 000元；20万元的信托产品，每年可得收益10 000元；银行活期存款约40万元（暂不考虑利息收入）。

马先生家庭的支出情况如下：每月的按揭还款额为6 000元，每月的日常生活支出约为5 000元，每月保留的应付各类临时支出的备用现金约为3 000元。此外，马先生家庭有每年举家外出旅行的习惯，每年花费10 000元左右的旅游支出。另外，马先生夫妇决定孩子高中毕业后（6年后）送其出国留学，共6年（本科加上研究生阶段），综合考虑各种因素后预计每年需要约10万元的各种费用支出。为接送孩子与出行方便，马先生夫妇计划明年孩子上初中后购买一辆价值约20万元的汽车。由于他们对保险和股票市场均不了解，因此，目前并没有购买任何股票和保险产品，但他们希望得到理财规划师的帮助。

要求：1.请分析该客户的财务状况，并填写该客户的资产负债表、现金流量表；计算该客户的财务比率，并对该客户的财务比率进行分析；对该客户的财务状况进行总体评价与分析。

2.请就该客户的理财需求制订一份综合理财规划方案，包括消费支出规划、风险管理和保险规划、证券投资规划等。

参考答案

主要参考文献

［1］王重润．公司金融学［M］．3版．南京：东南大学出版社，2016.

［2］朱叶．公司金融［M］．5版．上海：复旦大学出版社，2023.

［3］郑亚光，饶翠华．公司财务［M］．3版．成都：西南财经大学出版社，2019.

［4］杜慧芬，王汀汀．公司理财［M］．4版．大连：东北财经大学出版社，2023.

［5］尚永庆，葛新旗，宋丽娟．个人理财［M］．长沙：湖南师范大学出版社，2014.

［6］吕白．极简学理财［M］．北京：中国水利水电出版社，2021.

［7］张有弛．投资理财：从零开始学理财［M］．北京：中国铁道出版社，2021.

［8］闻君，金波．求财、理财、用财［M］．北京：时事出版社，2009.

［9］宋效中，仵风清，王立国．个人投资理财一本通［M］．北京：机械工业出版社，2009.

［10］中国金融教育发展基金会金融理财标准委员会．金融理财原理［M］．北京：中信出版社，2007.

［11］许飞琼，等．财产保险［M］．3版．北京：中国金融出版社，2020.

［12］魏涛，等．投资与理财［M］．3版．北京：电子工业出版社，2016.

［13］柴效武．个人理财规划［M］．3版．北京：北京交通大学出版社，2017.

［14］江生忠．风险管理与保险［M］．天津：南开大学出版社，2008.

［15］田文锦．个人理财规划［M］．北京：中国财政经济出版社，2008.

［16］吴晓求．证券投资学［M］．5版．北京：中国人民大学出版社，2021.

［17］卡普尔，等．认识个人理财：全两册［M］．北京：中信出版集团，2021.

［18］景海萍．个人理财［M］．北京：北京理工大学出版社，2016.

［19］哈林顿，尼豪斯．风险管理与保险［M］．陈秉正，王珺，周伏平，译．2版．北京：清华大学出版社，2005.

［20］任淮秀．投资银行业务与经营［M］．6版．北京：中国人民大学出版社，2022.

［21］张颖．个人理财教程［M］．北京：对外经济贸易大学出版社，2007.

［22］曹凤岐，刘力，姚长辉．证券投资学［M］．3版．北京：北京大学出版社，2013.

[23] 王新军，王霞．房地产经营与管理［M］．上海：复旦大学出版社，2021.
[24] 高群，肖时瑞．房地产投资分析［M］．2版．北京：机械工业出版社，2012.
[25] 王桂玲，胡妙．税法与税务会计［M］．北京：清华大学出版社，2019.
[26] 刘钧．员工福利与退休计划［M］．北京：中国劳动社会保障出版社，2015.
[27] 马志刚，张荐华．个人理财［M］．济南：山东人民出版社，2013.
[28] 刘伟．个人理财［M］．3版．上海：上海财经大学出版社，2014.
[29] 陈占峰，谢文辉．工薪族理财必备［M］．北京：中国时代经济出版社，2008.
[30] 李淑芳．个人理财［M］．北京：中国物资出版社，2007.
[31] 郭秀兰，王冬吾．个人理财规划［M］．4版．成都：西南财经大学出版社，2021.
[32] 裴文静，史安玲．个人理财概论［M］．西安：西安交通大学出版社，2017.
[33] 祝小兵．个人理财理论与实务［M］．上海：上海交通大学出版社，2012.
[34] 刘亮．个人理财：基础、案例和方法［M］．北京：人民邮电出版社，2016.
[35] 韩海燕．个人理财［M］．2版．北京：清华大学出版社，2015.
[36] 吴清泉．个人理财［M］．北京：人民邮电出版社，2012.
[37] 郭平．个人理财［M］．成都：西南财经大学出版社，2013.
[38] 桂詠评．个人理财［M］．3版．上海：格致出版社，2018.
[39] 江珂．个人理财［M］．北京：经济管理出版社，2014.
[40] 任景萍．个人投资理财入门［M］．北京：中国财富出版社，2008.
[41] 吕晓彤．财富池［M］．北京：民主与建设出版社，2023.
[42] 泰康人寿总公司投顾团队．财富管理360度：家庭财富管理综合筹划指南［M］．北京：中信出版集团，2022.